Lutz Unterseher

Frieden schaffen mit anderen Waffen?

Friedens- und Konfliktforschung

Herausgegeben von
Peter Imbusch
Hajo Schmidt
Georg Simonis
Ralf Zoll

Lutz Unterseher

Frieden schaffen
mit anderen Waffen?

Alternativen zum
militärischen Muskelspiel

VS VERLAG

Bibliografische Information der Deutschen Nationalbibliothek
Die Deutsche Nationalbibliothek verzeichnet diese Publikation in der
Deutschen Nationalbibliografie; detaillierte bibliografische Daten sind im Internet über
<http://dnb.d-nb.de> abrufbar.

1. Auflage 2011

Alle Rechte vorbehalten
© VS Verlag für Sozialwissenschaften | Springer Fachmedien Wiesbaden GmbH 2011

Lektorat: Frank Engelhardt | Cori Mackrodt

VS Verlag für Sozialwissenschaften ist eine Marke von Springer Fachmedien.
Springer Fachmedien ist Teil der Fachverlagsgruppe Springer Science+Business Media.
www.vs-verlag.de

Umschlaggestaltung: KünkelLopka Medienentwicklung, Heidelberg
Gedruckt auf säurefreiem und chlorfrei gebleichtem Papier
Printed in Germany

ISBN 978-3-531-17951-3

Inhaltsverzeichnis

Vorwort

Die Leserinnen und Leser werden den provozierend-parodierenden Unterton, mit dem der Autor den Titel dieses Buches versehen hat, kaum überhört bzw. überlesen haben. Gewiss steht „Frieden schaffen mit anderen Waffen?" in einem gewissen Spannungsverhältnis zu gängigen Pazifismus-Diskursen, muss aber nicht unbedingt als deren Widerpart angesehen werden.

Denn erstens hängt es nur zum Teil von den friedfertigen und nicht auf die Karte militärischer Macht und Übermacht setzenden Staaten und sozialen Gruppen ab, ob und wann es zum Einsatz organisierter Gewalt kommt. Zum zweiten macht es bei einem als unabdingbar erachteten Einsatz militärischer Mittel – sei es zum Zwecke der Verteidigung oder des Schutzes von Recht und unschuldigen Minderheiten – unter Umständen einen Unterschied ums Ganze, in welcher Form sich das unerwünschte, aber ggf. alternativlose Machtmittel und Gewaltinstrument Militär präsentiert.

Nur zwei, ihrerseits unter starken Begründungspflichten stehende Gruppen dürfte der vorliegende Beitrag kalt lassen: die Fraktion des schrankenlosen Pazifismus wie diejenige Gruppe, die im Militär (gleich welcher Verfassung, Ausbildung und Bewaffnung) den willfährigen Übersetzer jedweder politischer Ziele sieht. Alle anderen an der Sache des Friedens Interessierten müssten und sollten im hier unternommenen Versuch, die Grundlagen und Einsatzmöglichkeiten eines Militärs zu entwerfen, das schützen, aber nicht bedrohen kann, angesichts der realen gesellschaftlichen Verhältnisse eine bedenkenswerte Herausforderung, wenn nicht eine konkrete Utopie sehen.

Die vorliegende Schrift Lutz Untersehers setzt sich in einer militärtheoretisch gewiss radikalen Perspektive mit einem, wenn nicht dem Kritik-Gegenstand der Friedenswissenschaft auseinander: dem Militär, das als organisierte Gewalt seit den Zeiten von Hobbes und den Diskussionen um das staatliche Gewaltmonopol ein philosophisches wie ein realpolitisches Problem des modernen Staates darstellt.

Definiert sich dieser Staat als „demokratisch", erhebt er in aller Regel den Anspruch, besonders friedensgeneigt zu sein, ohne dass dieser Unterschied zu anderen Herrschaftsverfassungen einen überzeugenden statistischen Nachweis gefunden hätte. Im Gegenteil: Da führende westliche Demokratien ganz oben in den aktuellen Kriegsstatistiken stehen, stellt sich, heute nicht anders als zu Zeiten Kants, die dringende und bedrängende Frage: Wie muss ein noch legitimierbares Instrument Militär hinsichtlich seiner Strategie und Bewaffnung beschaffen sein, damit der prinzipielle Friedensanspruch von Demokratien glaubwürdig erscheint?

Reflektiert man nicht nur auf die innere Verfassung und die Souveränität des modernen Staates, sondern auch auf dessen Konkurrenznatur im tendenziell (wenn auch abnehmend) anarchischen Staatensystem der Gegenwart, dann verlangt das sog. Sicherheitsdilemma Beachtung. Die im Sicherheitsdilemma zum Ausdruck kommende Logik sich bedrohender Einzelstaaten, zum Zwecke ihrer Sicherheit (allein oder im Bündnis) auf Möglichkeiten der Er- ringung militärisch gestützter Übermacht zu sinnen, produziert Zyklen wechselseitiger Bedrohungswahrnehmungen und Rüstungssteigerungen. Damit hier gegengesteuert werden kann, muss der Schwachpunkt dieses wechselseitigen Kalküls klar benannt werden: der (Irr)-Glaube, der eigenen Bedrohung bzw. den eigenen Sicherheitsbefürchtungen durch die Erringung militärischer Übermacht strukturell entkommen zu können. Man muss politikwissenschaftlichen Hinweisen auf die Friedensfrüchte internationaler Kooperation oder eines verstärkten ökonomischen Austausches nicht gering schätzen, um auf die Idee zu kommen, dass das entscheidende Heilmittel da- rin liegen könnte, dem Militär grundsätzlich die Bedrohungsspitze zu nehmen und die gemeinhin damit verbundenen wechselseitigen Bedrohungsgefühle und Gewaltvorkehrungen überflüssig zu machen.

Spätestens seit dem Ende des Ost-West-Systemantagonismus mit seiner (partiellen, aber folgenreichen) Re-Legitimierung von Krieg und militärischer Gewalt („humanitäre Intervention", Krieg gegen den Terror, Peace En- forcement) stellt sich die Frage, ob und, wenn ja, wie das Militär als einer auf Friedenserhalt verpflichteten Institution des modernen Staates geneigt gemacht werden kann, die ihm aufgegebenen hehren Ziele und Zwecke – Schutz bedrohter Bevölkerungen, Stabilisierung von Failed States, State and Nation Building – tatsächlich zu erfüllen und nicht als Organ einseitiger Interessendurchsetzung aufzutreten.

Zu all diesen Fragen und Problemkomplexen entwickelt das in diesem Band vorgestellte Konzept einer alternativen defensiven Verteidigung beden- kenswerte Antworten und Positionen. Die vorliegende Publikation ist die überarbeitete Version eines Studienbriefes, der ursprünglich 2007 unter dem Titel „Frieden und Verteidigung. Stabilität – Militärstruktur – Intervention" für das Master- und Weiterbildungsprogramm Friedenswissenschaften der

FernUniversität in Hagen geschrieben wurde. Wir wünschen uns, dass dieses informative, mit vielen historischen Beispielen versehene, gleichzeitig aber theoretische Werk eine intensive Rezeption erfahren wird, zumal es in einer klar verständlichen, an angelsächsischen Vorbildern orientierten Sprache geschrieben wurde.

Wuppertal, Hagen, Marburg, im November 2010

Peter Imbusch, Hajo Schmidt, Georg Simonis, Ralf Zoll

0.   Gegenstand

Im Mittelpunkt dieser Studie stehen das Militär und seine Beziehungen zur Politik. Und zwar mit einer Perspektive, welche die bewaffnete Macht nicht als neutrales Instrument sieht, als *black box*, in die man besser nicht hineinschaut, sondern als etwas, das – je nach Beschaffenheit – der Politik diese oder jene Option eröffnet: also selbst politisch ist. Von „Politik mit militärischen Mitteln" wurde in diesem Zusammenhang gesprochen – und auch davon, dass es nicht immer nur *eine* militärische Logik gebe.

Wenn ein Staat, oder eine Kräftegruppierung, ohne Offensivpotential ist, welches erfolgreichen Einsatz gegen einen mutmaßlichen Opponenten verspricht, liegt die Vermutung nahe, dass die Politik eher weniger zu Kraftmeierei neigt und auf friedlichen Austausch setzt. Jedenfalls dann, wenn sie nicht von Angst getrieben ist. Dies führt zu folgender Frage: Lassen sich Schutzvorkehrungen auch auf militärischer Ebene, also über bloße Verständigungspolitik hinaus oder als deren Grundlage, konzipieren, die einem selbst die Angst nehmen, den oder die anderen aber nicht bedrohen? Mit anderen Worten: Kann Militär in seinen nicht von heute auf morgen veränderbaren Strukturen und in seiner Operationsweise so zugeschnitten werden, dass sich das für die internationalen Beziehungen immer wieder beobachtete „Sicherheitsdilemma" überwinden oder doch zumindest minimieren ließe? (Gemeint ist jenes Dilemma, das sich ergibt, wenn Streitkräfte janusköpfig sind: also jede Investition in schützende Rüstung immer auch von anderen als potentielle Gefährdung verstanden werden kann.)

Wenn so etwas, nämlich eine unzweideutige Konzentration auf den Eigenschutz, eine „Alternative Verteidigung", zur realen Perspektive würde, ließen sich militärische Entwicklung und aktive Friedenspolitik miteinander versöhnen. Die Streitkräfte würden produktives Element einer Politik der Vermeidung bewaffneter Konflikte sowie der Abrüstung oder wären – bei bescheideneren Ansprüchen – zumindest nicht mehr kontraproduktiv. Streitkräfte, die nicht bedrohen, aber doch beschützen: Dies scheint ein Menschheitstraum zu sein. Denker unterschiedlicher Epochen und Provenienz hielten ihn wach.

Der Titel dieses Buches fragt nach der Möglichkeit, mit „anderen Waffen" Frieden zu schaffen. Diese Verkürzung mag unter dem Gebot, eine griffige Überschrift zu finden, entschuldbar sein. Klar ist aber doch wohl, dass es um einen ganzheitlichen Kurswechsel militärischer Entwicklung und dessen Potential geht, der nicht nur die „Waffen", sondern vor allem auch das betrifft, was Streitkräfte ganz besonders ausmacht: Organisation und Doktrin.

In diesem Sinne werden entfaltet und exploriert: der historische und systematische Diskurs über den Zusammenhang zwischen Militär und Stabilität, konkrete alternative Strukturlösungen sowie die Frage nach der Übertragbarkeit des zentralen Ansatzes dieser Studie auf aktuelle Szenarien militärischer Intervention.

1. Terminologische Klärung

Da unser Erkenntnisinteresse sich zentral auf die Rolle spezifisch militärischer Beiträge zur Zurückdrängung, ja Vermeidung des Krieges richtet, scheint es geboten, zunächst einmal zu bestimmen, was „Krieg" denn eigentlich ist. Dazu gibt es verschiedene Ansätze:

1.1 Krieg: Eine operationelle Definition

Eine Kriegsdefinition stammt von der „Arbeitsgemeinschaft Kriegsursachenforschung (AKUF)". Sie wird insbesondere in Deutschland in den Bereichen von Friedensforschung und Politikwissenschaft weithin akzeptiert. AKUF definiert „Krieg" in Anlehnung an den ungarischen Friedensforscher István Kende (1917 – 1988) als einen (AKUF 2006: 10):

„gewaltsamen Massenkonflikt, der alle folgenden Merkmale aufweist: a) An den Kämpfen sind zwei oder mehrere Streitkräfte beteiligt, bei denen es sich mindestens auf einer Seite um reguläre Streitkräfte (Militär, paramilitärische Verbände, Polizeieinheiten) der Regierung handelt. b) Auf beiden Seiten muss ein Mindestmaß an zentralgelenkter Organisation der Kriegführenden und des Kampfes gegeben sein, selbst wenn dies nicht mehr bedeutet als organisierte bewaffnete Verteidigung oder planmäßige Überfälle (Guerilla-Operationen, Partisanenkrieg usw.). c) Die bewaffneten Operationen ereignen sich mit einer gewissen Kontinuität und nicht nur als gelegentliche, spontane Zusammenstöße. D. h. beide Seiten operieren nach einer planmäßigen Strategie, gleichgültig, ob die Kämpfe auf dem Gebiet eines oder mehrerer Gesellschaften stattfinden und wie lange sie dauern. "

Im Rahmen des AKUF-Ansatzes gelten Kriege dann als beendet, wenn die Kampfhandlungen dauerhaft, d. h. für mindestens ein Jahr, eingestellt bzw. nur unterhalb der Schwelle der hier gegebenen Kriegsdefinition fortgesetzt werden. Vom Krieg unterschieden wird der „bewaffnete Konflikt", womit solche gewaltsamen Auseinandersetzungen bezeichnet werden, bei denen die Kriterien der Kriegsdefinition nicht in vollem Umfang gegeben sind.

Diese Kriterien sind in der Hauptsache qualitativer Natur. Die Tatsache eines Krieges wird insbesondere auch daran festgemacht, dass zwei oder mehr Parteien im Streit liegen und es sich zumindest auf einer Seite um reguläre Kräfte handelt. Nicht erforderlich und wohl auch nicht erwünscht erscheint im Rahmen dieser Definition ein quantitatives Kriterium, wie es andere Ansätze eingeführt haben:

Danach kann von Krieg nur dann geredet werden, wenn pro Zeiteinheit eine Mindestzahl von Opfern zu beklagen ist. Die Relevanz von Opferzahlen variiert allerdings mit dem politisch-gesellschaftlichen Kontext: Um es platt zu sagen, es macht einen Unterschied, ob ein kleines oder großes Land tausend Bürgerinnen und Bürger verliert.

So darf festgestellt werden, dass sich die AKUF-Definition des Krieges als sachangemessen und im Übrigen auch brauchbar erwiesen hat. D. h., das reale Geschehen – die Entwicklung gewalttätiger Konflikte – dieser Welt hat sich den angegebenen Kriterien auf eine Weise zuordnen lassen, die intersubjektiv nachvollziehbar ist.

1.2   Krieg: Entfaltung eines Begriffes

Carl von Clausewitz (1780-1831), der berühmte preußische Kriegsphilosoph, gibt zu Anfang des ersten Kapitels seines Hauptwerkes „Vom Kriege" die folgende Begriffsbestimmung: „Der Krieg ist ... ein Akt der Gewalt, um den Gegner zur Erfüllung unseres Willens zu zwingen" (Clausewitz 2003: 27).

Für von Clausewitz bedeutet der Krieg also eine Handlung: einen Akt. Krieg ist „actus und in dessen Folge ein Prozess, also kein status oder Zustand. Damit ist impliziert, dass der Krieg – wie jede andere Handlung auch – zeitlicher Begrenzung unterliegt." Dies zeigt sich " ... rein sprachlich daran, dass wir den Ausdruck ,Dauerhandlung' nicht verstehen. Es dauert nicht ewig, sich ein Frühstück zuzubereiten, und auch eine Schlacht schlägt man nicht auf Dauer" (Kleemeier 2005: 45). Handlungen sind Geschehnisse, zwischen deren Beginn und Ende nicht allzu viel Zeit verstreichen darf. Andernfalls wäre der Begriff ,Handlung' nicht angemessen.[1]

Und auch in räumlicher Hinsicht ist die Handlung ,Krieg' begrenzt. Ein Krieg kann weiträumige, ja globale Konsequenzen haben, aber selbst nur auf bestimmten, fest umreißbaren Territorien stattfinden. (Dies gilt übrigens auch für die beiden Weltkriege des 20. Jahrhunderts.)

Um den Kriegsbegriff des Carl von Clausewitz noch weiter – und zwar durch einen Kontrast – zu konturieren: Für den juristischen Diskurs über den Krieg hat der Begriff des Kriegs*zustandes* zentrale Bedeutung. Es sind Geschehnisse vorstellbar, die nach rechtlichen Maßstäben Kriege sind, nach den Kriterien des Generals von Clausewitz aber nicht. „Für Juristen ist die

---

1   Die folgende Darstellung orientiert sich an der Interpretation Ulrike Kleemeiers.

Vorstellung ‚stell Dir vor, es ist Krieg, und keiner geht hin' eine ganz normale Denkfigur" (ebd.: 45). Zur Illustration seien jene lateinamerikanischen Staaten erwähnt, die in beiden Weltkriegen dem deutschen Reich den Krieg erklärt hatten, dann aber keinerlei Anstalten machten, solcherlei Deklaration auch Taten folgen zu lassen. Während für den Juristen in diesen Fällen von einem Kriegszustand zu sprechen ist, treffen für von Clausewitz die Klassifikationsmerkmale von Krieg nicht zu. Und umgekehrt gilt, dass es zahlreiche Ereignisse gibt, die nach von Clausewitz als Kriege zu sehen sind, die aber im juristischen Denkraster nicht als solche erscheinen, weil nämlich bestimmte formale Erfordernisse – wie etwa eine Kriegserklärung – nicht erfüllt sind.

Carl von Clausewitz schickte seiner Definition des Krieges als „Akt der Gewalt, um den Gegner zur Erfüllung unseres Willens zu zwingen", unmittelbar die Bemerkung voraus: „Der Krieg ist nichts als ein erweiterter Zweikampf" (Clausewitz 2003: 27). Danach ist der Krieg also etwas Relationales, ein Wechselspiel zwischen zwei oder mehr Parteien (wie wir es auch schon aus der AKUF-Definition ersehen konnten). Ein Krieg ist danach nicht ohne „Täter" vorstellbar: Dies grenzt ihn von sich selbst tragenden Prozessen einerseits und von einseitigen Handlungen andererseits ab.

Zum Aspekt des sich selbst tragenden Prozesses: Carl von Clausewitz mag zwar die Gefahr sehen, dass Kriege außer Kontrolle geraten und sich damit in ihrer Dynamik tendenziell verselbständigen. Doch fordert er immer wieder die Kontrolle des Kriegsgeschehens ein, indem er etwa zu wiederholten Malen und in jeweils anders nuancierter Formulierung – eher normativ als empirisch – die Aussage macht, dass der Krieg die Fortsetzung der Politik mit anderen Mitteln sei. Mit anderen Worten: Auch im Krieg gelten für den preußischen General politische Zwecksetzungen weiter, die mit möglichst angemessenen Mitteln umzusetzen sind. Der Eindruck besteht, dass sich von Clausewitz den Krieg einfach nicht als von der Kette gelassenes Monster, als einen zügellos vor sich hintreibenden Prozess, vorstellen *will*.

Und zum Aspekt der einseitigen Handlung: Krieg ist für von Clausewitz, und die Militärtheorie generell, als ein Akt, demgegenüber die jeweils andere Seite keine wesentlichen Reaktionschancen hat, schlechterdings nicht vorstellbar. In diesem Denkraster hat Völkermord mit dem Begriff des Krieges nichts zu tun. Krieg im Sinne von Kampf mit einem Gegenüber, welches ein Mindestmaß an Wehrhaftigkeit und Konfliktbereitschaft auszeichnet, kann als ein extremer Fall sozialen Handelns gesehen werden. Wie in einem Nullsummenspiel können beide Seiten Fehler sich nicht leisten und müssen sich auf den jeweiligen Gegner umfassend einstellen: dessen Mentalität, Intentionen, Stärken und auch Schwächen studieren.

Der Begriff des Krieges als eines Wechselspiels, bei dem jede Seite sich bemüht, die andere zu übertrumpfen, impliziert Eskalationsprozesse – also die Steigerung der Vernichtungswirkung als Ergebnis eines fortlaufenden ‚tit for tat'. In den Worten des preußischen Militärtheoretikers: „Der Krieg ist ein Akt der Gewalt, und es gibt in der Anwendung der selben keine Grenzen; so gibt jeder dem anderen das Gesetz, es entsteht eine Wechselwirkung, die dem Begriff nach zum Äußersten führen muss" (ebd.: 29). Mit dem Hinweis auf den ‚Begriff' rekurriert von Clausewitz in diesem Zusammenhang auf das Wesen des Krieges, wie er es sich vor dem Hintergrund seiner empirischen Studien vorstellt. (Er untersuchte insgesamt 130 Feldzüge, die zwischen der Mitte des 18. Jahrhunderts und seiner Zeit stattgefunden hatten.) Mit solcherlei Wesensbestimmung, von Clausewitz gebraucht den hierauf bezogenen Begriff des ‚reinen Krieges', wird ein Modell, ein Idealtyp im Sinne Max Webers, konstruiert, das bzw. der alle Schlüsselmerkmale des Krieges in gleichsam ‚unverdünnter' Form enthält. Dieser Idealtypus des reinen oder auch ‚absoluten' Krieges kann als eine Art *Messlatte* dienen, mit deren Hilfe die Kriege der Realität, die in unterschiedlichem Maße moderierenden Faktoren unterliegen, genauer bestimmt und eingestuft werden (Kleemeier 2005: 49).

Beiseite gesprochen: Unter moderierende Faktoren – oder ‚Friktionen' – subsumiert von Clausewitz all das, was die schnöde Wirklichkeit des Krieges kennzeichnet: Von hinderlichen Geländebedingungen über schlechtes Wetter, das einen Feldzug zum Erliegen bringt, bis hin etwa zur sinkenden Moral der Truppen oder auch zu Veränderungen der politischen Landschaft - beispielsweise einer Neuformierung der kriegführenden Allianzen, welche Auswirkungen auf den Lauf des Geschehens hat.

Das Modell – also der Begriff des Krieges – hat aber offenbar nicht nur die Funktion einer Messlatte. Da für von Clausewitz die Gewaltanwendung im Wechselspiel, die Vernichtung des Gegners oder deren glaubwürdige Androhung, zentral für die Vorstellung vom Krieg ist (und zwar alle empirischen Kriege betreffend), kommt dem Modell offenbar darüber hinaus eine präskriptive Bedeutung zu: Es „spielt ... bei Clausewitz auch die Rolle der Orientierung des Handelns im Kriege. Wo die Mittel vorhanden sind und die Kriegszwecke wichtig genug sind, dort soll man versuchen, den Krieg mit großer Energie und Schnelligkeit auf eine entscheidende Handlung hinzu- treiben. Dieses Vorgehen ist nach Clausewitz immer die nächstliegende

Option. Alles andere sind zweitbeste Lösungen, die entweder aus faktischer Schwäche oder übertriebener Furchtsamkeit resultieren. Nichts ... ist schlimmer als verzettelte und sich in der Zeit streckende Kriege" (ebd.: 49).

1.3   Gegenbild: Vorstellungen vom Frieden

Die systematische Verknüpfung von Krieg und Handlung, die von Clausewitz vorgenommen hat, resultiert in Konsequenzen für den Begriff des Friedens. Während der Krieg als eine in sich abgeschlossene Handlung erscheint, stellt sich der Frieden – in scharfem Kontrast dazu – als Zustand dar. Dadurch, dass von Clausewitz den Frieden als Zustand denkt, gibt er sich als jemand zu erkennen, der in einer langen Tradition steht. Es sei nur daran erinnert, dass Augustinus und Thomas von Aquin den Frieden als *tranquillitas ordinis* (Ruhe der Ordnung) begriffen. „Wollten wir den Frieden als Handlung denken, so würden wir damit diejenigen Qualitäten zerstören, die ihn gerade gegenüber dem Krieg auszeichnen sollen. Frieden wäre ein zeitlich und räumlich relativ begrenztes Ereignis, was er aber gerade nicht sein soll. Als sinnvoll und wünschenswert kann Frieden erst erscheinen, wenn man ihn als Dauerstruktur denkt. Alles andere würde die Grenzen zwischen Krieg und Frieden aufweichen" (ebd.: 46).

Die Kennzeichnung des Friedens als Zustand, die Carl von Clausewitz vornimmt, ficht freilich jene nicht an, die – insbesondere im Diskurs der Friedensbewegung und -forschung – von einem positiven Frieden und dessen ‚prozesshaften' Charakter sprechen (Mader 2006: 4). Gemeint sind wohl Handlungen und Prozesse, die innerhalb des Zustandes des Nicht-Krieges, welcher meist als negativer Frieden etikettiert wird, zu einer Entfaltung individueller und gesellschaftlicher Potentiale führen können. Dass der Zustand des Nicht-Krieges („negativer Frieden") positive Veränderungen als Folge produktiver Politik umfassen könnte, hätte sicherlich auch von Clausewitz nachvollziehen und sogar als Orientierung akzeptieren können. Der Widerspruch zwischen ‚Zustand' und ‚Prozess' löst sich also bei näherem Hinsehen auf.

Um am Schluss dieses Abschnitts den Bogen zu der Problematik zu schlagen, die im Mittelpunkt dieses Buches steht: Wesentlich geht es um die Frage, ob bestimmte militärische Vorkehrungen – im Sinne einer betonten Defensivorientierung von Streitkräften – zu sicherheitspolitischer Stabilität beitragen können. Es sind diese Vorkehrungen also zuvörderst daraufhin zu untersuchen, ob sie zum Frieden im Sinne von ‚Nicht-Krieg' beitragen. In diesem

Zusammenhang ist an ein Wort zu erinnern, das Willy Brandt zugeschrieben wird und das sinngemäß zitiert sei: „Der Frieden – im Sinne von Nicht-Krieg – ist nicht alles. Aber ohne dies ist alles nichts."

Gleichwohl wird der Bezug zum ‚positiven Frieden' nicht aus den Augen schwinden: Reklamieren doch die im Rahmen dieser wissenschaftlichen Unternehmung zu untersuchenden Ansätze einer stabilitätsorientierten Defensive das Potential, nicht nur zur Kriegsverhinderung, sondern auch zur Minderung militärischer Ressourcenverschwendung und zur Befreiung von Kriegsangst beitragen zu können. Abrüstung, also das Erwirtschaften einer ‚Friedensdividende', und zunehmende Angstfreiheit sind sicherlich wesentliche Ingredienzien eines positiven Friedensprozesses.

2. Militär und Stabilität

2.1 Ideengeschichte: Streitkräfte, die nicht bedrohen

In ganz unterschiedlichen historisch-politischen Zusammenhängen ist die Vorstellung entstanden, dass Streitkräfte sich auf den Schutz des eigenen Gebietes beschränken könnten – und zwar auf eine Weise, dass dadurch niemand bedroht würde. Dies soll am Beispiel dreier Figuren der Ideengeschichte gezeigt werden.

2.1.1 Mo-Ti: Chinesische Moralphilosophie

Fangen wir mit dem Anfang an! Am Anfang war Mo-Ti, der wohl als erster in der Menschheitsgeschichte den Gedanken einer Verteidigung, die sich auf die Defensive beschränkt, schriftlich festgehalten hat. Lassen wir ihn selbst zu Wort kommen! Mo-Ti sagt (Basic Writings: MO TZU 1964: 52):

„Wenn jemand einen anderen Menschen tötet, wird er für diese Untat verurteilt und muss für das Verbrechen mit seinem eigenen Leben bezahlen. Wenn dies richtig und gültig ist, dann muss jemand, der zehn Menschen tötet, zehnmal so schlimmes Unrecht begangen haben und für sein Verbrechen mit zehn Leben bezahlen. ... Nun, alle Herren dieser Welt sind klug genug, um solche Verbrechen zu verdammen und sie als unrecht zu brandmarken. Aber wenn es um ein noch größeres Unrecht geht, nämlich die offensive Kriegführung gegen andere Staaten, dann hat sie auf einmal ihre Weisheit verlassen: Sie verdammen diese Kriegführung nicht. Im Gegenteil, sie lobpreisen sie und nennen sie gerechtfertigt. Eigentlich haben sie keine Ahnung davon, was Unrecht ist." (Übersetzung aus dem Englischen: L. U.)

Mo-Ti sagt auch, sich an einen fiktiven Herrscher seiner Zeit wendend (ebd.: 59 f.): „*Wenn du fähig wärest, deine Reputation auf Rechtschaffenheit und Rechtsliebe zu gründen, wenn du so die anderen Herrscher durch deine Tugend beeindrucken würdest, dann würde sich dir in kürzester Zeit die ganze Welt unterwerfen, denn die Welt hat lange Zeit unter vielen Kriegen gelitten, und sie ist nun dessen müde wie ein kleiner Junge, der den ganzen Tag mit seinem Steckenpferd gespielt hat. Wenn es nur einen Herrscher gäbe, der seine Außenpolitik in gutem Glauben betreibt und der immer zuerst daran denkt, wie er den anderen Feudalherren zu Nutzen sein kann! Der, wenn ein starker Staat Unrecht begeht, sich gemeinsam mit den Übrigen betroffen fühlt. Der, wenn ein starker Staat einen Schwächeren angreift, gemeinsam mit anderen zu dessen Unterstützung eilt. Der, wenn die Mauern und Festungsanlagen des schwächeren Staates in schlechtem Zustand sind, bei deren Wiederinstandsetzung hilft. Der, wenn die Vorräte des schwächeren Staates an Kleidung und Getreide erschöpft sind, eigene Güter zur Verfügung stellt. Der, wenn die finanziellen Mittel des schwächeren Staates nicht ausreichen, eigene Gelder zuschießt: Wenn jemand seine Beziehungen zu den stärkeren Staaten auf diese Weise gestaltet, würde er die Sympathie der Herrscher aller schwächeren Staaten gewinnen.*

Wenn man seine Angelegenheiten in Übereinstimmung mit dem betreibt, was korrekt ist, wenn man im Rahmen des Rechts handelt, sich um Milde im Umgang mit den Untertanen bemüht und guten Glauben zeigt, wenn es um die Führung der Armee geht, und wenn man so ein Beispiel für die Armeen der anderen feudalen Herren setzt, dann wird man am Ende keinen Feind unter dem Himmel haben und der Welt unermesslichen Nutzen bringen" (Übersetzung aus dem Englischen: L. U.).

Zu erkennen sind in diesen Ausführungen zumindest drei wesentliche Aspekte. Zum einen argumentiert der Autor moralisch: Er appelliert an das Bewusstsein von Recht und Unrecht. Oder anders ausgedrückt: Dadurch, dass er das Fehlen von Unrechtsbewusstsein beklagt, will er dazu beitragen, es zu schaffen. Zum anderen wird gesagt, dass moralisches Verhalten durchaus Nutzen bringen kann: Es erscheint als eine Orientierung, die für einen Herrscher den größten Ertrag überhaupt verspricht. Und schließlich lässt sich ein Zug von Solidarität erkennen: Es gilt, die Schwächeren zu unterstützen und zu schützen – allerdings ausschließlich mit Maßnahmen, die Dritte nicht bedrohen.

Sehr wahrscheinlich lebte Mo-Ti in der Zeit zwischen dem Tod des Konfuzius, 479 v. Chr., und der Geburt des Mencius, 370 v. Chr. Wichtige Teile seiner Lehre wurden – zusammen mit Anekdoten über den Meister – von dessen Schülern in einem Buch, dem Mo Tzu, kompiliert, dessen Inhalt uns allerdings nicht in Gänze überkommen ist.

Mo-Tis Wirken fällt in die erste Phase einer Periode in der Geschichte Chinas, die gemeinhin als die Zeit der *Kämpfenden Staaten* bezeichnet wird (Sun Tze 1972: 12-15; Sun Tzu 1971: 20-30). Diese Periode begann etwa um 450 v. Chr. und sollte zweieinhalb Jahrhunderte dauern. Gegen 450 v. Chr. fanden sich acht größere Staaten auf dem Gebiet Chinas, von denen sich Yen im Norden und Yüeh im Osten aus den kommenden Konflikten weitgehend heraushielten. Fast ununterbrochene Kriege aber gab es zwischen den „Großen Sechs", nämlich Ch'i, Ch'u, Ch'in sowie Wei, Han und Chao. Im Zuge dieser bewaffneten Auseinandersetzungen wurden etliche bis dahin noch unabhängige, kleinere Staaten geschluckt. Und auch zwischen den Großen galt die Grundregel des Nullsummenspiels: Du oder ich! Die lange Reihe von Eroberungskriegen in dieser Zeit, wobei es allenfalls nur kurzfristig Kompromisse gab, das Endziel aber in aller Regel ‚Einverleibung' hieß, führte schließlich zu einer umfassenden staatlichen Einigung – und zwar unter den Bannern des Herrscherhauses von Ch'in (daher auch der Name *China*).

Mo-Ti sah die Verwüstung und das Elend, das die Kriege der Kämpfenden Staaten mit sich brachten, und reagierte darauf mit einer Verdammung offensiver Kriegführung. Er ist, wie bereits angedeutet, in der Geschichte der erste, der dies auf eine explizite und relativ elaborierte Weise tat. Gleichwohl fiel sein gepredigtes Donnerwetter gegen den Offensivkrieg im zeitgenössischen China gar nicht so völlig aus dem Rahmen. Den damals bereits einflussreichen Strömungen des Konfuzianismus und das Taoismus, beides philosophisch-religiöse Lehren der Mäßigung, war die Kritik militärischer Aggression jedenfalls nicht wesensfern.

Die unmittelbare Wirkung der Kritik Mo-Tis an der offensiven Kriegführung war jedoch allenfalls bescheiden. Dies hing wahrscheinlich damit zusammen, dass die vehemente Ablehnung des Offensivkrieges in eine radikale ethische Gesamtkonzeption eingebettet war (Basic Writings: MO TZU 1964: 3-5). Diese Konzeption umfasste das Doppelgebot ‚universeller Liebe' und des Handelns ‚zum gegenseitigen Vorteil'. Das Liebesgebot sollte im zwischenmenschlichen Verkehr genauso wie für die Beziehung unter verfassten Staaten gelten. Es sollte die Menschen – oder Staaten – nicht danach unterscheiden, ob sie einem fern sind oder nahe stehen. Und was das Gebot des Handelns zum gegenseitigen Vorteil anbelangt, ist klar zu stellen:

Hiermit war nicht beabsichtigt, in die zwischenmenschlichen Beziehungen Standards des fairen Tausches einzubringen, sondern es ging um die Forderung, bei allem, was man tut, auch an das Wohlergehen, also den Vorteil, des jeweiligen Gegenüber zu denken.

Die Lehre von der unterschiedslosen – universellen – Liebe, die im Grunde schon das vorweg nahm, was später *Jesus Christus* in der Bergpredigt fordern sollte, war für die Zeitgenossen Mo-Tis schwer zu verstehen: insbesondere wohl für jene, denen der Konfuzianismus als Orientierung diente. Auch für den Anhänger des Konfuzius gibt es das Gebot, anderen gegenüber Zuneigung zu zeigen und barmherzig zu sein. Die Forderung nach ‚universeller Liebe' erschiene ihm aber als eine recht schwülstige Angelegenheit: schwer zu praktizieren und im Übrigen die Loyalität gegenüber den eigenen

Nächsten in Frage stellend. Die konfuzianische Lehre fordert nämlich, dass die Zuneigung gegenüber anderen abzustufen ist: Mehr gebührt der eigenen Familie, den nächsten Anverwandten, etwas weniger den Freunden und noch weniger der übrigen Menschheit. Dieser Kodex befand sich im Einklang mit der traditionellen, bis in unsere Tage manifesten Familienorientierung der Chinesen. Mo-Ti unternahm es, diese Orientierung zu relativieren und scheiterte dabei.

Gewisse utilitaristische Züge seiner Argumentation, man denke daran, dass er nicht nur Gebote aufstellte, sondern auch Nutzen verhieß, änderten daran auch nichts.

Ein Übriges, um seinem Lehrgebäude die Resonanz zu entziehen, bewirkten Mo-Tis Forderungen nach innerweltlicher Askese: So verlangte er äußerste Sparsamkeit sowohl von den Privathaushalten als auch dem Staat. In diesem Sinne polemisierte er gegen aufwendige Zeremonien und meinte ins-besondere, Beerdigungen seien eine so ernste Sache, dass ihnen einfache rituelle Formen angemessen wären – und nicht bombastische Aufzüge mit dem hauptsächlichen Zweck, den Status des Verblichenen noch einmal zu unterstreichen. Dies dürfte den Gebildeten seiner Zeit wenig geschmeckt haben: jedenfalls nicht ihrer Mehrheit, die sich aus Staatsdienern in Verwaltung und Militär zusammensetzte, denen es vor allem in jenen Staaten finanziell zunehmend gut ging, welche ihre eigenen Ressourcen erfolgreich mobilisieren sowie durch Raub und Eroberungszüge Schätze anhäufen konnten.

Was aber die Lehre des Mo-Ti in ihrer Wirkung wohl ganz besonders beeinträchtigt haben dürfte, war die Tatsache, dass er überhaupt kein Faible für Unterhaltungsmusik hat entwickeln können und überdies meinte, dass der Rest der Menschheit diese Abneigung mit ihm teilen müsste. Dahinter steckt wieder sein Hang zu innerweltlicher Askese: Musikveranstaltungen – vor allem im höfischen Rahmen – waren höchst aufwendige Zurschaustellungen von Musikanten, Tänzerinnen, Konkubinen und illustrem Publikum: häufig ein Auftakt zu Lastern aller Art.

Zum weiteren Schicksal der Lehre des chinesischen Meisters (ebd.: 14): Das, was an ihr besonders pointiert und radikal war, wurde bald als ,unchinesisch' ausgeschieden. Ihr wesentlicher Grundzug aber, nämlich die Gutwilligkeit der Menschen untereinander zu fördern, ließ sich prächtig mit dem sich etablierenden Konfuzianismus amalgamieren: einer Lehre, die ebenfalls das ,positive, gutartige Denken' anstrebt. So kam es, dass der ,Moismus' als eigenständiges Konstrukt von der Bildfläche verschwand.

2.1.2 Immanuel Kant: Aufklärung und Frieden

Der Königsberger Philosoph Immanuel Kant (1724 – 1804), von dem nur
wenige wissen, dass er auch Vorlesungen über Mathematik, Physik,
natürliche Theologie, Pädagogik, physische Geographie und Anthropologie
hielt, legte im Jahre 1795 seinen Traktat „Zum ewigen Frieden" vor, welchen
er einen „philosophischen Entwurf" hieß (Kant 1900 a: 341 ff.). Dies ist ein
straff gefasstes, in lebendiger Sprache geschriebenes Werk, das sich durch
die Einheit von Form und Inhalt auszeichnet: hat Kant doch, da es ‚um den
Frieden geht', die Darstellungsweise und Struktur eines Friedensvertrages
seiner Zeit gewählt. Der Autor hält sich nicht lange damit auf, sein Ziel zu
definieren und den Begriff des Friedens differenziert zu entfalten. Ihm geht
es vielmehr um eine systematische Auflistung und – zumindest ansatzweise –
Diskussion von Maßnahmen, mit denen die Menschheit sich diesem Ziel, das
auch für ihn in weiter Ferne liegt, schrittweise nähern kann.

In den sechs Präliminarartikeln, welche gleichsam die ‚negativen Voraussetzungen' des Friedens benennen (Ladewig 1995: 56), wendet sich Kant
unter anderem auch gegen das Unterhalten stehender Heere, und in diesem
Kontext gegen die Zwangsrekrutierung von Untertanen, gegen eine staatliche
Kreditaufnahme zu Zwecken der Kriegführung (man denke an das nicht
lange zurück liegende Beispiel der kreditfinanzierten Kriegführung des Irak
gegen den Iran!), gegen die gewalttätige Einmischung eines Staates in die
„Verfassung und Regierung eines anderen" sowie schließlich gegen
Bestrafungs- und Ausrottungskriege.

Mit der zuletzt genannten Position tritt Kant zugleich für die Einhaltung von
Regeln für den Fall ein, dass ein Krieg dennoch ausbricht. Und er fordert, die
rechtliche ‚Einhegung' der Kriegführung zu verbessern: im Sinne einer
humanitären Sicherung in der vermutlich langen Übergangsperiode vom
Krieg als Normalfall bis zum Krieg als seltenem Unfall. Kant will sich mit
diesem Plädoyer, das ihn in die Nähe der altehrwürdigen Konzeption des
gerechten Krieges bringt (Møller 1995: 51 f.), er widmet sich vor allem dem
jus *in* bello, mit der Gewalttätigkeit in der Staatenwelt durchaus nicht
einrichten. Im Gegenteil: Krieg ist für ihn etwas so Fürchterliches, dass bald
etwas getan werden muss, und sei es auch noch so äußerlich – nicht an die
Wurzeln des Übels dringend. Zudem sind bereits bestehende rechtliche oder
gewohnheitsrechtliche Schranken keineswegs zu relativieren. Der Grund für
dieses Insistieren? Schon zu Kants Zeit gab es einen tiefen Eindruck davon,
was ‚totaler' Krieg bedeuten kann: Der ‚Dreißigjährige' war noch nicht

vergessen, und die Kinder sangen – seit dem ‚Siebenjährigen' – bereits das Lied: „Pommernland ist abgebrannt, Maikäfer fliege, Vater ist im Kriege..!"

Wichtiger aber als die rechtliche Einhegung des Kriegsgeschehens ist im Rahmen der strategischen Perspektive Kants all das, was den Ausbruch von Kriegen weniger wahrscheinlich macht. Dabei erscheint, im Kontext der Präliminarartikel, die Argumentation gegen die stehenden Heere von besonderer Bedeutung. Diese Argumentation stützt sich zum einen auf eine empirische Hypothese, nach der die ständige Verfügbarkeit militärischer Macht, auch wenn dabei zunächst nur an den Eigenschutz gedacht ist, die Kriegsgefahr erhöht. Und zwar deswegen, weil ein solches Potential zugleich auch eine Bedrohung anderer darstellen würde. Hinzu kommt die Sorge, dass die hohen Kosten für die Unterhaltung der Armeen selbst zum Hintergrundmotiv für Kriege – z. B. Eroberungen – werden könnten.

Zum anderen operiert Kant in diesem Zusammenhang moralisch: Etwas verkürzt wiedergegeben sagt er nämlich, dass es auch dem Staat (der ja eigentlich eine moralische Institution ist, weil die Menschen in ihr den Naturzustand überwunden haben) nicht zusteht, seine Bürger als „bloße Maschinen und Werkzeuge" einzusetzen, um sie gegen Sold oder – noch schlimmer – als Zwangsrekrutierte andere töten zu lassen bzw. dem Risiko auszusetzen, selbst getötet zu werden. Mit dieser moralischen Zurückweisung der Institution stehender Heere verweist Kant auf seine zweite Formulierung des *Kategorischen Imperativs*, die da lautet: „Handle so, dass du die Menschheit, sowohl in deiner Person als in der Person eines jeden andern, jederzeit zugleich als Zweck, niemals bloß als Mittel brauchst!" (Kant 1900 b: 429).

Für akzeptabel und mit dem Instrumentalisierungsverbot vereinbar hält Kant nur die „freiwillige, periodisch vorgenommene Übung der Staatsbürger in Waffen" (Kant 1900 a: 345). Nur auf diese Weise ließe sich seiner Überzeugung nach eine Landesverteidigung schaffen, die den eigenen Bürgern keine Gewalt antut und für die Nachbarstaaten keine Bedrohung darstellt. Damit entsteht vor unseren Augen das Bild einer defensiven Miliz, über die zu verfügen auch heute noch der Stolz des Schweizer Volkes ist (allerdings ist die Schweizer Miliz – zumindest formal gesehen – durchaus nicht so freiwillig). Kant bejaht also die Landesverteidigung, solange und soweit diese wirklich defensiv ist. Die Defensivität sieht er offenbar dadurch gewährleistet, dass die Bürger sich freiwillig beteiligen, kein stehendes Heer bilden und – außer zu Übungen – nur dann aufgerufen werden, wenn eine echte Bedrohung vorliegt. An strukturelle Vorkehrungen, einen besonderen

Zuschnitt der Streitkräfte, durch die sich die Abwehrfähigkeit stärken und die
Offensivkraft schwächen lässt, denkt er noch nicht.

Wesentlich kommt es Kant auf praktische, gradualistische Politik an, die
realistische Maßnahmen im Hinblick auf ein langfristiges Ziel organisiert.
Alle diese Maßnahmen müssen sich gegenüber dem Kategorischen Imperativ
ausweisen. Wir haben bereits gesehen, dass dieser in seiner zweiten Fassung
(„Instrumentalisierungsverbot") zum Kriterium der Zurückweisung stehender
Heere wurde (wohlgemerkt: jener in der Zeit Kants typischen – mit ihrer
Prägung durch Fürstenwillkür). Ebenso lässt sich die von Kant geforderte
Selbstbeschränkung der Streitkräfte auf die Verteidigung des eigenen
Territoriums – also die Funktion des Militärs und nicht seine Rekrutierung –
mit dem Kategorischen Imperativ legitimieren. Dabei besteht ein
unmittelbarer Bezug zur ersten Fassung dieses Leitsatzes, die da lautet:
„Handle nur nach derjenigen Maxime, durch die du zugleich wollen kannst,
dass sie ein allgemeines Gesetz werde!" (Kant 100 b: 421). Diese erste – in
der „Grundlegung zur Metaphysik der Sitten" enthaltene – Formulierung ist
in modern

„Das Gebot möglichst strikter Defensivität der Streitkräfte von National-
staaten oder regionalen Zusammenschlüssen muss in einem System gleicher
Sicherheit als eine Ausformung des Kategorischen Imperativs (gelten): Mit
anderen Worten, Nicht-Defensivität darf auf keinen Fall zur Maxime des
Handelns aller werden, weil dies im ewigen Unfrieden enden würde" (Unter-
seher 1992: 25). Oder: „Rüste so, dass die Maxime deiner Rüstung zum
Prinzip einer allgemeinen, auch von deinen Gegnern nachvollziehbaren
Rüstungspolitik werden kann!" (Afheldt 1989: 104).

Nach einer Auswahl der Präliminarartikel seien zur Abrundung nun noch die
drei Definitivartikel angesprochen, mit denen Kant das positive Kernstück
seiner Friedenslehre umreißt! Wiederum recht kurz zusammengefasst, fordert
er, dass alle Staaten nach und nach eine republikanische Verfassung
annehmen (die sich etwa durch freien Handel und Wandel verbreiten könne),
sich in einer globalen Rechtsordnung zusammenfinden, deren institutioneller
Ausdruck ein föderalistisches System, ein Friedensbund ist, und dass die
Menschen zwar Weltbürgerrecht nach den „Bedingungen der allgemeinen
Hospitalität" genießen sollen, aber keineswegs mehr. Letzteres wendet der
Philosoph gegen den sich zu seiner Zeit bereits etablierenden Kolonialismus:
gegen Menschen, Interessengruppen und Mächte, die sich überall gewissermaßen selbst einladen, um sich dann nahezu übergangslos zu Blutsaugern zu
entwickeln.

Mit der Forderung nach einer Ausbreitung des republikanischen Systems, wir würden heute von repräsentativer Demokratie sprechen, präsentiert sich Kant als ein Ahnherr jener Denkschule, die sich den „ewigen Frieden" als Ergebnis einer weltweiten Proliferation demokratischer Herrschaftskontrolle vorstellt (Schrader 2004). Kant nimmt also an, dass bestimmte politische Systeme mit bestimmten Formen des internationalen Verkehrs korrelieren – republikanische Verfassung mit Friedfertigkeit – und fordert einen entsprechenden Wandel. Doch auch er weiß, dass dieser Wandel sich über Jahrhunderte erstrecken kann, und ist realistisch genug, friedenstaugliche Maßnahmen für die lange Übergangszeit sehr ernst zu nehmen. Oder anders gewendet: *Auch eine betont zivile Politik für Demokratie und Frieden darf die militärische Komponente nicht aus den Augen lassen.* Sie muss dafür sorgen, dass die Streitkräfte – oder was von ihnen im Zuge anzustrebender Abrüstung jeweils noch übrig ist – der Erreichung des langfristigen Ziels zumindest nicht im Wege stehen.

2.1.3 Ivan Bloch: Ein hellsichtiger Bankier

Ivan (oder: Jean) Bloch (1836 – 1902) war ein in Radom gebürtiger Warschauer Bankier jüdischer Herkunft, der kritische Militärpublizistik zu seinem Steckenpferd gemacht hatte (Møller 1995: 42). In dem groß angelegten Werk über den „Krieg der Zukunft", das 1889 zum ersten Mal erschien, verarbeitete er die technologisch-gesellschaftlichen Entwicklungen seiner Zeit und bezog sie auf die Möglichkeit eines militärischen Zusammenstoßes in Europa (Bloch 1889). Sehr klar sah er die enorme Steigerung der Feuerkraft der Armeen seit etwa der Mitte des 19. Jahrhunderts: Vervielfachung der Explosivkraft von Geschossen, Zunahme von Präzision, Reichweite und Feuergeschwindigkeit von Gewehren und Geschützen durch Einführung gezogener Läufe und des Hinterladeprinzips sowie Erscheinen der ersten Maschinenwaffen auf dem Gefechtsfeld (von der „Gatling Gun" bis zum Maschinengewehr des Konstrukteurs Maxim).

Ebenso verzeichnete er die Mobilisierung der Massen für die Industrie und die enorme Steigerung der Produktivkraft in den wichtigsten Staaten Europas. Einen künftigen Krieg stellte er sich etwa so vor, wie der Erste Weltkrieg an der Westfront dann tatsächlich ablief: eine Konfrontation riesiger Massen von Soldaten, die über leistungsfähige Eisenbahnnetze herangeschafft und versorgt wurden – eine aufgrund der enorm gesteigerten Feuerkraft überlegene Defensive auf beiden Seiten, die jegliche Angriffsversuche in Blut ertränkte, zermürbender Stellungskrieg und eine allgemeine

Demoralisierung der Soldaten mit der Folge von Meutereien und sich epidemisch ausbreitender Kriegsmüdigkeit.

Bloch sagte voraus, dass moderne Gesellschaften durch einen solchen Zusammenstoß, eine solche „Blutpumpe", um den Ausdruck eines deutschen militärischen Führers zu gebrauchen, in ihren Grundfesten erschüttert werden würden, dass Revolutionen und Bürgerkriege im Gefolge des Desasters erwartet werden müssten. Bloch warnte vor so einem Krieg, empfand schmerzlich, dass der sich in seiner Zeit entwickelnde Patriotismus und Chauvinismus es fast unmöglich machte, die Masse der Menschen zu erreichen, und bemerkte schließlich auch, dass er den ‚interessierten Kreisen' in Politik und Militär mit seinen Warnungen höchst ungelegen kam.

Die Denkweise Ivan Blochs lässt sich als ‚saint-simonistisch' kennzeichnen (Saint-Simon 1957). Hergestellt ist mit diesem Attribut ein Bezug zu einer wissenschafts-religiösen Sekte, den Saint-Simonisten, die um 1830 in den Pariser Salons tonangebend waren. Die Saint-Simonisten sahen sich als Schüler des französischen Sozialphilosophen Claude Henry de Rouvroy, Graf von Saint-Simon (1760 – 1825). Sie glaubten, dass die natürliche – möglichst unbehinderte – Entwicklung der Industrie und der Aufstieg des produzierenden und Handel treibenden Bürgertums den Krieg geradezu automatisch obsolet machen würden (Saint-Simon 1957: 7 f.). Die Kaste der alten Ordnung und des Krieges, Adel, Militär und Klerus, würde im Orkus der Geschichte versinken.

Ivan Bloch, der Warschauer Bankier, erwartete ebenfalls, dass die industrielle Entwicklung mit ihren neuen Technologien den Krieg tendenziell unmöglich machen würde. Allerdings argumentierte er weniger spekulativ als die Saint-Simonisten, sondern mit viel Detailwissen insbesondere auf militärisch-technischem Gebiet. In beiden Fällen allerdings haben wir es mit Ideologien der Industrie zu tun: Produktivkräfte und Technik machen den Krieg überflüssig oder lassen ihn zum unsinnigen, höchst kostenträchtigen Unterfangen werden.

Bloch sah freilich nicht, dass Kriegführung nicht allein durch Technik definiert ist. Auch wenn dies damals so erscheinen mochte: Die Wahrheit ist, dass in der Zeit vor dem Ersten Weltkrieg die später Kriegführenden aller Seiten sich in ihren militärischen Konzepten nicht auf das einstellten, was die technische Entwicklung an Veränderungen gebracht hatte. Man war dann also überrascht und musste der Technik ihren Lauf, oder besser: der Feuerkraft ihre Dominanz, lassen und damit die Überlegenheit der Defensive – widerwillig – hinnehmen.

Gegen Ende des Ersten Weltkrieges jedoch entwickelten sich neue Technologien *und* Operationsweisen (z. B. der ‚Tank', auf der Seite der Entente und das taktische Konzept der ‚Sturminfanterie' in Deutschland), die eine prinzipielle Überwindbarkeit des mörderischen Stellungskrieges erkennen ließen (Messenger 1978: 9-38). Hierbei ist anzumerken, dass die technologische Innovation ‚Tank' (Kampfpanzer) ihr Versprechen, nämlich den Bewegungskrieg neu zu beleben, erst dann einlösen konnte, nachdem mit dem Ziel erhöhter Flexibilität angemessene organisatorische und operativ-taktische Formen entwickelt worden waren (Zezschwitz 1938/1971: 259-278).

Technik im Kriege ist also nicht alles. Mag zwar in einem bestimmten Kontext, etwa der Erstarrung militärischen Denkens, der Technik eine Dominanz der Defensive zu verdanken sein, können doch aus dem Leiden im Feuer Lernanstöße entstehen, die bald darauf dem offensiven Bewegungskrieg eine neue Chance geben. Dies sollten wir als Hinweis darauf nehmen, dass die Entwicklung einer standfesten, nicht-provozierenden Defensive mehr erfordert als nur die Wahl der ‚richtigen' Technologie. Es sind eben auch strukturelle und operativ-taktische Maßnahmen erforderlich, um einen potentiellen Angreifer zu frustrieren.

Ivan Bloch wurde in unsere kleine geistesgeschichtliche Galerie nicht wegen seiner – unbestreitbaren – Verdienste als Militärtheoretiker aufgenommen: Vielmehr hat er in dieser Reihe seinen Platz, weil er dem Krieg und insbesondere der Offensive als dessen notwendigem Auslöser eine Absage erteilte. Eine Absage, die er seiner Zeit gemäß mit Argumenten fundierte, die sich auf die technologisch-gesellschaftliche Entwicklung bezogen. Ivan Bloch wurde 1901 für den ersten Friedensnobelpreis vorgeschlagen, ging dabei allerdings leer aus. Den Preis erhielten damals Fréderic Passy (1822 – 1912), ein heute kaum noch bekannter Pionier der französischen Friedensbewegung, und der Schweizer Henri Dunant (1828 – 1910), der geistige Begründer der Genfer Konvention.

2.2 Militärischer Diskurs: Die Stärke der Verteidigung

Wenn zutrifft, was an deutschen Stammtischen immer noch geredet wird, ist ‚Angriff die beste Verteidigung'. Dass diesem Stammtischspruch die großen militärischen Denker in der Menschheitsgeschichte in seiner Pauschalität nicht zustimmen können, soll im Folgenden demonstriert werden. Auf jeden

Fall: Differenzierung erscheint angebracht, und manches spricht für eine ‚inhärente Stärke der Verteidigung'.

2.2.1 Sun Tze: Leuchtturm militärischer Reflexion

Wenn es Sun Tze denn überhaupt als Person gegeben hat, müsste er zwischen 400 und 320 v. Chr. gelebt haben. So jedenfalls vermutet es sein US-amerikanischer Übersetzer und Kommentator, S. B. Griffith (Sun Tzu 1971: 1 ff.). D. h., sein Leben, über das praktisch gar nichts bekannt ist, und sein Wirken fallen in die Zeit der Kämpfenden Staaten. In dieser Zeit entwickelte sich das Militärwesen – der allgemeine Überlebenskampf spornte offenbar die Kräfte an – in einer relativ kurzen Spanne zu bemerkenswert hoher Reife. So war dieses auf dem Gebiet Chinas, als Sun Tze (vermutlich) lebte, u. a. bereits durch folgende Errungenschaften gekennzeichnet (ebd.: 30-38):

- Hieb-, Stichwaffen und Geschossspitzen wurden aus Eisen – z. T. auch schon aus einfachem Stahl – gefertigt.

- Mit der Erfindung der *Armbrust* verfügte man über eine hoch wirksame Distanzwaffe. Das Abendland sollte einen entsprechenden Entwicklungsstand erst im Mittelalter erreichen.

- Die besser dotierten und größeren Armeen hatten zur Planung und Entscheidungsvorbereitung veritable Generalstäbe gebildet. Deren funktionale Binnendifferenzierung dürfte größer gewesen sein als jene (Görlitz 1977: 72 ff.), die *von Moltke der Ältere* im königlich-preußischen Generalstab vorfand (dessen – zunächst kommissarischer – Chef er 1857 wurde).

Letzteres ist zu erläutern: Einerseits dürfte die funktionale Binnendifferenzierung der alten chinesischen Generalstäbe in der Tat zwar wesentlich größer gewesen sein als die des preußischen um die Mitte des 19. Jahrhunderts: umfassten erstere doch nicht nur Fachleute für Wettervorhersage, Kartographen, Nachschuboffiziere und Experten auf dem Gebiet des Pionierwesens, sondern auch Offiziere, die Spezialwissen im Hinblick auf ganz bestimmte militärische Operationsformen erworben hatten – wie etwa Flussüberquerungen, amphibische Landungen, die Nutzung von Rauchschleiern in Angriff und Verteidigung usw.

Andererseits aber gab es die preußische Trennung zwischen dem Chef des Generalstabes, der ausschließlich plant und Entscheidungen vorbereitet, und dem eigentlichen Truppenführer noch nicht. Im alten China dürften die herausragenden Militärs also typischerweise beides gewesen sein: Führer und konzeptionelle Denker. (Die Personalunion von Stabschef und Befehlshaber gibt es heute übrigens in etlichen Ländern auch noch: etwa in Israel und den Vereinigten Staaten von Amerika.)

Gute Spitzenmilitärs waren, dies versteht sich beinahe von selbst, in der Periode der Kämpfenden Staaten eine allseits begehrte Ware. Abwerbungsversuche waren an der Tagesordnung. Dies führte zu einer relativ hohen Fluktuation in den militärischen Führungsetagen. Allerdings nicht notwendigerweise zum Nachteil der davon betroffenen Armee: sorgte doch der Generalstab mit seiner ausdifferenzierten Struktur für ein Mindestmaß an Stabilität. Im Ergebnis lässt sich ein bemerkenswert hoher Stand verzeichnen, was die Kunst der Allokation militärischer Kräfte anbelangt – und zwar nicht nur auf *taktischer* (gefechtsbezogener) Ebene, sondern auch im operativ-strategischen Rahmen (also im Hinblick auf Dispositionen für Feldzüge, die erfolgreiche Gefechte erst möglich machen). So war es zur Zeit Sun Tzes ‚herrschende Lehre', dass eine gute Armee das Zusammenspiel zweier Grundelemente entwickeln und organisieren müsse.

Das erste Element wurde *cheng* genannt. Gemeint war damit eine eher „orthodoxe" Streitmacht: also Truppen, die von ihrer Bewaffnung, ihrer Motivation und ihrer Führung her allenfalls als durchschnittlich zu qualifizieren waren – und deren Aufstellung bzw. Unterhalt keinen allzu hohen Aufwand erforderte. Aufgabe solcher Truppen hatte es zu sein, einen möglichen Gegner durch eigene raumdeckende Entfaltung an der Bewegung zu hindern, ihn zu fesseln und zu ‚kanalisieren'. Damit war die Vorarbeit geleistet für *ch'i* – die „unorthodoxe", „wundervolle" Elitetruppe von typischerweise relativ begrenztem Umfang und meist beträchtlicher Kostenintensität. Aufgabe dieses zweiten Elements, einer ‚mobilen Feuerwehr' spezialisiert für Interventionszwecke, war es, dem Gegner die entscheidende Niederlage zuzufügen oder – im Falle sehr ungünstiger Kräfteverhältnisse – ihn in seiner gefährlichsten Stoßrichtung zu stoppen.

An diesen Diskussionsstand also konnten militärische Denker und Führer wie Sun Tze anknüpfen. Hatten sie dabei Erfolg, wurden ihnen beträchtliche Ehrungen und Einkünfte zuteil. Hatten sie dabei aber Pech, ließen sich noch so sorgfältige Kalküle in der Hitze des Gefechts nicht in einen militärischen Erfolg ummünzen, war das Risiko groß. Auch schon für kleinere Misserfolge bedankten sich die fürstlichen Auftraggeber in aller Regel mit der Todesstrafe – wobei dem jeweiligen Kandidaten meist liberalerweise die Wahl der Exekutionsart überlassen wurde: So war die Frage mitunter, ob man lieber mit glühenden Zangen zerrissen oder aber wie ein Hummer in einen Kessel kochenden Wassers geworfen werden wollte.

In dem Werk „Kriegskunst", dem einzigen, das uns Sun Tze hinterlassen hat (vielleicht handelt es sich aber um eine Kompilation der Arbeiten verschiedener Autoren der damaligen Zeit), haben etliche Interpreten die Handschrift betont nüchterner, gelassener Politikberatung erkannt. Dies ist der Grund, warum Sun Tze, wenn er denn existierte, eine ‚machiavellistische Staatsauffassung' nachgesagt wurde. Doch mit dem, was Niccolò Machiavelli (1469 – 1527) ‚seinem' Fürsten riet, hätte Sun Tze wenig anfangen können. In einer Kernpassage aus *Il Principe* des Renaissancetheoretikers heißt es nämlich (Machiavelli 1996: 120):

„Ich bin aber der Meinung, dass es besser ist, draufgängerisch als bedächtig zu sein. Denn Fortuna ist ein Weib; um es unterzukriegen, muss man es schlagen und stoßen. Man sieht auch, dass es sich leichter von Draufgängern bezwingen lässt, als von denen, die kühl abwägend vorgehen. Daher ist Fortuna immer, wie jedes Weib, den jungen Menschen Freund; denn diese sind weniger bedächtig und draufgängerischer und befehlen ihr mit größerer Kühnheit. "

Dem Sun Tze hätte sich ob eines solch gefühligen Ausbruchs wohl der Magen umgedreht. In seinem Werk plädiert er vielmehr für den folgenden Dreiklang: weit gefächerte und intensive Informationsbeschaffung (z. B. durch die eigenen Truppen, politische Erkundungen und vor allem auch Spionage), nüchternste Analyse und dann erst: entschlossenes Handeln, das allerdings nicht unbedingt den Charakter des Draufschlagens haben muss.

Sun Tzes analytischer Ansatz und seine Strategiediskussion muten geradezu atemberaubend aktuell an: In seinem Werk beginnt er damit, der Leserschaft klar zu machen, dass Krieg eine durchaus ernste Sache ist, dass man mit dem Instrument bewaffneter Streitkräfte möglichst nicht ‚herumblödeln' sollte. Dies ist eine zeitlose Botschaft: an alle jene gerichtet, die gerne ‚Krieg spielen'. Am liebsten wäre es ihm, wenn es bei einem zwischenstaatlichen Konflikt gar nicht zum Krieg käme oder sich zumindest bewaffnete Auseinandersetzungen größeren Stils vermeiden ließen. Denn Krieg im Sinne eines Wechselspiels von Vernichtungsakten ist dem offenbar erfahrenen Soldaten ein Greuel.

So sagt Sun Tze (Sun Tze 1972: 54 f.): „*... hundertmal zu kämpfen und hundertmal zu siegen, ist nicht das Allerbeste, am allerbesten ist es, das Heer des Gegners ohne Kampf zu bezwingen. ... darum besteht die höchste*

Kriegskunst darin, die Pläne des Gegners zu vereiteln, dann seine Bündnisse aufzubrechen, des weiteren sein Heer zu vernichten … Wer es versteht, Krieg zu führen, bezwingt das fremde Heer, ohne zu kämpfen, nimmt fremde Festungen, ohne sie zu belagern, und zerschlägt ein fremdes Reich, ohne seine Truppen lange zu benötigen. Seine Kräfte bleiben unversehrt, dadurch gewinnt er die Macht auf Erden."

Wenn es denn aber doch zu einem bewaffneten Zusammenstoß größeren Stils kommen sollte, empfiehlt Sun Tze eine blitzartige, entscheidende Operation. Denn: Für ihn (wie wir es ähnlich bei von Clausewitz gesehen haben) gibt es nichts Schlimmeres als einen sich lang hinziehenden, kräftezehrenden Konflikt. Wegen solcher Präferenz ist Sun Tze immer wieder als Apologet des Angriffskrieges empfunden worden.

In diesem Kontext lässt sich auch sein „Gebot der Formlosigkeit" stellen – ein ‚Erfolgsrezept' für militärische Operationen wohl vorwiegend auf der taktischen, also gefechtsbezogenen Ebene (ebd.: 65): *„Das Wesen des Heeres gleicht dem Wasser: Es läuft von der Höhe ab und strebt in die Tiefe; das Wesen des Heeres vermeidet die Fülle und schlägt in die Leere. Das Wasser richtet seinen Lauf nach dem Gelände; der Sieg eines Heeres richtet sich nach dem Gegner … Deshalb gibt es beim Heer keine unveränderliche Kraft, beim Wasser keine unveränderliche Form. Wer es … versteht, die Oberhand durch Verändern und Umformieren zu erhalten und zu siegen, dessen Fähigkeit ist göttlich."*

Die Metapher des herabstürzenden Wassers lässt sich am ehesten mit einem Angriffsverfahren in Beziehung setzen, bei dem eine sich rasch bewegende, amorph-fluide Truppe auf Widerstände (‚Steine') trifft, die sie schließlich ‚hinweg wäscht' . Der englische Militärtheoretiker Sir Basil Henry Liddell Hart (1895-1970) sprach mit dem Blick auf ein solches Verfahren von einem „sich ausbreitenden Wildbach" (*rapidly expanding torrent*). Mit dieser Metapher ist eine Regel großer Abstraktheit formuliert, die in ihrer Bildhaftigkeit zugleich instruktiv erscheint. Jedenfalls haben Kundige in den unterschiedlichsten Epochen und politisch-gesellschaftlichen Kontexten das Gebot der Formlosigkeit zum Anlass genommen, besonders flexible Organisationsformen zu entwickeln.

Liddell Hart dachte sich übrigens auch gleich ein dem Angriffskonzept kongeniales Verteidigungsverfahren aus, das er als „schrumpfendes Rohr" (*contracting funnel*) bezeichnete (Liddell Hart 1966: 36). Damit ist eine Verteidigung charakterisiert, die eine gewisse Tiefe besitzt und die einem Angreifer nicht gleich energischen, sondern eher kontrollierend hinhaltenden

Widerstand bietet, in der Absicht ihn erst einmal abzunutzen und zu kanalisieren, um seinen Elan erst später – in der Verengung des Rohres – gleichsam ‚abzuwürgen'. Auch konnte Liddell Hart sich vorstellen, dass eine solche, einen Angreifer fesselnde, abnutzende und zersplitternde Defensive die Voraussetzung für den erfolgreichen Ansatz lokaler Gegenangriffskräfte – als integraler Bestandteil der Verteidigung – bilden könnte. Wir bemerken darin eine Wiederbelebung altchinesischen militärischen Denkens mit seiner Figur einer Komplementarität von *cheng* und *ch'i*.

In der Tat, die Metapher des „schrumpfenden Rohrs" für eine wirksame Verteidigung stammt von Liddell Hart und nicht von Sun Tze. Von diesem wird im Kontext der „Formlosigkeit" eher der Angriff als die Verteidigung diskutiert. Von den 13 Geboten bzw. Kapiteln seines Werkes über die Kriegskunst ist eines dem Angriff, aber keines explizit der Verteidigung gewidmet. Bedeutet dies, dass Sun Tze nicht viel von der Verteidigung gehalten und sie den von ihm beratenen Fürsten auch nicht empfohlen hat? Keineswegs! Im IV. Gebot „Die Form" heißt es nämlich (Sun Tze 1972: 57): *„Die Unbesiegbarkeit – das ist die Verteidigung; die Möglichkeit zu siegen – das ist der Angriff. Verteidigung bedeutet, dass es Mängel gibt; Angriff heißt, dass alles im Überfluss da ist."* Und: *„Wer sich gut verteidigt, verbirgt sich in der Tiefe der Erde; wer gut angreift, handelt wie von der Höhe des Himmels herab."*

Danach ist die Verteidigung also die ökonomischere Form, Krieg zu führen: Sie ist auf jeden Fall dann zu wählen, wenn die Mittel relativ knapp sind. Auch bei ungünstigen Kräfterelationen bietet sie, wenn sie geschickt angelegt ist, die Chance der Rettung des eigenen Gemeinwesens, des Überlebens. Im Übrigen fällt auf, dass die Verteidigung als etwas gesehen wird, das sich an das Gelände klammert, in der Erde Schutz sucht. Hier ist Sun Tze ganz in seinem Element: Immer wieder betont er, wie wichtig die geschickte und systematische Ausnutzung von Geländevorteilen für eine erfolgreiche Kriegführung ist. Immerhin zwei seiner 13 Gebote sind dieser Problematik gewidmet. Gerade auch weil er die systematische Verknüpfung von Verteidigung und Nutzung des Geländes sieht und besonders betont, erscheint es durchaus legitim, den chinesischen Meister – auch – als Theoretiker der Defensive zu bezeichnen. Jedenfalls ist es intellektuell unfair, ihn zum ausschließlichen Apologeten der Offensive zu stempeln.

Allerdings: Sun Tze kann sich durchaus vorstellen, dass eine Armee, die wegen ihrer relativen Schwäche zu Beginn eines Konfliktes die Defensive wählt und damit erfolgreich ist, auf der Grundlage der dadurch veränderten Kräfterelation schließlich zum Angriff übergeht.

Auf dieser Linie liegend, und sie argumentativ verstärkend, haben Mao Tse Tung (Mao Tse Tung 1966) und die kommunistische chinesische Kriegslehre ihre strategische Angriffsorientierung begründet – gewissermaßen nach dem Motto: Verteidige dich, solange du vergleichsweise schwach bist! (Das impliziert auf der strategischen Ebene und auf der operativen – nämlich der einzelner Kampagnen – die systematische Durchführung von Rückzügen, die allerdings örtlich, auf der taktischen Ebene, mit zahlreichen, nadelstichartigen Gegenangriffen verknüpft werden). Verändere dadurch die Kräfterelation, um, wenn du hinreichende militärische Stärke besitzt, dann erfolgreich angreifen zu können (und zwar weit über die taktische Ebene hinaus)! Wir sehen hier das Denkmuster eines – wenn man so will: dialektischen – Umschlages der Verteidigung in den Angriff: ein Muster, welches uns noch bei Carl von Clausewitz begegnen wird.

2.2.2 Carl von Clausewitz: Facettenreiche Theorie

Carl von Clausewitz nahm als preußischer Offizier am Rheinfeldzug (1792 – 1793) gegen die gerade geborene französische Republik teil und besuchte ab 1801 die „Berliner Akademie für junge Offiziere". Dort fiel er Gerhard von Scharnhorst (1755 – 1813) auf, dem späteren Militärreformer. Diesem unterstellt, arbeitete er seit 1809 im Kriegsministerium an Entwürfen zur Aufstellung der preußischen Landwehr, einer ursprünglich als bodenständige Miliz geplanten Truppe. 1812 wechselte er in russische Dienste über, um sich alsbald am Entwurf der Konvention von Tauroggen zu beteiligen (welche das Ausscheren Preußens aus der Zwangskoalition mit dem napoleonischen Frankreich anzeigte). Nach dem Friedensschluss diente er wieder im preußischen Heer, wurde 1818 zum Direktor der Allgemeinen Kriegsschule und 1830 zum Artillerie-Inspekteur in Breslau ernannt. Kurz bevor er überraschend an der Cholera starb, erreichte ihn die Ernennung zum Generalstabschef der in Polen aufgestellten preußischen Armee.

Carl von Clausewitz konnte sein Hauptwerk, das monumentale „Vom Kriege", nicht mehr vollenden. Es ist trivial, aber doch wohl nicht ganz von der Hand zu weisen, dass die Tatsache diametral entgegengesetzter Deutungen seines Werkes auch mit dieser Nicht-Vollendung zusammenhängt. Für die oft krass unterschiedlichen Interpretationen gibt es aber noch einen tieferen Grund: Der preußische Militärphilosoph unterschied nämlich, wie wir bereits wissen, zwischen dem Begriff des absoluten, reinen Krieges und dem Krieg der Realität, mit all seinen Friktionen – will sagen: Abweichungen vom Modell.

Dieses Modell mit seiner Aussage, dass der Krieg aus sich heraus „zum Äußersten" treibe, und eine gewisse Fixierung des Carl von Clausewitz auf die rasche Kriegsentscheidung durch Gefechte oder Schlachten motivierten manche Kritiker, den preußischen General als Advokaten der Offensive und des totalen, entfesselten Krieges zu sehen. Solche Kritik erschien noch dadurch Nahrung zu erhalten, dass deutsche Apologeten eines solch totalen Krieges sich vor allem auch auf von Clausewitz als Ahnherren bezogen (Wallach 1967).

Eine entgegengesetzte Deutung, wonach nämlich die Lehre des Carl von Clausewitz im Kern durchaus zur Legitimierung einer sich auf die Defensive beschränkenden Verteidigungspolitik herangezogen werden kann, bezieht sich zum einen darauf, dass für den preußischen Militärtheoretiker (Clausewitz 2003: 40) ... „die Überlegenheit der Verteidigung (richtig verstanden) sehr groß und viel größer ist, als man sich beim ersten Anblick denkt." Zum anderen darauf, dass seiner Meinung nach der politische Wille, der den realen Krieg kontrolliert (oder doch kontrollieren sollte) und diesen zu einem begrenzten und eher gemäßigten Ereignis macht, die Überlegenheit der Verteidigung nutzen kann: etwa dadurch, dass mit Kräften, die denen des Angreifers unterlegen sind, sich aus der Defensive heraus ein Stillstand des Geschehens, eine „Pause" erreichen lässt, während der nach einer nichtmilitärischen Lösung des Konfliktes gesucht werden mag.

Was macht die Verteidigung so stark? Zunächst ist zu notieren, dass nach Carl von Clausewitz ein Angreifer, jedenfalls dann, wenn er nicht im Zuge des Angriffes vorübergehend in der – taktischen – Defensive verharrt, den Vorteil von Überraschung und Initiative nur anfänglich hat. Der Verteidiger jedoch kann in seinen Reaktionen auf den Angriff wiederholt das Überraschungsmoment nutzen und initiativ werden (ebd.: 372 f.). Im Übrigen spielt – systematisch gesehen – der Angriff der Verteidigung in die Hände.

Dies ist folgendermaßen zusammengefasst worden (Boserup 1990: 254): Es gibt ... „nämlich Mittel, die durch das Vordringen der Offensive mobilisiert werden, und nur dadurch mobilisiert werden können, wie Berge und Flüsse, der Widerstand der Bevölkerung sowie die Unterstützung anderer Staaten, welche die zukünftige Stärke eines siegreichen Angreifers fürchten". Wenn „die Verteidigung aktiv eingreift, tritt der Angreifer nicht bloß auf von willenlosen Naturkräften zufällig verstreute Berge und Flüsse, sondern auch auf andere ‚tote' Kräfte wie Wälle und Wallgräben, mit Sorgfalt gebaut und mit der Absicht, die Verhältnisse für den Angreifer zu erschweren sowie um die ... Bedingungen für den eigentlichen Kampf eigener Streitkräfte zu verbessern ... . In der Angriffsform verfügt man nur über eine Art Kräfte, die frei mobilisierbar sind, ‚lebende' Kräfte, die Feldarmee und nichts anderes. Mit der Verteidigungsform verfügt man *sowohl* über diese Stärken als auch über *gebundene Kräfte*, die ein Angriff entfesselt. Letzten Endes bestimmt dieses Verhältnis, die allgemeine Ungleichheit der Mittel, die Überlegenheit der Verteidigungsform gegenüber der Angriffsform."

Zu den Kräften eines Landes, die durch einen Angreifer erst mobilisiert werden, kann also auch der (wachsende) Widerstand der Bevölkerung gehören. In diesem Sinne ist darauf hinzuweisen, dass von Clausewitz sich auch ausführlich mit dem *Volkskrieg* (will sagen: Guerillakrieg) beschäftigt hat. Dies lag in der damaligen Zeit nahe, waren doch die Leistungen und die Leiden der spanischen Guerilla im Kampf gegen die napoleonische Besatzung in aller Munde. „Volkskrieg", das ist für von Clausewitz Dezentralität des Geschehens, Nadelstiche statt Gefechten oder Schlachten. Und übrigens etwas, das sich zum regulären Krieg durchaus komplementär verhalten kann: im Sinne einer Vorbereitung oder unmittelbaren Ergänzung. (Wir denken wiederum an cheng und ch'i!) Auch in dieser Hinsicht sind zwischen der Arbeit des Generals und der modernen Debatte um eine alternative, auf die Defensive spezialisierte Verteidigung Beziehungen gesehen worden: gibt es doch etliche entsprechende Entwürfe, in denen Kleinkriegspraktiken zumindest eine gewisse Rolle spielen.

Ob im Volkskrieg oder bei einer Auseinandersetzung zwischen regulären Kräften: Verteidigung hat für Carl von Clausewitz immer etwas mit Abwarten zu tun, um dann angemessen reagieren zu können. Was ist eine angemessene Reaktion? „Die verteidigende Form des Kriegführens ist ... kein unmittelbarer Schild, sondern ein Schild, gebildet durch geschickte Streiche" (Clausewitz 2003: 370 f.). Das Bild von einem Schild ist freilich insofern etwas irreführend, als von Clausewitz sich die Verteidigung nicht ohne gewisse Tiefe des Raumes vorstellen kann, in der dem Angreifer vor dem Hintergrund der erwähnten inhärenten Vorzüge der Defensive die Initiative und der Schneid durch wohldosierte taktische Gegenstöße abgekauft werden können.

Was aber soll geschehen, wenn die Verteidigung, die wir uns also keineswegs als statisch, sondern als durchaus sehr dynamisch vorzustellen haben, am Ende erfolgreich war? Es gilt (ebd.: 384): „... *dass überall, wo der durch die verteidigende Form errungene Sieg nicht auf irgendeine Weise in dem kriegerischen Haushalt verbraucht wird, wo er gewissermaßen ungenutzt dahinwelkt, ein großer Fehler gemacht wird ... ein schneller, kräftiger Übergang zum Angriff – das blitzende Vergeltungsschwert – ist der glänzendste Punkt der Verteidigung; wer ihn sich nicht gleich hinzu denkt, oder vielmehr, wer ihn nicht gleich in den Begriff der Verteidigung aufnimmt, dem wird nimmermehr die Überlegenheit der Verteidigung einleuchten."*

Letzteres steht im Kapitel über den „Charakter der strategischen Verteidigung": Es geht somit nicht um Scharmützel, in denen jemand zunächst hinhaltend taktiert, um dann energisch die Initiative zu suchen. Auch für von Clausewitz ist also – auf der militärischen Makroebene – der dialektische Umschlag von Verteidigung in Angriff programmiert. Man mag sich, von der Position derjenigen aus, die Clausewitz für eine defensive, selbstgenügsame Verteidigung in Anspruch nehmen möchten, darauf zurückziehen, dass der preußische General hier den „absoluten" Krieg in seiner reinen Form gemeint hat. Dies dürfte sogar richtig sein. Doch für von Clausewitz ist der beschränkte, gemäßigte Krieg – in dem etwa eine gelungene Verteidigung zu einer Verhandlungspause mit dem Ziel der Konfliktbeendigung führt – eben nur als *Modifikation* des absoluten zu verstehen. Im Übrigen erscheint ihm wohl durchaus vorstellbar, dass sich die Realität der Denkfigur des reinen, extremen Krieges weitestgehend annähert.

Eine reine Spekulation: Carl von Clausewitz und der Philosoph Georg Wilhelm Friedrich Hegel (1770 – 1831) lebten und arbeiteten beide in Berlin. Die Zeitabschnitte, die sie dort verbrachten, überlappen einander. Hegel fiel derselben Seuche wie Carl von Clausewitz zum Opfer. Beide gehörten der hauptstädtischen Intelligenzia an, die damals nur einige hundert Personen umfasste. Und diese Leute waren wahrscheinlich mehr oder minder vom philosophischen Zeitgeist bewegt, in dessen von Hegel beeinflusstem Kontext vorempirische Wesensbestimmungen und dialektisches Denken eine wichtige Rolle spielten.

Vor diesem Hintergrund ist zu fragen: Ist die apodiktische Forderung des preußischen Generals, dass nach gelungener Verteidigung unbedingt das „blitzende Vergeltungsschwert" gezogen werden müsse, ein Destillat seiner empirischen Untersuchungen (130 Feldzüge!) – oder eher doch das Ergebnis einer intuitiven Wesensbestimmung (Hegel: „Das Wesen muss erscheinen"). Und ist im Umschlag der Verteidigung in den Angriff nicht eine damals recht modische, dialektische Denkfigur zu erkennen?

Anders ausgedrückt: Für all jene, die den Krieg zähmen wollen, ist gerade das interessant, was von Clausewitz als Modellabweichungen gekennzeichnet hat: die Friktion, Modifikation, Moderation. Es wären also die Bedingungen und Maßnahmen zu diskutieren, in deren Kontext eine gelungene oder aussichtsreiche Verteidigung nicht als bloße Voraussetzung – gleichsam als Dienstmagd – des Angriffs genutzt wird oder genutzt werden muss, sondern sich selbst und dem politischen Zweck genügt.

2.2.3 Liddell Hart: Für Defensivdenken bestraft

Sir Basil Henry Liddell Hart galt zwischen den 20er Jahren und den späten 80ern des vorigen Jahrhunderts als besonders ideenreicher, am Ende auch als einer der wichtigsten Militärtheoretiker und -historiker seiner Zeit. Diese Reputation ist seit einiger Zeit zumindest etwas angekratzt. Ein Indikator: In der 1993 in den Vereinigten Staaten erschienenen, monumentalen „Internationalen Militär- und Verteidigungsenzyklopädie" (Dupuy 1993) gibt es eine Flut von Hinweisen auf militärische Autoritäten – entweder im Text der einzelnen Beiträge oder in deren Anmerkungen. Und wie kaum überraschen kann, entfallen die meisten Nennungen auf Carl von Clausewitz. Es folgen, was die Häufigkeit der Erwähnungen betrifft, Napoleon I., Friedrich II., und dann – was ebenfalls nicht sonderlich Wunder nimmt – zwei Amerikaner: Alfred Thayer Mahan sowie Douglas MacArthur.

Danach stoßen wir in der Rangliste aber schon auf unseren britischen Militärtheoretiker: nämlich Liddell Hart. Damit liegt dieser in der Reputationskonkurrenz noch vor Sun Tze und dem Schweizer Baron Antoine Henri Jomini (einem Zeitgenossen und Widerpart des Carl von Clausewitz). Um so verwunderlicher muss erscheinen, dass sich zwar zu all den genannten Autoritäten lexikalische Eintragungen finden, nicht aber zu Sir Basil.

Die seine Reputation tangierende Kritik kam aus der militärbezogenen Politikwissenschaft und auch aus Militärakademien – und zwar insbesondere in den Vereinigten Staaten, aber auch in Großbritannien (Mearsheimer 1988 a; Reid 1990). Die Kritik an Sir Basil, der selbst keinerlei akademische Ausbildung besaß und als Autodidakt sich Militärgeschichte und -theorie erschloss, der flüssig und anschaulich schreiben konnte, auch als Zeitungspublizist arbeitete und am Ende eine Flut von Büchern veröffentlicht hatte, setzte zweierlei Akzente: Zum einen wurde moniert, dass der Brite mit akademischen Standards nicht hinreichend vertraut war: also mit Quellen etwas allzu großzügig umging, mit Begriffen hantierte, die sich kaum operationalisieren ließen, womit sich dann die Frage nach der empirischen Überprüfbarkeit wesentlicher Aussagen ergab, und dass er dazu neigte, seine eigenen geistigen Errungenschaften gegenüber denen anderer ungebührlich heraus zu streichen. Zum anderen gab es einen Vorwurf in der Sache, und auf diesen ist an dieser Stelle einzugehen:

In den 30er Jahren des vorigen Jahrhunderts, als unfriedliche Diktaturen das Bild Mittel-, Ost- und Südeuropas prägten und als ein Gefühl der Kriegsangst sich ausbreitete, habe Liddell Hart die Überlegenheit der Defensive gepredigt: also in einer Zeit, in der etwa Nazi-Deutschland den Angriffskrieg mit hochbeweglichen, gepanzerten Truppen plante.

Auf diese Art von Rüstung hätten die wenigen verbliebenen Demokratien, insbesondere Frankreich und Großbritannien, auf gleicher Ebene antworten müssen: nämlich mit einer eigenen Entwicklung von Panzerarmeen für weitreichende Operationen des (Gegen-)Angriffs. Dass Liddell Hart in dieser Situation fälschlicherweise die inhärente Stärke der Verteidigung hervorgehoben habe, sei um so verwerflicher, als er selbst zu den konzeptionellen Vätern des Bewegungskrieges mit mechanisierten Kräften zu zählen gewesen wäre (mechanisiert = motorisiert *und* gepanzert).

Er habe seinen Einfluss wider besseres Wissen geltend gemacht, immerhin war er zeitweilig Berater eines Verteidigungsministers, weil er ein britisches Engagement – jedenfalls in größerem Stil – auf dem Kontinent unbedingt vermeiden wollte. Zu frisch noch das Erlebnis des Ersten Weltkrieges, Liddell Hart war zuletzt Hauptmann und wurde verwundet, zu stark der Wunsch – in ihm und in Großbritannien generell –, die britische Jugend aus einem befürchteten neuen Gemetzel herauszuhalten.

Zur Sache: Die französische Armee war damals in ihrer technischen Ausstattung eine der modernsten der Welt. Große Teile waren motorisiert und zum Teil auch schon – mit eher leichtem Panzerschutz – mechanisiert. Eigentliche Panzerformationen größerer Stoßkraft waren allerdings bis zum Ausbruch des Zweiten Weltkrieges noch nicht gebildet bzw. zur Einsatzreife gebracht worden. Größere, zügige Angriffsoperationen traute der britische Generalstab der französischen Armee nicht zu. Was allerdings – insbesondere auch aus der Sicht Liddell Harts – möglich schien, war eine tiefgestaffelte, relativ dichte und feuerstarke Abwehr im Osten und Nordosten Frankreichs. Dabei hätten bewegliche Defensivkräfte über weite Strecken der Grenze hinweg gleichsam unter dem Schirm der Maginot-Linie gestanden, des damals modernsten Festungswerkes der Welt. Und zugleich hätten sie dieses an seinen Schwachstellen bzw. Lücken gleichsam ‚rückversichern' können.

Liddell Hart meinte schließlich, und es war für ihn schmerzvoll, sich dazu durch zu ringen, dass ein relativ kleines britisches Expeditionskorps von wenigen Panzerdivisionen, mit deren Gebrauch man in seiner Heimat bereits einige militärische Übungserfahrungen hatte sammeln können, entsandt werden sollte, um als bewegliche operative (Eingreif-)Reserve einer solcherart gestalteten Verteidigung, also im Sinne einer Krisenfeuerwehr, zu dienen.

Es war keineswegs purer Opportunismus, oder ein Hereinfallen auf eigenes ‚defätistisches' Wunschdenken, dass der Brite auf eine solch defensive Lösung verfiel: Er war zwar in den 20er Jahren des vorigen Jahrhunderts, im Kielwasser J. F. C. Fullers (1878 – 1966), des Vaters der britischen Panzer-truppen, zu einem Experten und Propheten der Kriegführung mit gepanzerten Truppen geworden. Und da es bei dieser Innovation vor allem auch um die konzeptionelle Überwindung des Stellungskrieges à la Erster Weltkrieg ging, war die Akzentsetzung auf Angriffsoperationen nur allzu plausibel. Doch Liddell Hart, als beweglicher, ideenreicher und produktiver Geist, spielte schon sehr früh durch, und zwar in den 20er und 30er Jahren, welche Optionen denn ein Verteidiger hätte, um dem neuartigen Angriffsverfahren mit Panzerverbänden erfolgreich begegnen zu können (Liddell Hart 1944; Unterseher 1999: 288 f.).

Bereits um 1920 übersetzte er die von Sun Tze inspirierte Angriffskonzeption des „herabstürzenden Wildbaches" in die schon erwähnte kongeniale Antwort des Verteidigers: das „schrumpfende Rohr". Diese gedanklichen Simulationen, ein Ersatz für das militärische Sandkastenspiel, bezogen sich zwar noch auf den Kontext infanteristischer Kräfte, doch in den folgenden Jahren wandte Liddell Hart sie auch auf Konfrontationen zwischen mechanisierten Truppen auf der einen Seite und eine Kombination von infanteristischen und gepanzerten Verbänden auf der anderen an. Er war also konzeptionell gut vorbereitet, als er den Vorschlag machte, eine defensiv disloziierte französische Armee um britische Kräfte hoher Qualität zur Krisenbereinigung zu ergänzen. (Worin sich übrigens wieder ein uraltes Muster erkennen lässt: nämlich das der Relation von *cheng* und *ch'i*.) Liddell Hart hatte also durchaus respektable Gründe, die Herausforderung durch Nazi-Deutschland nicht in gleicher Münze beantworten zu wollen.

Vielen schien es dann aber so, und Liddell Harts Kritiker behaupten dies heute noch, dass der Frankreichfeldzug der deutschen Wehrmacht den Defensivansatz falsifiziert habe. Und dass, so auch der deutsche Stammtisch, der Verlauf der Kampagne – wieder einmal – den Unsinn einer statischen Verteidigung, insbesondere von Festungswerken wie der Maginot-Linie, bewiesen habe.

Völlig falsch: Die Maginot-Linie wurde nie angegriffen; sie fiel erst, nachdem Frankreich praktisch schon geschlagen war, denn auch prominente deutsche Panzerführer hatten einen Heidenrespekt vor ihrer Abwehrkraft und insbesondere übrigens vor der Kombination von Defensivstellungen und beweglichen Reserven als Feuerwehr (Guderian 1992: 200 ff.). Die Wehrmacht stieß an der Maginot-Linie vorbei – durch die Ardennen: in eine Lücke, die für Panzer kaum passierbar erschien, nach Liddell Harts Vorstellungen aber doch hätte gesichert werden müssen. Dies geschah aber nicht. „Was sich für die Franzosen als verhängnisvoll erwies, war nicht, wie allgemein angenommen wird, ihre defensive Haltung oder der ‚Maginot-Linien-Komplex', sondern gerade der offensivere Teil ihres Planes. Dadurch, dass sie mit ihrem linken Flügel nach Belgien hinein stießen, spielten sie ihrem Gegner in die Hände und zwängten sich in eine Falle hinein ... der Nachteil (war besonders groß), weil bei diesem Vorstoß – von der französischen und der britischen Armee durchgeführt – die modernsten und schnellsten Teile der alliierten Streitkräfte eingesetzt wurden" (Liddell Hart 1970: 98).

Was einzig als operativ-bewegliches Element der Defensive einen Sinn gemacht hätte, wurde in einer offensiven Dislozierung, deren Intention heute kaum noch nachvollziehbar ist, irrelevant gemacht. Übrigens: Dass die Schaffung der Gelegenheit für den Angriff der eigentliche Grund für den raschen Erfolg der Wehrmacht im Westen war, darf mittlerweile als *Stand der Forschung* gelten – dem deutschen Stammtisch zum Trotz (Posen 1984; Evera 1984).

Bemerkenswert am Ende, dass der Angriff auf die Reputation Liddell Harts, insbesondere mit dem Hinweis auf dessen angeblich verfehlte Predigten zur Überlegenheit der Defensive, in einer Zeit gefahren wurde, in der – wie wir noch sehen werden – eine deutliche Offensivierung der Doktrin für die konventionellen Streitkräfte der NATO festzustellen war. Ob es sich bei dem Angriff auf Liddell Hart um eine bloße Koinzidenz handelte oder aber um militärpolitische Absicht, soll an dieser Stelle nicht weiter diskutiert werden.

2.3   Staatsmacht: Das Sicherheitsdilemma und seine Überwindung

‚Realismus' ist eine sich an staatlicher Macht festmachende Denkschule auf dem Gebiet des Studiums der Internationalen Beziehungen, die sich seit etwa dem Ende des Zweiten Weltkrieges in der Politikwissenschaft etabliert hat. Ein dänischer Autor nennt sie in seinem sicherheitspolitischen Lexikon von

1995 noch eine vorherrschende Denkrichtung (Møller 1995: 279 f.), vor allem in den USA, während ein neueres politikwissenschaftliches Lehrbuch aus Deutschland diese Richtung für überholt erklärt (Bredow 2006: 53 ff.). Selbst wenn letzteres für den akademischen Bereich zutreffen würde: Es bestehen vor dem Hintergrund der Kriege, die Anfang dieses Millenniums von den Vereinigten Staaten, Großbritannien und anderen geführt wurden, berechtigte Zweifel daran, ob denn die realistische Denkweise sich in den Hirnen mancher politischer Eliten verflüchtigt hat.

Die ‚Realisten' beanspruchen die Welt so zu sehen, wie sie angeblich ‚wirklich ist'. Sie grenzen sich damit von jenen ab, die sie etwas herabsetzend ‚Idealisten' nennen. Denen es vor allem auch darum geht, wie die Welt sein könnte: Die also Verhaltensregeln und Normen des Völkerrechts schaffen bzw. weiterentwickeln wollen, welche den Akteuren in der internationalen Arena – über aktuelle Machtkonstellationen hinaus – Orientierungshilfen geben können. In den Augen der Realisten ist vor allem auch Immanuel Kant ein solcher ‚Idealist'.

Um den ‚Realismus', aber auch seine Fortentwicklung, den ‚Neorealismus', und was diese Denkansätze zu militärischer Macht zu sagen haben, soll es im Folgenden gehen.

2.3.1 Han Fei und die Legalisten: Frühe Ideologen der Macht

Der Realismus wird – und zwar häufig von Realisten – gern mit Urvätern, z. B. Machiavelli und Hobbes, in Verbindung gebracht. Wohl um anzuzeigen, dass es sich beim realistischen Denken um eine ehrwürdige Tradition handelt, aber auch um damit indirekt zu belegen, dass die Misere der Welt mit ihren Machtspielen etwas Andauerndes ist. Ein früher Vertreter dieser Geistesrichtung ist allerdings weniger bekannt – vielleicht auch weil er ein Chinese war. (Was lässt Karl Gutzkow, der preußische Dichter, in dem Stück „Uriel Acosta" den Rabbi Ben Akiba sagen? Antwort: „Alles schon da gewesen.")

Han Fei – ein Autor, der die krasseste Gegenposition zu Mo-Ti bezog – war adligen Geblüts und wurde vermutlich um das Jahr 280 v. Chr. geboren (Basic Writings: HAN FEI TZU: 2f.). Er starb 233 v. Chr., weil er einen Becher voll Gift geleert hatte. Dazu gab es für ihn keine Alternative, weil eine höfische Intrige ihn in eine ausweglose Situation manövriert hatte: Er war beim Herrscher von Ch'in, den er eigentlich hatte beraten wollen, in Ungnade gefallen und sah sich unerwartet ins Gefängnis geworfen – jeder Möglichkeit beraubt, auf seine Person gemünzte Gerüchte der Illoyalität widerlegen zu können. Es mag ein wenig zynisch klingen, doch erscheint ein solcher Tod dem Hauptvertreter der *Legalisten* im frühen China nicht ganz unangemessen.

Die Legalisten, manchmal auch als *Realisten* bezeichnet, bildeten eine Denkschule, deren Vertreter danach trachteten, die Machttechniken und Ordnungsinstrumente des Staates zu perfektionieren. Man war ‚Legalist', weil es um die Kodifizierung von Normen zur Aufrechterhaltung der obrigkeitlichen Ordnung ging, ‚Realist' aber, wenn es darauf ankam, den Herrscher im Gebrauch von Machttechniken zu beraten. Diese Denkschule ist ein typisches Produkt der Periode der Kämpfenden Staaten. Han Fei, der die wesentlichen Denk- und Argumentationslinien dieser Schule besser und klarer als jeder seiner Vorläufer auf den Punkt brachte, lebte in der Schlussphase dieser Geschichtsperiode.

Gelegentlich wird auf Parallelen speziell zwischen Han Fei und dem Werk des Niccolò Machiavelli hingewiesen. Aber auch die ganze Denkschule der Legalisten im alten China ist summarisch mit dem Etikett des ‚Machiavellismus' versehen worden. An dieser Stelle erscheint ein differenzierender Hinweis dringend geboten. Die Etikettierung als ‚machiavellistisch' bezieht sich ganz offenbar auf die Herrschaftstipps des italienischen Staatsdenkers der Renaissance für den Fürsten („Il Principe"), die – wie wir bereits erfahren durften – gelegentlich etwas schwülstig ausfielen. Die „Discorsi", die Machiavellis beinahe ‚idealistisches' *alter ego* schrieb, um die Schaffung funktionstauglicher Verfassungsstaaten anzuregen, können jedenfalls nicht gemeint sein (Machiavelli 1990).

Ähnlich wie Machiavelli in seinem „Il Principe" richteten die Legalisten ihre Überlegungen und Vorschläge ausschließlich an den jeweils für sie relevanten Herrscher – und vielleicht noch dessen unmittelbare Exekutoren. Die Anliegen ‚gewöhnlicher' Individuen waren für sie uninteressant: Es sei denn, es ließ sich ein Bezug zu den Interessen der herrschenden Klasse herstellen. Traditionelle ethische Orientierungen gab es für die Legalisten überhaupt nicht, und dies wurde immer wieder offen und deutlich gesagt. Was einzig zählte, war die Moral der Macht. Religiöser Glaube und die dazu gehörigen Rituale waren etwas für das einfache Volk. Die Herrschenden erschienen darüber erhaben, und ein Staat, dessen Elite derartiges Brimborium ernst nahm, wurde für zum Untergang verdammt gehalten. Im Kern kam es den Legalisten nur auf eines an: Den Herrscher so zu beraten, dass er in die Lage versetzt sein würde, in einer sehr diesseitigen Welt zu überleben und seine Ressourcen zu mehren.

An Strategien und Machttechniken wurde im Wesentlichen Folgendes vorgeschlagen und konzeptionell weiterentwickelt (Basic Writings: HAN FEI TZU: 7 f.): die Effektivierung und Stärkung einer zentralen Regierung, die lückenlose Kontrolle von Land und Leuten durch wirksame, mit einschneidenden Strafen bewehrte Gesetze und der Ersatz der alten Aristokratie durch ein Korps leistungswilliger Bürokraten. Ein besonderes Schwergewicht wurde, *erstens*, darauf gelegt, durch Anreize für die Landwirtschaft die Produktion von Nahrungsmitteln zu verstetigen und, *zweitens*, vor allem auch darauf, das Staatsgebiet durch *offensive Kriegführung* zu vergrößern.

Dies alles erforderte eine an Entbehrungen gewöhnte, wachsam gehaltene und wohl disziplinierte Bevölkerung. So mussten solche Ideen und kulturelle Entwicklungen systematisch unterdrückt werden, von denen eine Gefahr für die Verwirklichung der Machtziele hätte ausgehen können. Vagabunden und jene, die sich staatlicher Dienstpflicht entzogen, Händler und Künstler, deren Repertoire aus Überflüssigem, für den Staat Unwichtigem bestand, Lehrer, die Doktrinen verbreiteten, welche den Aussagen der Legalisten widersprachen, edle Herren schließlich, die das Gesetz in die eigene Hand nahmen: All diese Personengruppen mussten unbarmherzig eliminiert werden.

Die Legalisten im Allgemeinen zeichneten sich durch ein in genereller Tendenz negatives Menschenbild aus. Han Fei glaubte, dass die Natur des Menschen von Grund auf böse sei. Diese Überzeugung findet ihren angemessenen Ausdruck in einem elegant geschriebenen Traktat, mit dem Han Fei die „Acht Schurkereien" systematisch ausbreitete, durch die viele Minister versuchten, ihren Herrscher auszutricksen und für ihre Zwecke zu instrumentalisieren. Selbstverständlich wurde dieses Traktat in der Absicht formuliert, dem Inhaber eines Thrones zu helfen, seinen Günstlingen auf die Schliche zu kommen.

Im Gegensatz dazu sind etwa für die Konfuzianer und auch die Anhänger des Meisters Mo die Erdenbürger durch ihre Doppelnatur gekennzeichnet: Angenommen wird, dass die Menschen zumindest in frühgeschichtlicher Zeit Güte zeigten, und wenn sie dies später nur in relativ geringem Maße getan hätten, so könnten sie doch auf den rechten Weg moralischen Verhaltens zurück gelangen bzw. geführt werden.

Die Lehren der Legalisten im Allgemeinen und die des Han Fei im Besonderen passten als eine Art soziales „Konnex-Institut" (Renner 1965) oder, wenn man so will, als *kultureller Überbau*, in eine Zeit, in welcher der Kampf ums Überleben die beteiligten Gesellschaften bis in ihre Grundzüge prägte. Nach der staatlichen Einigung auf chinesischem Boden dann – im Laufe eines viele Jahrhunderte umspannenden Zeitraumes, während dessen eher nur sporadisch die aus dem Nordwesten angreifenden Barbaren abzuwehren oder Volksaufstände nieder zu werfen waren – konnte sich eine relativ stabile, gesellschaftlich befriedete Ordnung etablieren, die mit ihrer Betonung von Mäßigung und Gleichgewicht in der Lehre des Konfuzius ihren angemessenen Ausdruck fand. Die Scharfmachereien eines Han Fei hatten in einer solchen ‚göttlichen Ordnung' ihren Platz verloren.

Die Legalisten im Allgemeinen, und Han Fei im Besonderen, wurden vor allem aus drei Gründen vorgeführt:

- Zum einen mag der Blick über den Tellerrand der eigenen Kultur zeigen, dass es auch anderswo ideengeschichtlich bedeutsame Entwicklungen gegeben hat, die unseren ähneln. (Dies mag jenen, die sich mit ihrem Denken darin wiedererkennen, als zusätzliche Bestätigung dienen.)

- Zum anderen zeigt der Blick in das alte China, zu welchen Extremen eine Denkrichtung gelangen kann, die sich auf ein solide negatives Menschenbild gründet.

- Und schließlich sehen wir, dass ein Realismus, der Macht, Strafe und Krieg als angemessene Antworten auf eine von Konflikten beherrschte Wirklichkeit konzipiert, am Ende einfach verschwindet: weil nämlich die Verhältnisse sich – unvorhergesehen, aber doch durch Menschen verursacht – geändert haben. Dies mag auch uns Hoffnung geben.

2.3.2 ‚Realismus': Die Ambivalenz militärischen Schutzes

Um noch einen Augenblick bei den Urvätern zu verweilen: Die Vertreter des modernen Realismus sehen sich zwar als Glied in einer langen Kette illustrer Geister, zu der unter anderem auch Thukydides, Machiavelli, Friedrich von Gentz, der Sekretär des Fürsten Metternich, oder auch dieser selbst gehören. Talleyrand, französischer Außenminister etlicher Regimes, oder auch Han Fei werden weniger oft erwähnt: entweder aus Unkenntnis oder weil deren Zynismus selbst Hartgesottenen denn doch zu weit geht.

Immer wieder jedoch wird auf Thomas Hobbes (1588 – 1679) Bezug genommen. Dieser englische Philosoph konnte sich als einer der ersten nüchtern und illusionslos von mittelalterlichen Heilserwartungen und manchen Utopien der Renaissance frei machen (Hobbes 1980). Hobbes lehrte, dass der Naturzustand der Menschen im Krieg aller gegen alle bestehe („bellum omnium contra omnes"). In der bisherigen Interpretation wurde angenommen, Hobbes habe seine Annahme mit einer ‚anthropologischen Konstante' begründet – nämlich damit, dass der Mensch *prinzipiell*, und damit unabänderlich, von seiner Selbstsucht beherrscht werde: womit sich der englische Philosoph als Geistesverwandter des Han Fei zu erkennen gegeben hätte. Eine solche Deutung erscheint aber in Frage gestellt (Krockow 1962: 23 f.): Ein genauerer Blick auf die Hobbes'schen Texte spricht nämlich dafür, dass dessen Argumentation letztlich nicht auf die Annahme einer anthropologischen Konstante angewiesen ist. Eher liegt ihr als Bezugsrahmen die Konstruktion eines vorstaatlichen *Handlungssystems* konkurrierender Individuen zugrunde. Was bedeutet dies?

Nach Hobbes ist prinzipiell nicht auszuschließen, dass – immer wieder einmal – einer unter zahlreichen menschlichen Akteuren gleichsam ‚aus dem Ruder läuft' oder den anderen *zum Wolf* wird. Auch, und gerade, wenn alle übrigen Lämmer wären, kann dies schon genügen, um in der menschlichen Gesellschaft Chaos ausbrechen zu lassen. Dagegen muss es Schutzvorkehrungen geben: nach dem Geschmack des Thomas Hobbes in Gestalt eines autoritären Staates, der seine Rechtfertigung daraus zieht, innergesellschaftlich Frieden und Sicherheit zu gewährleisten.

Das Modell des Naturzustandes unter den Menschen lässt sich im Sinne des englischen Philosophen auch auf die Beziehungen zwischen den Staaten übertragen. Agiert auch nur einer als ‚Hecht im Karpfenteich', sind Schutzmaßnahmen angezeigt. Und ist keine höhere Autorität verfügbar, müssen die Staaten sich eben selbst schützen.

Die modernen Realisten kaprizieren sich nicht mehr allzu sehr auf die Annahme einer anthropologischen Konstante: Will es doch kaum noch in unsere Zeit passen, in der alles ‚gesellschaftlich bedingt' erscheint, der menschlichen Gattung gleichsam ‚böse Gene' zuzuschreiben. Typischen Realisten genügt es nun, mit betonter Nüchternheit zu notieren, dass die Welt aus welchen Gründen auch immer bislang chaotisch gewesen sei und dass man – im Sinne einer Trendextrapolation – vermuten müsse, sie werde es auch bleiben (Howard 1986: 23 f.) .

Die Chance, die in der Erkenntnis liegt, beim internationalen Verkehr gehe es um ein Handlungssystem, das sich nicht notwendigerweise auf eine anthropologische Konstante gründet, wurde im engeren Kreise des Realismus bisher nicht genutzt. Freilich gibt es Abweichler, die begriffen haben, dass die Annahme eines Handlungssystems prinzipiell die Möglichkeit eröffnet, dessen Spielregeln durch menschlichen Einfluss zu verändern. (Wir werden uns entsprechenden Überlegungen im übernächsten Schritt zuwenden.) Doch zunächst einmal: Was sind, kurz gefasst, die wesentlichen Merkmale des Realismus alter Schule, die diesen etwa vom Idealismus unterscheiden? Folgende lassen sich erkennen (Møller 1995: 279):

- Die Staaten sind die wesentlichen Akteure in den internationalen Beziehungen.

- Die Staaten und ihre Führungen verfolgen die jeweiligen nationalen Interessen.

- In letzter Analyse ist jede Politik Machtpolitik.

- Moralische Prinzipien lassen sich nicht sinnvoll auf zwischenstaatliche Beziehungen anwenden.

- Das internationale System ist im Grunde anarchisch: D. h., es fehlt eine supranationale Autorität, die für alle verbindliche Normen generieren und diese auch gegen die Interessen starker Staaten durchsetzen kann (die Vereinten Nationen als negatives Beispiel).

- Stabilität, im Sinne von Nicht-Krieg zwischen zwei oder mehr Akteuren, ist letztlich nur möglich auf der Grundlage eines Gleichgewichts der Kräfte zwischen Mächten oder Mächtegruppierungen.

- Da die Potentiale über die Zeit hinweg ihr relatives Gewicht ändern, etwa vor dem Hintergrund unterschiedlicher ökonomisch-gesellschaftlicher Entwicklungen, ist das Gleichgewicht prinzipiell prekär. D. h., auch die Stabilität ist abhängig von historischen Veränderungsprozessen, steht damit unter Vorbehalt: also unter dem Vorzeichen grundsätzlicher Befristung.

- Der entscheidende Machtfaktor in der internationalen Arena ist militärische Stärke: Andere Aspekte nationaler Potenz werden vor allem daraufhin eingeschätzt, ob sie sich im Sinne der Durchsetzung in einem militärischen Konflikt ummünzen lassen.

Apropos ‚militärische Macht': Die realistische Denkschule versteht Streitkräfte als prinzipiell ambivalent – sowohl zum Schutz eigenen Territoriums oder eigener Interessen geeignet, als auch eine Bedrohung potentieller Kontrahenten bildend. Bereits die frühen Realisten, Thukydides und Thomas Hobbes, haben darauf hingewiesen. Aber auch bei den angeblichen Idealisten Mo-Ti und Immanuel Kant lässt sich erkennen, dass ihnen das Sorgen bereitete, was später das ‚Sicherheitsdilemma' genannt werden sollte. Beide, der Chinese wie der Ostpreuße, kamen zu dem Schluss, dass Streitkräfte, die sich nicht eindeutig auf den Heimatschutz konzentrieren, also nicht ihre Offensivqualität beschneiden, die Kriegsgefahr steigern.

Die Realisten glauben nicht, dass Streitkräfte sich auf die Defensive spezialisieren und in ihrer provozierenden Eigenschaft wesentlich beschränken lassen. Deswegen die ihrer Ansicht nach bestehenden Zusammenhänge, die mit dem Etikett *Sicherheitsdilemma* versehen wurden (ebd.: 296):

Staat A meint sich gegenüber Staat B, den er als potentielle Bedrohung perzipiert, zusätzlich schützen zu müssen. Er verstärkt, um diesem Schutzbedürfnis zu genügen, seine Streitkräfte – was im Staat B als Zuwachs an Bedrohung wahrgenommen wird. Man rüstet ebenfalls auf, was im Staat A als Bestätigung des gesteigerten Schutzbedürfnisses gesehen wird und weitere Maßnahmen zur militärischen Stärkung auslöst. Und so weiter und so fort. Eine solche Spirale kann sich übrigens auch dann entwickeln, wenn keiner der beiden Akteure ursprünglich üble Absichten hat. Es genügt, dass es in zumindest einem der konfrontierten Staaten aus welchen gesellschaftlichen Gründen auch immer ein relativ hohes Schutzbedürfnis gibt. Im Rahmen einer solchen Konstellation entsteht offenbar eine besondere Tendenz zur Rüstungsdynamik. Die in diesem Kontext sich entwickelnden reziproken Aufrüstungsprozesse mögen auf beiden Seiten zu einer Steigerung von Bedrohungsängsten führen, die in internationalen Krisen in *Präemptions*kalkülen resultieren mögen. D. h., es wird wahrscheinlicher, dass eine Bedrohung als unmittelbar bevorstehend wahrgenommen wird, was dann Überlegungen beflügeln könnte, dem mit einem Offensivschlag zuvorzukommen.

Aber auch *Präventions*kalküle mögen bei einem solchen Konfrontationsmuster des ‚Null-Summen-Spiels' (jede Rüstung auf der anderen Seite schmälert die eigene Sicherheit entsprechend) ausgelöst werden: Gemeint ist die steigende Wahrscheinlichkeit dafür, dass eine der beiden Seiten, die Belastungen durch die Rüstungsspirale erkennend, zu dem Schluss kommt, dass es besser sei, durch einen vorwegnehmenden Schlag die auf lange Sicht wachsende Bedrohung ein für alle Mal auszuräumen.

Und schließlich: Im Kontext des Sicherheitsdilemmas sind auch Polarisierungsprozesse auf der internationalen Bühne plausibel. Um dies zu erläutern: Wenn alle Staaten sich gegenseitig als potentielle Feinde betrachten, und die Rüstungen aller einen beträchtlichen Bedrohungsfaktor enthalten, mag das Kalkül aufkommen, dass die Staaten A und B in der Lage sein könnten, den Staat C nieder zu werfen, wenn sie ihre Streitkräfte zumindest temporär vereinigen. Dies bedeutet für den Staat C einen Anreiz, möglichst vorher schon A oder B gegen den jeweils anderen ein Bündnis anzubieten. Ein solcher Prozess kann sich am Ende bis zur Aufteilung der staatlichen Akteure in zwei Lager fortsetzen.

Um es zu wiederholen: Das Sicherheitsdilemma ergibt sich für die Realisten aus der angenommenen Tatsache, dass militärische Macht gleichsam wertneutral ist: sowohl zur Verteidigung eigenen Gebietes als auch zur Bedrohung anderer Akteure in der Staatenwelt taugend.

2.3.3 ‚Neorealismus': Öffnung für Alternativen

Der Neorealismus lässt sich vorstellen als eine Synthese zwischen dem klassischen Realismus und einiger Kritik, die gegen diesen erhoben wurde. Mit einem Quäntchen Spott ließe sich sagen: Der Neorealismus ist ein Versuch, den Realismus mit der Realität bekannt zu machen. Kurz gefasst, geht es den Neorealisten darum, die Verengung des Diskurses über die internationalen Beziehungen auf staatliche Akteure und deren etwaige militärische Macht zu überwinden (ebd.: 279 f.): Berücksichtigt werden in dem erweiterten Untersuchungsansatz auch andere Akteure und Dimensionen des internationalen Verkehrs – Stichwort: ökonomische Verflechtungen. In diesem Kontext wird auch gesehen, dass sich internationale Strukturen der Interdependenz entwickeln. Allerdings: Der Akzent auf den Staat als wichtigstem Akteur in der globalen Arena wird nicht aufgegeben. So ist es im Rahmen der neorealistischen Sichtweise schwer vorstellbar, dass Staaten sich dauerhaft – also strukturell fest verankert – in eine Beziehung wechselseitiger Abhängigkeit begeben, wenn davon nicht auch ‚relative Vorteile' *(relative gains)* zu erwarten sind.

Eine kleine Fraktion innerhalb der neorealistischen Denkschule hat vorgeschlagen, die Fixierung auf ‚Macht' aufzugeben und gegen das weniger anspruchsvolle Konzept der ‚Sicherheit' einzutauschen (Buzan 1987; Buzan 1991). Dabei ist insinuiert worden, dass die Maximierung staatlicher Macht in ihren Folgen für die internationalen Beziehungen weit problematischer erscheint als das Anstreben von Sicherheit. Von einer Position aus, die den Akzent auf Sicherheit und nicht auf Macht setzt, stellt sich das ‚Sicherheitsdilemma' als etwas äußerst Prekäres dar. So lag bzw. liegt es nahe, nach konzeptionellen Auswegen zu suchen.

In der Konsequenz entstand im Rahmen des Neorealismus, wohlgemerkt: nur bei einem Teil der an der Debatte Beteiligten, eine Präferenz für Ansätze ‚Gemeinsamer Sicherheit' und einer nicht-provozierenden, sich auf den Eigenschutz konzentrierenden Verteidigung (Møller 1992). Der Begriff der

Gemeinsamen Sicherheit wurde 1982 durch den Bericht der Palme-Kommission einer weiteren Öffentlichkeit bekannt: lautete der Titel doch „Common Security: A Blueprint for Survival" (Palme Commission 1982). Hierbei handelte es sich nicht um eine geschlossene Konzeption, sondern eine Denkrichtung, die nicht nur von Politikwissenschaftlern, sondern insbesondere auch von in praktischer Verantwortung stehenden Politikern entwickelt und in deren Rahmen etwa argumentiert wurde, dass die Sicherheit von Staaten oder Staatenbündnissen sich dadurch steigern lässt, dass auch die entsprechenden Bedürfnisse des jeweiligen Gegenübers berücksichtigt werden. „Gemeinsame Sicherheit" war ein „approach to international security" (Møller 1995: 85), der darauf wartete, mit sicherheitspolitischen Strategien erst noch angereichert zu werden (Mutz 1986:154-155).

Der Slogan von der Gemeinsamen Sicherheit wurde alsbald zu einer Art *Leitmotiv*, oder wenn man will: zu einer übergreifenden Situationsdeutung all jener, die an konkreten Schritten zur Entschärfung und Überwindung des Ost-West-Konfliktes interessiert waren. In diesem Sinne gab es dann, insbesondere in den 80er Jahren des vorigen Jahrhunderts, eine Kampagne für Rüstungskontrolle und Abrüstung, die sowohl im Westen als auch im Osten ihre Exponenten hatte. (Auf die herausragende Rolle Michail Gorbatschows, der ebenfalls im Kontext dieses Bezugssystems agierte, und zwar höchst produktiv, wird noch näher einzugehen sein.)

Die meisten Experten, die in jener Zeit an Entwürfen und Modellen einer auf den Selbstschutz spezialisierten, nicht-provozierenden Verteidigung arbeiteten, verstanden ihre Aktivitäten als einen Beitrag zur Stärkung des Gedankens und der Realität Gemeinsamer Sicherheit: als Versuch der Übersetzung einer eher losen, wenngleich motivationsträchtigen Konzeption in kongeniale, konkrete Maßnahmen. Durch Minimierung der Offensivkraft auf der Ebene von Nationalstaaten, aber auch im Rahmen der Bündnisse, sollte bedrohliches Potential abgebaut werden: als vertrauensbildendes Ange-bot an die jeweils andere Seite. Zugleich war eine Stärkung der Defensivkraft avisiert. Damit erschien die Überwindung des Sicherheitsdilemmas – oder zumindest doch dessen wesentliche Minimierung – als eine durchaus aussichtsreiche Perspektive: Die Sorgen des jeweils anderen also immer im Visier!

Selbst jene Neorealisten, deren Denken sich in Richtung Gemeinsamer Sicherheit bzw. einer neuen Art der Verteidigung bewegten, waren freilich – bei aller Abweichung – dem klassischen Realismus gar nicht so fern. Geteilt wurden (werden) insbesondere auch die Überzeugungen, dass (Møller 1995: 280).

- der Rolle des Staates in einem prinzipiell anarchischen internationalen System wesentliche Aufmerksamkeit gebührt,

- tatsächliche Gefahren nicht verniedlicht werden dürfen – zumal die Möglichkeit vorbedachter Aggression nach wie vor nicht ausgeschlossen werden kann und

- militärische Mittel bei der Aufrechterhaltung nationaler Sicherheit immer noch eine Schlüsselrolle spielen.

Wenn aber selbst Neorealisten sich für eine Verteidigung engagieren können, die eine zumindest graduelle Überwindung des Sicherheitsdilemmas mit militärischen Mitteln anstrebt, müssen jene, die konkret daran arbeiten, sich nicht ‚Idealisten' nennen (lassen). Es sei denn, sie wünschen es. Und auch Mo-Ti oder Kant erscheinen nun in etwas anderem Licht.

2.4   Stabilität durch Abhaltung: Historisch-empirische Hinweise

Im nächsten Schritt unserer Gedankenführung geht es um die These, dass sich kriegerische Auseinandersetzungen oder auch Eskalationsprozesse dann am besten vermeiden lassen, wenn sich die Verteidigung auf strikte Defensive, also Abhaltung, beschränkt und Drohungen nicht mit Gegendrohungen beantwortet werden. Um diese These, oder Annahme, intersubjektiv nachvollziehbar zu machen, wird zunächst auf eine negative Erfahrung rekurriert, um dann eher gelungene Beispiele im Sinne einer Illustration unserer Vermutung zu präsentieren. Schließlich soll es um die Ergebnisse systematischer Auswertung größerer Serien von Fallstudien gehen, womit sich dann die These von der höchst problematischen Wirkung der Offensivität einem Falsifikationstest aussetzen lässt.

2.4.1   Eine negative Erfahrung: Israel und seine Nachbarn

Die lange Serie der kriegerischen Nahost-Konflikte, an denen Israel und verschiedene seiner Nachbarn beteiligt waren, böte wahrscheinlich – jedenfalls auf den ersten Blick – einen guten Eindruck von den langfristig verheerenden Konsequenzen einer von allen Parteien geteilten strategischen Perspektive, die in Offensivität und Vergeltungsdenken gefangen ist. Die Entfaltung der entsprechenden Zusammenhänge in ihrer Entwicklung über die Jahrzehnte hinweg ist allerdings eine höchst komplexe Aufgabe, die an dieser Stelle nicht erfüllt werden kann. Statt dessen soll im Sinne eines *pars pro toto* eine Episode der konfliktreichen Beziehungen zwischen Israel und seinen Nachbarn näher betrachtet werden, die bezeichnende Aufschlüsse gestattet.

In der ersten Hälfte der 50er Jahre des vorigen Jahrhunderts überschritten immer wieder Terroristen („Fedajin") die Grenze des Staates Israel, um dort Minen zu legen oder aus dem Hinterhalt auf Militärpatrouillen, aber auch Zivilisten (Beispiel: der einsame Traktorfahrer auf dem Acker) zu schießen. Die israelischen Verluste nahmen stetig zu. Es gab zwar keine schlüssigen Beweise, doch sprach vieles dafür, dass diese terroristischen Aktivitäten aus Kairo gesteuert wurden. Die Freischärler kamen allerdings nicht nur über die ägyptische Grenze, sondern auch aus Syrien und Jordanien, denn das Regime Gamal Abd el Nassers hatte sich mit diesen beiden Ländern verbündet. Die Nachbarn Israels, die in dessen Unabhängigkeitskrieg von 1948 geschlagen worden waren, wollten sich mit der Existenz des jungen Staates nicht abfinden und nutzten nun, da ihnen die eigene militärische Macht für eine Revanche nicht auszureichen schien, eine Freischärlerbewegung.

Demgegenüber entwickelte sich in der Führung des jungen Israel die Überzeugung (Dayan 1966: 3-19; Teveth 1973: 281-310), dass eine solche Verunsicherung des täglichen Lebens auf keinen Fall hinnehmbar und dass eine Verbesserung von Schutzmaßnahmen – im Sinne einer ‚Flächendeckung' – nicht praktikabel und im Übrigen die Bevölkerung dadurch auch nicht wirklich zu beruhigen wäre.

Infolgedessen wurde der Entschluss gefasst, die arabischen Nachbar-Regimes durch begrenzte militärische Schläge gleichsam ‚vorzuführen'. Jeweils dort, wo Grenzübertritte der Freischärler zu verzeichnen gewesen waren, sollten nur wenige Tage später israelische Truppen blitzschnell in das gegnerische Gebiet eindringen, um dort vorzugsweise Einrichtungen des Militärs oder der Polizei zu zerstören (um sich dann so schnell wie möglich zurückzuziehen). Auf diese Weise sollte der jeweiligen arabischen Bevölkerung klar gemacht werden, dass ihre Oberen im Hinblick auf den Kampf gegen den Judenstaat den propagandistischen Mund zu voll genommen hätten: durch Demonstration von Handlungsfreiheit israelischer Truppen auf arabischem Gebiet nämlich. Die Konzentration der israelischen Streitkräfte auf Einrichtungen des Militärs bzw. der Polizei sollte im Übrigen verdeutlichen, dass die arabische Bevölkerung von Israel nicht als Feind betrachtet, sondern dass nur in deren Führern das Problem gesehen wurde. Diese feine Unterscheidung

scheint allerdings von den Menschen in Israels Nachbarregionen nicht
unbedingt nachvollzogen worden zu sein.

Die israelische Absicht war es, die arabischen Regimes vor die Wahl zu
stellen: entweder die Aktivitäten der Freischärler zu verstärken, um damit
noch schlimmere Gegenaktionen und damit eine Erosion von Legitimität zu
riskieren, oder aber im wohlverstandenen eigenen Interesse aus der
Eskalationsspirale auszusteigen. Die Zeichen standen allerdings auf
Eskalation, und zwar vor allem in den Jahren 1955 und 1956. Und das kam
so, wir lassen Moshe Dayan, den israelischen Generalstabschef im Sinaikrieg
von 1956, zu Wort kommen (Dayan 1966: 9):

„... *im Laufe (dieser beiden Jahre) entwickelten sich die Ereignisse
lawinenartig. Sowohl die Operationen der Fedajin als auch die dadurch
ausgelösten Aktionen der israelischen Armee nahmen an Häufigkeit und
Größenordnung zu. Im Übrigen: Da die israelische Reaktion in der Regel
erwartbar war, wusste man in dem Nachbarstaat, von dem aus die Fedajin
nach Israel hinübergewechselt waren, was kommen würde, um entsprechende
Gegenmaßnahmen treffen zu können – also zusätzliche Truppen in den
Armee- und Polizeistützpunkten nahe der Grenze zu konzentrieren: bereit,
einen Angriff zurückzuschlagen. Dadurch wurden natürlich aus kleinen
Aktionen Gefechte zunehmenden Umfangs, und schließlich wurden dann
auch Artillerie und Panzer eingesetzt.*“ (Übersetzung aus dem Englischen: L.
U.)

Nach Dayans Bericht hatten solcherart Zusammenstöße bereits im Spätsommer 1955 ein beträchtliches Ausmaß erreicht. Die Entwicklung ging auf
hohem Niveau weiter, um dann im September und Anfang Oktober 1956 in
vier groß angelegten Vergeltungsaktionen auf jordanischem Gebiet zu
kulminieren. In der Erinnerung unseres Generals hatte sich schon über
Monate hinweg eine Stimmung wie die am Vorabend eines Krieges
verbreitet. Israel sah keinen Ausweg: Die Aktionen der Freischärler hörten
nicht auf, und die im Zuge der eigenen Vergeltungsaktionen erlittenen
Verluste wurden immer größer.

So ergriff man dann die Gelegenheit der geplanten britisch-französischen
Operation zur Okkupation der Suezkanal-Zone und begann am 30. Oktober
1956 den Krieg gegen Ägypten. Für diese Offensive gab es sicher auch noch
andere Gründe, wie etwa die Maßnahmen Kairos, die Israel den freien
Zugang zum internationalen Schiffsverkehr verwehren sollten, doch lässt sich
– jedenfalls auch im Urteil General Dayans – in dem skizzierten, letztlich

heillosen Konfliktmuster von Terror und Vergeltung ein wesentlicher Kriegsgrund erkennen.

2.4.2 Verweigerung des Zutritts: Gelungene Beispiele

Wenn es um Beispiele aus der neueren Geschichte geht, an denen die Qualität einer Defensive, die sich auf Abhaltung beschränkt, demonstriert werden kann, drängt sich eine Betrachtung des *Finnischen Winterkrieges* (30. November 1939 – 13. März 1940) geradezu auf (Liddell Hart 1970: 63-70; Vigor 1983: 48-68). Freilich ist Vorsicht geboten, denn es handelt sich um ein zwar in diesem Kontext relevantes, aber im engeren Sinne doch nicht ganz gelungenes Beispiel. Deswegen nur eine kurze Betrachtung.

Die Führung der Sowjetunion – in der Absicht, ihre geostrategische Position in westlicher und nordwestlicher Richtung zu verbessern – bot Finnland einen Gebietstausch an, der im Hinblick auf die Quantität (Quadratkilometer) zugunsten des kleineren Landes ausgegangen wäre, unter qualitativem Aspekt aber manchem in dessen Regierung problematisch erschien (z. B.: Abgabe von Inseln, die für die finnische Verteidigung wichtig gewesen wären).

Finnland lehnte ab, die Sowjetunion griff an: Wobei quantitativ extrem überlegene motorisierte bzw. gepanzerte sowjetische Truppen mit Luftunterstützung in ein relativ tiefes Festungssystem (Mannerheim-Linie), das von taktisch hoch beweglichen kleinen Infanterietrupps ‚rückversichert' wurde, einzudringen versuchten.

Trotz des grotesken Missverhältnisses der Kräfte erlitt der Aggressor über Wochen hinweg hohe Verluste, und seine Truppen kamen allenfalls langsam voran. Nach einer Heranführung frischer Truppen aus der Sowjetunion, was deren Überlegenheit noch weiter steigerte, und einer gewissen taktischen Anpassung an Gelände und Gegner, gelang den Invasionstruppen mit stärkster Artillerieunterstützung dann doch der Durchbruch durch das Befestigungssystem. Am Ende setzte sich die Sowjetregierung mit ihren Gebietsforderungen durch.

Der Verteidiger wurde in diesem Fall also geschlagen, doch zu einem extrem hohen Preis für den Angreifer. Dies mag dazu beigetragen haben, dass die Sowjetunion gegen Ende des Zweiten Weltkrieges darauf verzichtete, noch einmal in Finnland, das mittlerweile ein Verbündeter Nazideutschlands geworden war, einzumarschieren. Mit guten Gründen lässt sich vermuten, dass es doch eine gewisse Abhaltewirkung gab: allerdings in die Zukunft hinein.

Finnland hat nach dem Zweiten Weltkrieg seine sich auf die Defensive konzentrierende Verteidigung mit modernen Mitteln perfektioniert (Ries 1989). So wäre nach Ansicht kundiger Beobachter, wenn wir die problematische Option eines Atomschlages einmal ausschließen, die Disparität der Kräfte wahrscheinlich wesentlich geringer gewesen – was um so höhere Chancen für den Verteidiger bedeutet hätte. Derlei Kalküle gab es wohl auch im sowjetischen Generalstab: was wesentlich dazu beigetragen haben mag, dass in der Zeit des Kalten Krieges Finnland de facto weit weniger ‚finnlandisiert' war, als gemeinhin angenommen wurde.

Nun aber zu einem Beispiel, in dem die defensive ‚Zutrittsverweigerung' durchweg gelungen erscheint! Gemeint ist die *Luftschlacht um und über Großbritannien* („Battle of Britain") im Spätsommer 1940. Hier der Versuch einer systematischen Zusammenfassung (Liddell Hart 1970: 119-145):

Nachdem die Truppen Nazideutschlands die Niederlande, Belgien und Frankreich im Mai und Juni 1940 überrannt hatten, stand im Führerhauptquartier die Option einer Invasion Englands auf der Tagesordnung. Die Chefs des Heeres und insbesondere der Marine sahen Schwierigkeiten im Hinblick auf die dazu erforderlichen Ressourcen und zweifelten an der Machbarkeit einer in kurzer Frist durchzuführenden Aktion. Hinzu kam, dass Adolf Hitler sich selbst, was eine Invasion Großbritanniens betraf, zunehmend unschlüssig war. So wurde beschlossen, dass die Luftwaffe zunächst den Himmel über Großbritannien frei kämpfen sollte, um dann den geschlossenen Sprung über den Kanal hinweg zur realistischen Chance werden zu lassen.

Zum Kräfteverhältnis: Die Royal Air Force (RAF) hatte damals etwa 550 moderne einsitzige Jagdflugzeuge. Auf deutscher Seite wurden für den Zweck der Säuberung des englischen Luftraumes etwa 700 Jagdeinsitzer bereit gestellt, die ein ähnliches technologisches Niveau hatten. In Großbritannien wurden ab Frühjahr 1940 zwar sehr viel mehr Jagdflugzeuge gebaut als in Deutschland, doch litt die RAF unter einem ernsten Mangel an gut ausgebildeten Piloten. Im Übrigen hätte sich die höhere britische Produktion in der kurzen Spanne der Luftschlacht um England noch gar nicht auswirken können.

Die deutsche Seite setzte auch Bomber ein, um die Luftverteidigung Großbritanniens zu schwächen: etwa durch Bekämpfung von Flugplätzen für Jagdmaschinen. Die Bombenkampagne war wegen unzureichenden fliegenden Materials, einer inkonsistenten taktischen Konzeption und einem späteren Zielwechsel auf Bevölkerungszentren im Hinblick auf die Schwächung der britischen Luftverteidigung nur wenig effizient.

Wesentliche Momente für das baldige Scheitern des deutschen Versuchs, die Lufthoheit über Großbritannien zu gewinnen, liegen aber in dem systematisch genutzten Heimvorteil der britischen Jagdflieger, wodurch die deutschen Angreifer am Ende chancenlos blieben. Folgende Aspekte sind hervorhebenswert:

- Die Verteidiger hatten sehr viel bessere Lage-Informationen als die Angreifer, was einer optimalen Allokation ihrer Kräfte dienlich war. Dies lag vor allem daran, dass es in Großbritannien ein erprobtes, integriertes Luftbeobachtungssystem gab, dessen Auswertungszentralen Lagemeldungen mit nur sehr geringem Zeitverzug generieren konnten. Dieses System stützte sich nicht nur auf optische Beobachtungsposten, sondern auch schon auf Radarketten (insbesondere im bedrohten Südosten Englands).

- Wer nach Großbritannien einflog und sich in die Nähe von Flugplätzen, anderen militärischen Installationen oder auch Bevölkerungszentren bewegte, sah sich oft genug Konzentrationen von Flugabwehr-Artillerie ausgesetzt, welche die Bewegung des Eindringlings behinderten und oft genug zu beträchtlichen Verlusten führten.

- Bei angenommener gleicher Reichweite der Flugzeuge beider Seiten hatten die Maschinen des Verteidigers einen signifikanten Zeitvorteil: konnten sie doch bei weit kürzerem Anflug länger über dem Operationsgebiet verweilen und kämpfen als der über relativ weite Distanz herankommende Angreifer. Allein auf Grund dieses Zusammenhangs war der numerische Vorteil der Angreifer (zumindest) neutralisiert.

- Wenn eine britische Maschine abgeschossen wurde, der Pilot aber überlebte, konnte er über heimischem Gebiet abspringen und dann – wohl nach einer Verschnaufpause – wieder an den Kampfhandlungen teilnehmen. Dies war für den schließlichen Erfolg der RAF – vor dem Hintergrund ihrer Knappheit an fliegendem Personal – von wesentlicher Bedeutung. Im Gegensatz dazu hatte ein deutscher Pilot, der im Zuge einer Angriffsoperation abgeschossen wurde, die Möglichkeit einer Rückkehr auf den eigenen Fliegerhorst in der Regel nicht.

- Und last, but not least: Die Tatsache, dass die jungen englischen Flieger unmittelbar für den Schutz und die territoriale Integrität ihrer Heimat einstanden, mag nicht unwesentlich zu ihrer Kampfmotivation beigetragen haben.

Unser drittes Beispiel ist aus noch jüngerer Zeit und stammt aus dem Fernen Osten (Jencks 1985; Unterseher 1999: 237 f.): Zu Anfang des Jahres 1979 hatte die *chinesische Volksbefreiungsarmee* ca. 300.000 Soldaten an der Grenze zu *Vietnam* zusammengezogen. Im Februar erfolgte dann der Angriff auf die südlichen Nachbarn: Chinesische Elitedivisionen mit insgesamt 80.000 Soldaten, 1.500 Geschützen und 1.000 Panzern überschritten die Grenze. Um diese Operation gegen eine Bedrohung aus der Luft sichern zu können, standen zahlreiche Flugabwehr-Raketenbatterien (mit einer Reichweite von ca. 50 km in vietnamesisches Gebiet hinein) sowie 1.000 Kampfflugzeuge zur Verfügung. Dieser Angriff mechanisierter Truppen, der durch Infiltrationen leichter Infanterie und von Pionieren vorbereitet worden war, geriet alsbald ins Stocken und sollte sich für die Aggressoren als unerwartet verlustreich erweisen.

Die Regierung der Volksrepublik China hatte vermutlich von vornherein nicht beabsichtigt, Vietnam als Ganzes militärisch nieder zu werfen, sondern im Sinn gehabt, der aufsteigenden kleineren Macht im Süden eine disziplinierende Lektion zu erteilen: also deren Streitkräften in wenigen Tagen eine empfindliche Schlappe zuzufügen. Einen wesentlichen Hintergrund für dieses chinesische Kalkül bildete die Tatsache, dass die vietnamesische Armee gerade zuvor Kambodscha vom Mordregime des Pol Pot und seiner ‚steinzeitkommunistischen' Garden befreit hatte, wodurch Vietnam Züge einer militärischen Vormacht Südostasiens anzunehmen begann.

Die chinesische Volksbefreiungsarmee hatte übrigens ihre Angriffsoperationen wohl nicht nur aus politischen, sondern auch aus eher militärtechnischen Gründen begrenzt: war sie doch damals besonders knapp an beweglicher, leistungsfähiger Flugabwehr, weswegen sie sich an den Aktionsradius ihrer quasi-stationären Raketenbatterien gebunden sah.

Zwar erreichten die Chinesen ihr begrenztes Ziel mit der Einnahme der stark befestigten Stadt Lang Son, dem strategisch wichtigen Tor zum Tal des Roten Flusses (worauf sie sie sich dann schleunigst zurückzogen). Doch dauerte der Feldzug nicht wenige Tage, sondern fast fünf Wochen; dabei ließen zwischen 20.000 und 25.000 chinesische Soldaten ihr Leben. (Zum Vergleich: In den mehr als zehn Jahren ihres ernsthaften Engagements in Vietnam verloren die US-amerikanischen Streitkräfte etwas über doppelt so viele Soldaten.) Im Verlaufe dieses Feldzuges war also weniger den Vietnamesen als vielmehr den Chinesen eine Lektion erteilt worden. Die

Volksrepublik China verlor – zumindest in Asien – ihr Gesicht; Gelüste auf Strafexpeditionen gegen einen solchen Gegner verflüchtigten sich. Wer war dieser Gegner? In der fraglichen Zeit gab es im Norden Vietnams, nahe der Grenze zu China, *überhaupt keine regulären Truppen*. Es schien sich also für die Macht im Norden eine Gelegenheit zu bieten. Was den Stoß der Chinesen auffing, das waren insgesamt 200.000 Mann umfassende großflächig verteilte Kontingente von ‚Bausoldaten': zum Zweck des (Wieder-)Aufbaus von Einrichtungen der zivilen Infrastruktur eingesetzt.

Diese Bautruppen setzten sich zu einem guten Teil aus unerfahrenen Wehrpflichtigen – auch Abweichlern und nur eingeschränkt tauglichen jungen Männern – zusammen, die von älteren Veteranen des Krieges gegen die Vereinigten Staaten angeleitet wurden. Die Ausrüstung der vietnamesischen Verbände im Norden bestand nahezu ausschließlich aus leichten Infanteriewaffen (in unzureichender Zahl) und Sprengmitteln. *Entlang der chinesischen Stoßachsen* waren diese Kontingente auch quantitativ extrem unterlegen.

Gegenüber den chinesischen Eindringlingen improvisierten die Bautruppen eine tief gestaffelte, in hohem Maße flexible Abwehr. Geländehindernisse wurden systematisch ausgenutzt bzw. verstärkt (die Kämpfe fanden in einem gebirgigen, stark durchschnittenen Gebiet statt). Zugleich wurden ständig in die Flanken des Aggressoren zielende Gegenangriffe nach dem Nadelstichprinzip durchgeführt. Die spezifische Art dieser Gegenwehr durchkreuzte das chinesische Konzept, den Angriff auf ‚mechanisierte Weise' durchzuführen. Insbesondere die *Logistik* der schweren Truppen des Aggressors sollte sich als Achillesferse erweisen. So sah sich die Volksbefreiungsarmee am Ende gezwungen, zur Erreichung der ihr politisch vorgegebenen Ziele auf die verlustreiche Praxis massierter Infanterie-Angriffe zurückzugreifen (‚human-wave tactics').

Im Zuge der Kämpfe gelang es schließlich, die Ausrüstung der vietnamesischen Bautruppen wesentlich zu verstärken: und zwar durch recht leistungsfähige Panzerabwehr-Lenkraketen sowie Panzerabwehr-Kanonen sowjetischer Bauart, von denen wirkungsvoller Gebrauch gemacht wurde. Auch wegen dieser Verstärkung der Abwehr war es möglich, den Vormarsch der Chinesen so zu verzögern, dass man genügend Zeit hatte, um schlagkräftige reguläre Truppen aus dem Süden des Landes heran zu transportieren. So muss es als höchst unwahrscheinlich gelten, dass die chinesische Volksbefreiungsarmee nach dem Fall von Lang Son noch weiter in Richtung Hanoi hätte vorstoßen können (wenn dies denn überhaupt ihre Absicht gewesen wäre).

Der Eindruck von der *relativen* Überlegenheit der Defensive ist freilich ein wenig zu *relativieren*: hatten doch die Vietnamesen bei diesem Grenzkrieg etwa genauso viele Opfer zu beklagen wie der Aggressor. Berücksichtigt werden sollte dabei allerdings, dass die chinesische Volksbefreiungsarmee die Verteidiger gewissermaßen ,auf dem falschen Fuß erwischen' konnte. Eine gründlicher vorbereitete Abwehr hätte vermutlich also zu weniger Opfern auf der Seite der Verteidiger geführt (und wahrscheinlich zu noch erheblich mehr in den Reihen der Angreifer).

2.4.3 Historische Fallstudien: Systematische Auswertung

Der US-amerikanische Politikwissenschaftler John Mearsheimer legte Anfang der 80er Jahre des vorigen Jahrhunderts eine gründliche Studie vor, in der die Frage untersucht wurde, mit welcher Strategie konventionelle Streitkräfte einen potentiellen Angreifer davon abhalten können, einen Krieg zu beginnen (Mearsheimer 1983). Diese Studie gründet sich auf die Analyse von zwölf Entscheidungsprozessen zwischen 1938 und 1979. Es geht dabei um die nationalen Führungen folgender Länder in je spezifischen Situationen (ebd.: 19 f.):

Großbritannien und Frankreich in München (1938)

Großbritannien und Frankreich (1939 – 1940)

Deutschland vor dem Angriff auf Polen (1939)

Deutschland vor dem Angriff auf Frankreich (1940)

Deutschland vor dem Angriff auf die Sowjetunion (1941)

Sowjetrussland vor dem Schlag gegen die Kwantung-Armee Japans (1945)

Israel vor dem Angriff auf die Sinai-Halbinsel (1956)

Israel vor dem zweiten Schlag gegen die Sinai-Halbinsel (1967)

Ägypten vor dem Angriff auf Israel (1973)

Nordkorea vor der Invasion Südkoreas (1950)

Indien vor dem Angriff auf Pakistan (1971)

Vietnam vor der Invasion Kambodschas (1978)

In all diesen Fällen ging es nach Mearsheimer um Konflikte, die auf dem ‚modernen Gefechtsfeld' ausgetragen wurden bzw. hätten ausgetragen werden können. Dieses Kriterium, nämlich die Existenz mechanisierter bzw. gepanzerter Truppen mit wirksamer Feuerunterstützung durch Artillerie und Luftstreitkräfte sowie mit der Befähigung zu weiträumigen Bewegungen, bildete für Mearsheimer einen wesentlichen Maßstab, seine Stichprobe zu begrenzen.

Damit orientierte er sich an einem Diktum des Carl von Clausewitz, wonach – sinngemäß wiedergegeben – eine jede Epoche eigene, typische Formen des Krieges ausbildet. Und da Mearsheimer an Aussagen interessiert war, die für den modernen mechanisierten, konventionellen Krieg bzw. die Kriegsverhinderung mit solchen Mitteln relevant sind, nahm er die Auswahl zu untersuchender Fälle entsprechend vor.

Auch sonst zeigt sich der Autor methodologisch reflektiert (ebd.: 21): merkt er doch korrekterweise an, dass er sechs wichtige Fälle seiner Stichprobe dazu benutzt hat, die Hypothese über die Wirkungsweise konventioneller Abschreckung zu formulieren. Was selbstverständlich zur Folge habe, dass diese Ereignisse nicht auch dazu benutzt werden könnten, die Theorie zu testen. Damit wird offen eingestanden, dass die ‚Theorie' auf einem Deutungsansatz fußt, der nur ganze sechs ernsthafte Falsifikationsversuche überstanden hat.

Zu den Ergebnissen: In zehn von zwölf Fällen hat die Abschreckung mit konventionellen Mitteln versagt. Die beiden ‚Erfolge' bestehen in der britisch-französischen Politik der Jahre 1938 sowie 1939/40. Allerdings: Einer der beiden Erfolgsfälle diente auch als Grundlage für die Formulierung der Hypothese. Bei den übrigen zehn Konfliktkonstellationen, den ‚Fehlschlägen', geht es in der Regel um solche, in denen das Versagen der konventionellen Abschreckung zum Kriegsausbruch geführt hat. Es gibt aber auch den Fall einer Eskalation nach ruhiger Frühphase eines bereits ausgebrochenen Krieges.

Die Erklärung dafür, dass – in der untersuchten Stichprobe – Kriege ausbrachen oder eine Eskalation geschah, liegt nach Mearsheimer vor allem daran, dass die jeweiligen Angreifer gute Chancen für einen erfolgreichen Blitzkrieg sahen. Wann bieten sich, strukturell gesehen, Chancen für einen Blitzkrieg? Immer dann, wenn die eine Partei der anderen offene Flanken, ungeschützte eigene Räume präsentiert. Kurzum, wenn entlang von Achsen einer möglichen Invasion die Raum-Kräfte-Relation des Verteidigers ungenügend ist. Und wann fällt die Raum-Kräfte-Relation typischerweise unter das für die Verteidigung erforderliche Minimum? Wenn man sich nicht auf die Verteidigung konzentriert, sondern selbst starke Truppenkontingente für den (Gegen-)Angriff sammelt (oder doch so postiert, dass sie der eigenen Defensive nicht allzu viel nützen können).

Einen Paradefall Mearsheimers stellen die Planungen vor dem Frankreich-feldzug im Mai 1940 dar (die damalige Konstellation ist uns bereits aus der Diskussion der Rolle Liddell Harts und seiner Vorschläge bekannt):[2]

Wegen einer offensiven Vorwärtspostierung qualitativ hochwertiger Kräfte begaben sich die Alliierten wichtiger operativer Reserven, die einen Durch-bruch in den Ardennen möglicherweise hätten abriegeln können. Die deutsche Seite erkannte ihre Chance und nutzte sie in der blitzartigen Operation „Sichelschnitt" in Richtung auf den Ärmelkanal (ebd.: 99-133).

Um einem solchen Blitzkrieg die Erfolgschancen zu verwehren, meint Mearsheimer, muss man den potentiellen Angreifer mit der Perspektive eines lang *andauernden Abnutzungskrieges* („attrition warfare") konfrontieren (ebd.: 207). Nur dann gebe es eine stabile konventionelle Abschreckung. Androhen von Vergeltung schrecke weniger ab: ja könnte einen potentiellen Angreifer sogar ermutigen und einladen.

Die weiche Flanke der Arbeit Mearsheimers wurde bereits bezeichnet. Der Autor selbst hatte auf den recht begrenzten Umfang der als Basis dienenden Stichprobe hingewiesen. Dieser Makel trifft allerdings für eine empirisch-historische Untersuchung aus der Schweiz nicht zu, in der über 140 Kriege, sieben davon sind ,Teilkriege' des Zweiten Weltkriegs, in der Zeit zwischen 1792 und 1982 analysiert wurden. (Das Kriterium einer im Hinblick auf die Kriegsform relativ homogenen Stichprobe wurde offenbar vernachlässigt.) Als Datengrundlage dienten vor allem die Statistiken von Singer und Small sowie Kende (Singer/Small 1982; Kende 1982).

Auch diese Studie ist – allerdings auf eine andere Weise – methodologisch reflektiert: warnt sie doch davor, allzu naiv ,Lehren aus der Geschichte' zu ziehen (Ruloff 1987: 139): „Leichter schon, aber auch nicht ohne Gefahren, ist der Versuch nach *Analogien* Ausschau zu halten. Man wird auch hierbei nicht erwarten können, gesamte historische Vorgänge ohne Vorbehalte

---

2   Erstaunlich: Mearsheimer argumentiert ganz ähnlich wie Sir Basil. Ein paar Jahre später jedoch kritisiert er diesen, wie bereits gezeigt, für dessen Defensivorientierung. Auch wenn die Wirkungen mancher akademischen Karriere wundersam sein mögen: Die frühere Argumentation Mearsheimers ist damit nicht entwertet. Geltung zählt – Genesis ist weniger interessant.

übertragen zu können. Vielmehr sollte man sich darauf beschränken, mit aller Vorsicht einzelne Strukturmomente und Episoden auf die gegenwärtigen Verhältnisse" projizieren zu können.

In der Gesamtanalyse des historischen Materials treten zwei Schlüsselbegriffe hervor – und zwar *Gelegenheit* sowie *Verlegenheit* (ebd.: 139 f.). Stichwort „Gelegenheit": Das ist sicherlich die Aussicht auf schnellen Sieg, raschen Gewinn. Stichwort „Verlegenheit": Das ist vor allem auch der subjektive Zwang, einem anderen zuvorkommen zu müssen, nach dem Motto: Wenn ich jetzt nicht zuschlage, werden sich die Kräfteverhältnisse so sehr zu meinen Ungunsten verschieben, dass ich am Ende der Dumme bin.

Aber genügt diese Art von kriegsauslösendem Moment, so dürfen wir fragen, wenn es keine *Gelegenheit*, keine strukturelle Verwundbarkeit der jeweils anderen Seite gibt?

Nachvollziehbar ist auf jeden Fall die Vermutung, dass beide Momente in einer Wechselbeziehung zueinander stehen. Nach dem Motto: Die andere Seite bringt die eigene durch bedrohliche Kräftekonzentration in Verlegenheit, schafft dabei aber zugleich durch ‚Selbstentblößung' eine Gelegenheit.

Dies wird vom Autor der breit angelegten Schweizer Studie freilich nicht ganz so gesehen: „Verlegenheit" und „Gelegenheit" erscheinen eher als unabhängige, mitunter einander ausschließende Kategorien. Gleichwohl lässt sich diese Untersuchung legitimerweise als zumindest indirekte Stützung der Befunde Mearsheimers werten. Oder vorsichtiger formuliert: Die ‚Theorie' dieses US-amerikanischen Politikwissenschaftlers – nach der Angriffsvorbereitungen den Angriff einladen – wirkt im Lichte der Ergebnisse, die auf der größeren Stichprobe fußen, noch etwas plausibler.

2.5 Kriegsursachen: Ein Wirkungsgeflecht

Beabsichtigt ist ein frischer Blick auf die Kriegsursachenforschung. Üblicherweise – und insbesondere in der deutschen Politik- und Friedensforschung – bezieht sich die Erkundung von Kriegsursachen auf die ‚tieferen' Gründe: auf gesellschaftliche Entwicklung und Zusammenhänge, aus denen gewichtige Kriegsmotive entstehen. Hier sollen jedoch auch und vor allem Aspekte ins Visier genommen werden, die z. B. in der neueren US-amerikanischen Debatte eine nicht unbeträchtliche Aufmerksamkeit auf sich gezogen haben (Posen 1984; Evera 1984, 1985). Es geht um strategische Perspektiven, genauer gesagt: um Machbarkeitskalküle im Hinblick auf den

Krieg, die analytisch zu berücksichtigen sind, wenn es zu einem bewaffneten Zusammenstoß kommt. Zuvor sei jedoch der Vollständigkeit halber – noch einmal – auf die höchst wacklige These eingegangen, dass der Krieg des Menschen ,Gattungsgeschick' sei.

2.5.1 Menschliche Natur: Aggressivität als Schicksal?

Die These, um die es hier geht, lautet: ,Aggressivität liegt in der Natur des Menschen; deswegen wird es immer Krieg geben.' Diese lakonische Aussage lässt sich bündig beantworten: Ob – und wenn ja, in welchem Maß – Aggressivität in der Natur des Menschen liegt, also gleichsam Teil seines genetischen Programms ist, das ist eine Frage, über die sich unter Gelehrten (und an Stammtischen) wohl noch lange diskutieren lassen wird.

Sollte es so etwas wie einen Aggressionstrieb geben, heißt dies freilich noch lange nicht, dass dieser auch die Staatenwelt regieren muss. Bisher jedenfalls ist es nicht gelungen, stringent zu argumentieren, dass die Triebstruktur auf der Individualebene sich unmittelbar auch in jenen verfassten Strukturen abbildet, in denen die Menschen zusammen leben. Im Gegenteil: In der *Erklärung von Sevilla* hat ein Kreis von international angesehenen, auf Initiative der UNESCO versammelten Psychologen und Sozialpsychologen festgestellt (Groebel/Hinde 1989: XIII f.), dass ihren Erkenntnissen nach das Vorkommen von Kriegen aus gesellschaftlichen, also beeinflussbaren, Ursachen und nicht aus der Natur des Menschen erklärt werden muss.

Es wurde bereits angedeutet: Auf den genetischen Ursprung des Krieges hinzuweisen, ist wohl etwas aus der Mode gekommen. Und es ist im Übrigen vielen Beteiligten an der einschlägigen wissenschaftlichen Debatte klar geworden, dass es nicht genügen kann, sich auf Thomas Hobbes als die letzte Autorität zu beziehen, wenn es um die Annahme geht, der Krieg sei des Menschen Schicksal. Der Hinweis auf Hobbes greift nicht nur deswegen zu kurz, weil er genuin-wissenschaftliche Arbeit nicht ersetzen kann, sondern auch, weil die Interpretation der Aussagen dieses Autors, wie wir bereits gesehen haben, gar nicht so simpel ist, wie oft angenommen wird.

So gibt es in der neueren Debatte Beiträge aus dem Dunstkreis der realistischen Denkschule, die durchaus konzedieren, dass der Krieg gesellschaftliche Ursachen hat. Diese hätten freilich über die gesamte Menschheitsgeschichte hinweg immer wieder zu bewaffneten Auseinandersetzungen geführt, was auf ein zumindest äußerst zählebiges Phänomen hinweise, das wohl nicht – oder nur unter extrem veränderten Umständen – aus der Welt zu schaffen sei. Gefordert wird dann etwa eine „global akzeptierbare politische

Ordnung" (Howard 1986: 22 f.), in deren Kontext sich die Konflikte zwischen Staaten oder Interessengruppen möglicherweise so regeln ließen, dass es dann weniger oft zu Kriegen kommen würde. Zugleich wird aber von einer „globalen multikulturellen Explosion" gesprochen, die es nahe lege, bis auf weiteres mit einer zunehmend „anarchischen" Weltgesellschaft zu rechnen: also durchaus auch mit kriegerischen Tendenzen. So erscheint denn der Krieg, jenseits aller genetischen Spekulation, letztlich doch wieder beinahe als Gattungsschicksal.

Es sei an dieser Stelle allerdings auch daran erinnert, dass es im Umkreis der realistischen Denkschule – bei einigen Neorealisten nämlich – durchaus Denkansätze gibt, in deren Perspektive eine positive Beeinflussung der internationalen Anarchie möglich erscheint. Die hier relevanten Stichworte lauten: „Gemeinsame Sicherheit" und „Alternative Verteidigung": im Sinne einer Konzentration auf die Defensive, um das Sicherheitsdilemma zu entschärfen.

2.5.2 Was zum Krieg führt: Unterschiedliche Variablen

Systematik I: Variablen der Kriegsentscheidung

Variablen

unabhängig	intervenierend	abhängig

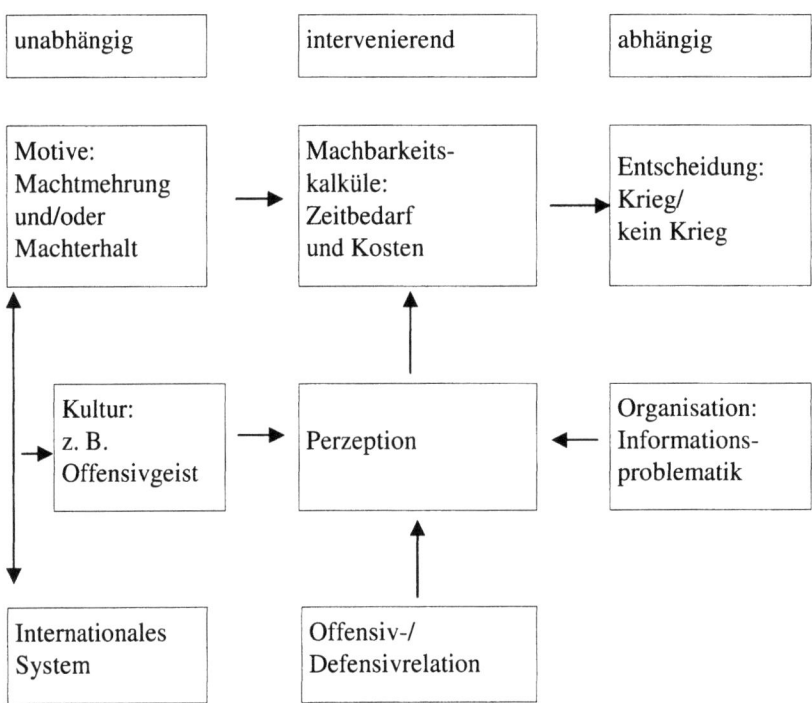

Kriege in der Staatenwelt lassen sich nach zwei groben Kategorien unterscheiden (Howard 1986: 29 f.): Die einen werden geführt, um bestimmte Ziele einer Nation oder auch eines Bündnisses zu erreichen, weil andere als militärische Mittel entweder ausgereizt sind oder zu diesem Zweck nicht tauglich erscheinen. Es geht also letztlich um die Mehrung von Macht. Dies ist die eine Seite. Die andere Seite wird repräsentiert durch jene Nationen oder Staatengruppen, die einen Status quo, mit dem sie sich einigermaßen oder gar erfolgreich arrangiert haben, durch aufsteigende Mächte oder Kräftegruppierungen gefährdet sehen, die einen Neuzuschnitt der Verhältnisse anstreben. Es geht in diesem Zusammenhang also um die Erhaltung einer bestehenden Machtverteilung und – zugespitzt – oft auch um die Sicherheit bzw. die territoriale Integrität derjenigen, die den Krieg gleichsam vorbeugend beginnen.

Hinter dieser Kategorisierung in ‚Machtmehrung' und ‚Machterhalt' ist analytisch gesehen das Feld der Interessen, der ‚treibenden Kräfte', angesiedelt, über das es, wie angedeutet, eine Flut wissenschaftlicher und sonstiger Literatur gibt. Typischerweise präsentieren sich die Kräfte, die für kriegsrelevant gehalten werden, dem Betrachter gleich im Bündel: Territoriale Ansprüche, bevölkerungspolitische Interessen, ökonomische, ideologische, religiöse, an ethnischer Identität oder etwa auch an Menschenrechten sich festmachende Motive gehen je verschiedene Verbindungen ein.

Um nur ein Beispiel zu nennen (Schumpeter 1918/19): Im Imperialismus, der im 19. Jahrhundert im Zuge kapitalistischer Entwicklung blühte und programmatisch formuliert wurde, aber auch später noch für das Konfliktgeschehen relevant gewesen ist, ging es um einen ganzen Korb von – meist ökonomisch gefärbten – Beweggründen: um die notfalls gewaltsame Aneignung von Territorien (in Konkurrenz mit anderen Mächten und durch Unterwerfung als kulturell unterlegen erachteter Völker), um Rohstoffquellen zu erschließen, Absatzmärkte zu gewinnen und Siedlungsraum für die jeweilige eigene, wachsende Bevölkerung zu finden.

Das mag an dieser Stelle genügen, um zu verdeutlichen, was gemeint ist, wenn von ‚treibenden Kräften' oder ‚tieferen Ursachen' die Rede ist. Es geht insbesondere also um das, was sich innergesellschaftlich an Konfliktpotential entwickelt und prinzipiell zum Kriege treiben kann. Und wir notieren ferner noch, dass sich dieses Potential plausiblerweise im Austausch mit – oder im Bezug zu – dem internationalen System heran bildet. In den Sozialwissenschaften sprechen wir im Hinblick auf eine solche Einflussgröße von einer „unabhängigen, erklärenden Variable".

Allerdings ist es so, dass keineswegs immer, wenn sich beträchtliches Konfliktpotential aufgestaut hat, dann daraus am Ende auch ein veritabler Krieg resultiert. Das, was innergesellschaftlich im Austausch mit dem internationalen System geschieht, mag, wenn es um die Erklärung eines *Kriegsausbruches* („abhängige, zu erklärende Variable") geht, als *notwendige* Voraussetzung gelten.

Doch ist diese zur Erklärung des Phänomens keineswegs *hinreichend*. Es gibt nämlich auch noch eine „intervenierende Variable": Diese besteht, wie unsere bisherige Diskussion gezeigt hat, im Wesentlichen aus Machbarkeitskalkülen. Typischerweise geht die Führung eines Staates oder eines

Staatenbündnisses erst dann in den Krieg, wenn dies erfolgversprechend erscheint (zumindest für weniger nachteilig als ein Stillhalten gehalten wird). Und um die solchermaßen gefassten Erfolgschancen beurteilen zu können, werden Kalküle angestellt, die den Zeitbedarf und die Kosten eines Krieges betreffen. A propos Zeitbedarf: Wir haben bereits gesehen, dass die Eröffnung von Feindseligkeiten durch eine Partei dann wahrscheinlicher wird, wenn sie meint, mit einem schnellen Gelingen rechnen zu können.

Die Machbarkeitskalküle, die also wesentlichen Einfluss darauf haben, ob aus einem tieferliegenden Kriegsmotiv auch ein tatsächlicher bewaffneter Konflikt wird, hängen selbst wiederum von verschiedenen miteinander verknüpften Einflussfaktoren ab. Um dies zu verdeutlichen: Plausiblerweise sind solche Kalküle von der subjektiven Wahrnehmung und Einschätzung der relevanten Faktoren durch das jeweilige Entscheidungszentrum abhängig. In diese Perzeption geht vor allem auch ein, wie sich das Kräfteverhältnis zwischen dem potentiellen Angreifer und dem betreffenden Verteidiger darstellt. Dabei geht es vor allem darum, welche defensiven Chancen im Angesicht einer Aggression bestehen. Also nicht darum, welche Offensiv- bzw. Vergeltungsoptionen der Verteidiger hat: konnte doch gezeigt werden, dass der strategische Angriff nach Gelegenheiten sucht, die sich in geringerem Maße dann ergeben, wenn der Verteidiger sich nicht selbst für die Offensive konzentriert.

Die hier also gemeinte Relation zwischen dem Offensivpotential des möglichen Angreifers und den Defensivkräften des Verteidigers erscheint wesentlich durch die Maßnahmen beeinflussbar, die wir unter dem Etikett ‚Alternative Verteidigung' haben figurieren lassen. Da diese Relation letztlich in die Machbarkeitskalküle des Entscheidungszentrums eingeht, ist sie dafür relevant, ob es Krieg gibt oder nicht. Die Perzeption der Relation zwischen Offensiv- und Defensivkräften dürfte allerdings typischerweise keineswegs die ‚nackte Wahrheit' abbilden:

Da ist zum einen die Variable der Organisation. Ein potentieller Angreifer muss sich so organisieren, dass er relevante Informationen über das fragliche Kräfteverhältnis nicht nur angemessen wahrnehmen, sondern auch verarbeiten und entscheidungswirksam aufbereiten kann. Dies scheint aber wegen der Komplexität des Gegenstandes und notorischer Defizite der Organisation von Informationsgewinnung und -aufbereitung selten ohne beträchtliche Verzerrungen zu gelingen.

Und da ist zum anderen der Aspekt der ‚Kultur': Denken wir in diesem Zusammenhang etwa an die historische Fiktion des teutonischen oder preußischen Angriffsgeistes, dem angeblich keiner widerstehen kann, weil er nämlich für eine überlegene Form von Manneszucht und -mut steht! Oder an sein Gegenstück: den ‚gallischen Elan'. Bezeichnet sind damit kulturelle Entwicklungen in bestimmten Gesellschaften oder deren Subsystemen, die ein nüchternes Kalkül der Erfolgschancen einer möglichen Offensive durch Perzeptionsverzerrung sehr erschweren (Evera 1985). Derartige kulturelle Entwicklungen stehen meist in engem Bezug zu sich innergesellschaftlich in Relation zum internationalen System herausbildenden Kriegsmotiven: seien diese imperialistischer, revanchistischer oder anderer Art.

Wie bereits angedeutet: Während das, was unter dem Aspekt „unabhängige Variable" gefasst wurde, ein Hauptaugenmerk von Politikwissenschaft und Friedensforschung in Mitteleuropa ist, hat die Forschung im angelsächsischen Raum ein mindestens so starkes Gewicht auf die Erkundung dessen gelegt, was unter ‚intervenierend' gefasst wurde. Dabei konzentrierte man sich insbesondere auf den „Kult der Offensive" (ebd.) und seine Entstehungsbedingungen. Aber es gab auch manch Interessantes zur Informationsproblematik.

2.5.3 Informationsflut: Rationale Strategiewahl als Problem

In einem Gespräch mit Michael Howard und Kenneth Waltz verweist Karl W. Deutsch, der amerikanische Politologe und Mitbegründer der Sozialkybernetik, auf eine spezielle Analyse der bereits erwähnten Datensammlung von J. David Singer und Melvin Small (Singer/Small 1982). Gegenstand der Sammlung: Alle Kriege und bewaffneten Konflikte, die zwischen 1816 und 1980 stattfanden. Kriegsdefinition (sie weicht etwas von der durch die AKUF gegebene ab): Jeweils 1.000 oder mehr Tote bei Kampfhandlungen, an denen zumindest auf einer Seite ein Staat oder Quasi-Staat bzw. Staatsapparat organisierend, vorbereitend und legitimierend beteiligt war.

Der speziellen – nur auf zwischenstaatliche Konflikte bezogenen – Auswertung gemäß, die Deutsch präsentiert (Howard 1986: 34 ff.), gewannen zwischen 1816 und 1911 im Durchschnitt etwa 80 Prozent der Angreifer ihren jeweiligen Krieg. Dies sollte sich der Datensammlung gemäß deutlich ändern. Danach konnten zwischen 1912 und dem Ende des Beobachtungszeitraumes im Durchschnitt nur noch 40 Prozent derjenigen Staaten oder Mächtegruppen, die angriffen, mit Erfolg rechnen. Zu denjenigen Fällen, in denen die Initiatoren von Kriegen schließlich ‚vom Leben bestraft' wurden, zählen: Der Erste Weltkrieg, in dem Österreich-Ungarn, Russland und Deutschland verloren, der Zweite Weltkrieg, der von Deutschland, Italien und Japan begonnen wurde, der Angriff des kommunistischen

Nordkorea auf den Süden, der indische Angriff auf die Volksrepublik China im Himalaja-Krieg von 1962 und Pakistans Offensive gegen Indien im Jahre 1964. Ebenfalls zu erwähnen sind: der massive Einstieg der USA in den Vietnamkrieg (1965) und ihre ‚kambodschanische Invasion', die 1970 stattfand, sowie der chinesische Einmarsch in Vietnam (1979), die sowjetische Intervention in Afghanistan (ebenfalls 1979) und der Angriff des Irak auf den Iran (1980). Deutsch weist überdies auf die argentinische Operation gegen die britischen Falkland Inseln (1982) und den israelischen Einmarsch in den Libanon im selben Jahr hin.

Die Erklärung, die Karl Deutsch für die bezeichnete drastische Veränderung gibt, ist so simpel wie herausfordernd für all diejenigen, die meinen, eine Entscheidung für oder gegen den Krieg sei Gegenstand nüchterner, rationaler Strategiewahl (Howard 1986: 35-41). Deutsch argumentiert, dass bis etwa zum Vorabend des Ersten Weltkrieges die Welt einigermaßen überschaubar war: Die Entscheidungen und Handlungen der sicherheitspolitischen Eliten waren nachvollziehbar und die militärischen Potentiale mit ihren Stärken und Schwächen einigermaßen bekannt. Vor diesem Hintergrund wären auf einen eventuellen Krieg bezogene Machbarkeitskalküle nicht durch extreme Unsicherheiten belastet gewesen: wie es auch die Erfolgsbilanz der angreifenden Mächte zeige.

Dann aber hätte es einen Sprung in der Komplexität der zu verarbeitenden Daten sicherheitspolitischer und militärischer Relevanz gegeben: als Ergebnis zunehmend verschachtelter Entscheidungs- und Führungsprozesse, die einem Außenseiter immer weniger zugänglich waren, als Resultat extremer Machtzusammenballung vor dem Hintergrund eines raschen Wachstums der Produktivkräfte und revolutionärer Neuerungen auf dem Gebiet der Waffentechnologie sowie schließlich auch als Folge der Zerstörung alter Ordnungsmuster für die internationalen Beziehungen.

Kurzum, auch unter Bedingungen vollkommener Nüchternheit, wenn man also nicht einem romantischen „Kult der Offensive" angehangen hätte, wäre, so meint Karl W. Deutsch, die Organisation der Informationsbeschaffung und -auswertung durch die gestiegene Komplexität der relevanten Zusammenhänge immer wieder so überfordert gewesen, dass Kriege ohne tragfähige Basis an Erkenntnissen begonnen worden wären. Rationale Strategiewahl, also die auf ein angestrebtes Ziel hin vorgenommene Selektion der optimalen Mittel, erscheint damit als äußerst problematisch: allenfalls als ein Ideal, dem sich durch stetes, allerdings im Erfolg prinzipiell begrenztes Bemühen zu nähern wäre.

2.6 Vertrauensbildende Verteidigung: Dimensionen

Unter dieser Überschrift soll es um die genauere inhaltliche Bestimmung eines Ansatzes militärischer Verteidigung gehen, der einen wesentlichen Beitrag zur Entschärfung des Sicherheitsdilemmas und der, wie wir noch sehen werden, auch andere Vorteile verspricht. Dazu ist zunächst eine Begriffsklärung vonnöten:

2.6.1 Begriffssalat: Ein Ordnungsversuch

Bisher haben wir mit dem Begriff der „Alternativen Verteidigung" operiert oder auch von einer Defensive gesprochen, die sich selbst genügt und den jeweiligen Nachbarn nicht bedroht. In der Tat, Alternative Verteidigung ist ein eingeführter Begriff. Ihm mangelt es jedoch an inhaltlicher Füllung und Präzisierung. Versuche in dieser Richtung wurden unternommen von Debattenbeiträgen, die unter Etikettierungen firmierten wie: „Defensive Verteidigung", „Strukturelle Nichtangriffsfähigkeit", „Strukturelle Angriffsunfähigkeit", „Nicht-offensive Verteidigung" oder auch „Nicht-provozierende Verteidigung". Schließlich war (und ist) auch von einer „Spezialisierung auf die Defensive" die Rede.

Nur letzterer Begriff kommt dem schon recht nahe, worauf es uns ankommt: auf die angemessene Benennung einer Verteidigungsorganisation, die zum einen andere kaum bedroht und die zum anderen eine echte Abwehr darstellt: also nicht zu Angriffen einlädt. Wie die historischen Untersuchungen nahe legen, gehört nämlich beides zu einer Verteidigung, die kriegerische Intentionen frustriert. Für diesen erforderlichen Doppelcharakter der Bemühungen um Stabilität ist der plakative Begriff der *Vertrauensbildenden Verteidigung* (SAS 1989) geprägt worden, der sich kurz folgendermaßen bestimmen lässt (Unterseher 1999: 7):

„... der militärische Schutz eines Staates, einer Staatengemeinschaft oder auch des Teils eines Staates, der bei der zu schützenden Bürgerschaft den Eindruck erweckt, dass er keine Angriffe einlädt, und falls dennoch Krieg ausbricht, eine realistischerweise durchführbare Option darstellt (was vor allem auch eine Absage an atomare Kriegführung impliziert). Dem Vertrauen ‚zu Hause' muss zugleich entsprechen, dass von der Anlage der Verteidigung her vertrauensbildende, beruhigende Signale an den oder die Nachbarn ausgehen. "

Der Begriff der Vertrauensbildenden Verteidigung ist eine bewusste Anspielung auf das in den 80er Jahren des vorigen Jahrhunderts populäre und bewährte politische Konzept der ‚Vertrauensbildenden Maßnahmen' (Møller 1995: 56 ff.). Wiederum sehr kurz gefasst, stellt die Vertrauensbildende Verteidigung eine Radikalisierung des letztgenannten Konzeptes dar: Von der Transparenz und Kontrolle militärischer *Prozeduren* (Stichworte: Anmeldungspflicht für Militärmanöver und Beobachtungsrechte für Nachbarstaaten) hin zu *Strukturen* und *Strategien*, die der sicherheitspolitischen Stabilität dienen.

Der Ansatz der Vertrauensbildenden Verteidigung beansprucht, die Orientierung für den militärischen Teil einer ganzheitlichen Friedensstrategie zu liefern. Damit stellt sich auch die Frage, ob sich dieser Beitrag vor dem Kategorischen Imperativ ausweisen kann: Ob also das den vorgeschlagenen Strukturmaßnahmen und Strategien zugrunde liegende Prinzip als Maßstab einer allgemeinen (gesetzlichen) Regelung vorstellbar ist. Dies erfordert einen kritischen Prüfgang, der auf eine differenzierte Explikation der fraglichen Konzeption und ihres Beziehungsgeflechts angewiesen ist. So soll es im Folgenden darum gehen, die von der Konzeption der Vertrauensbildenden Verteidigung angeregten Leitlinien für eine militärische Strukturreform („Mittel") mit ihrem „Zweck" – Erhöhung der Stabilität – in Beziehung zu setzen. Sinnvollerweise ist dabei mit einem differenzierten, noch zu explizierenden Stabilitätsbegriff zu arbeiten.

2.6.2 Stabilitätskalküle: Mittel und Zweck

Systematik II: Vertrauensbildende Verteidigung

Mittel   Zweck

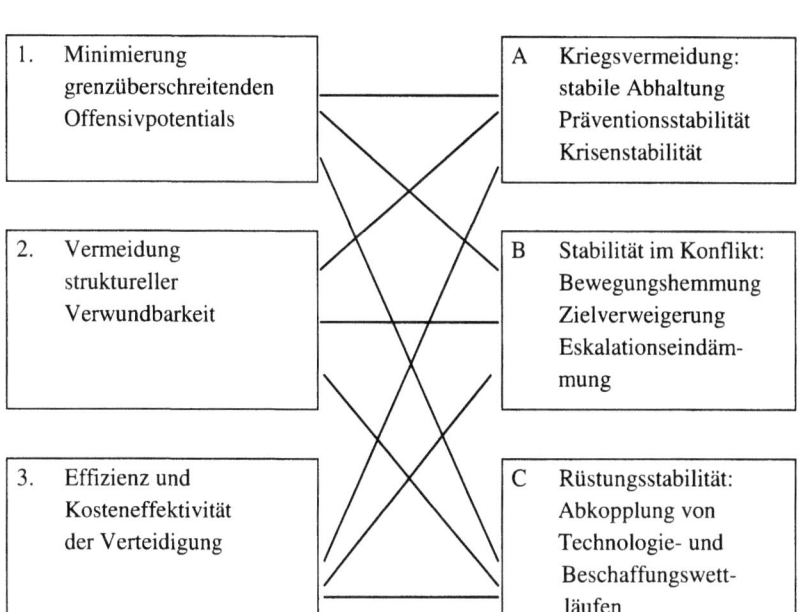

1.	Minimierung grenzüberschreitenden Offensivpotentials	A	Kriegsvermeidung: stabile Abhaltung Präventionsstabilität Krisenstabilität
2.	Vermeidung struktureller Verwundbarkeit	B	Stabilität im Konflikt: Bewegungshemmung Zielverweigerung Eskalationseindämmung
3.	Effizienz und Kosteneffektivität der Verteidigung	C	Rüstungsstabilität: Abkopplung von Technologie- und Beschaffungswettläufen

Anmerkung: Die folgende, sich an der Systematik festmachende Interpretation, ist in erster Linie auf zwischenstaatliche Auseinandersetzungen bezogen (ebd.: 142-148). Im dritten Teil dieses Bandes ist dann zu prüfen, wie es mit einer Übertragbarkeit auf den Komplex der Eingriffe in innerstaatliche bewaffnete Konflikte steht.

Ad 1: Minimierung grenzüberschreitenden Offensivpotentials

Die Landstreitkräfte (ggf. auch die *amphibische* Komponente) einer Verteidigungsorganisation sollten keine Invasionsfähigkeit besitzen, also *nicht provokativ* wirken. Auszuschließen oder möglichst zu minimieren ist darüber hinaus die Befähigung, mit Flugzeugen, ballistischen Raketen oder Lenkflugkörpern massive Schläge gegen das Hinterland eines Kontrahenten zu führen. Hat doch die neuere technologische Entwicklung zu der Diskussion geführt, ob in einer bestimmten militärstrategischen Konstellation ein Land durch Schläge aus der dritten Dimension so gelähmt oder geschädigt werden könnte, dass am Ende eine Invasion durch Landstreitkräfte (fast) überflüssig würde.

Im Übrigen besteht die Gefahr, dass die Androhung weitreichender Schläge aus der dritten Dimension eine Konfliktpartei, deren militärische Strukturen im Hinterland besonders verwundbar sind, dazu bringen kann, der befürchteten Aktion zuvorzukommen und damit den – nicht unmittelbar beabsichtigten – Krieg auszulösen.

Ad 2: Vermeidung struktureller Verwundbarkeit

Streitkräfte sollten so beschaffen sein, dass sie einem möglichen Angriff keine Gelegenheiten bieten, die relativ leicht auszunutzen sind. Dies bedeutet zunächst einmal, dass Konzentrationen und leicht zu unterbrechende Bewegungen wichtiger militärischer Elemente nach Möglichkeit zu vermeiden sind. Zudem muss es darauf ankommen, die Gefahr operativ-taktischer ‚Aushebelung‘ zu minimieren: Dies bedeutet z. B., dass Lücken im eigenen Dispositiv und mangelnde Tiefe, als Einladung zum ‚Überspringen‘, höchst unwillkommen sind.

Auch ist darauf zu achten, dass der Bewaffnungsmix und das Kommunikationssystem des Verteidigers jene Robustheit besitzen, die es einem möglichen Angreifer erheblich erschwert, mit technologischer ‚Gegenoptimierung‘ zu antworten. D. h., um nur ein Beispiel zu nennen, das nicht nur *ein* Wirkprinzip beim Panzerbrechen gesetzt werden darf, gegen das die andere Seite dann zu erträglichen Kosten einen spezialisierten Schutz entwickeln kann. Und last, but not least: Die Verteidigung muss für ihren begrenzten Bedarf über eine gesicherte personelle und materielle Basis verfügen: also eine gewisse Durchhaltefähigkeit besitzen.

Ad 3: Effizienz und Kosteneffektivität

Hierbei geht es zunächst einmal darum, die Intention einer ‚Abhalte‘-Verteidigung im Falle eines Falles möglichst verzugslos in die Tat umsetzen zu können: also einen Angreifer wirksam, mit für ihn sehr frustrierendem Ergebnis, abzuweisen. Die Effizienz sollte allerdings, und dies ist das ergänzende Teilgebot, mit einer möglichst großen Kosteneffektivität verknüpft sein: was bedeutet, dass sich zu verteidigen ‚billiger‘ zu stehen kommen muss als der Angriff.

Für beides, die Effizienz wie die Kosteneffektivität, ist behauptet worden, dass es sich relativ leicht durch jene Seite erreichen ließe, welche den ‚Heimvorteil' des Verteidigers systematisch nutzt. Einschränkend muss aber hinzugefügt werden, dass sich ein Heimvorteil eher dann nachweisen lässt, wenn es um die taktische Ebene geht: also – auf die Landkriegführung bezogen – um das unmittelbare Halten von Gelände und nicht die optimale Allokation von Truppen im operativen Rahmen (mit genügend Kampfkraft, zur rechten Zeit an der richtigen Stelle auf einem größeren Kriegsschauplatz). Anders formuliert: Es sind besondere intellektuelle Anstrengungen erforderlich, um den Anspruch eines Heimvorteils auch auf höherer Ebene militärisch-konzeptionell einzulösen.

Die skizzierten Grundorientierungen oder im Rahmen der präsentierten Konzeption vorgeschlagenen Mittel lassen sich unter dem Aspekt des Zwecks auf die damit angestrebten Stabilitätsziele beziehen:

A: Zu allererst geht es um die *Vermeidung von Krieg,* um dessen tendenziellen Ausschluss aus dem zwischenstaatlichen Verkehr. Im Hinblick darauf ergeben sich folgende Beziehungen: Dadurch, dass eine Verteidigung effizient und finanzierbar ist sowie im Wesentlichen keine strukturellen Verwundbarkeiten aufweist, die entwaffnende Schläge einladen, wird wesentlich dazu beigetragen, dass Aggressionskalküle, die auf die Nutzung eines Machtvakuums aus sind, frustriert werden *(stabile Abhaltung).*

Im Übrigen, wird eine Verteidigung aufgebaut, die nicht nur effizient und wenig verwundbar, sondern auch in mittel- und längerfristiger Perspektive für die Nachbarn nicht bedrohlich ist, gibt es keinen ernst zu nehmenden Grund für Präventionsbestrebungen mehr (Møller 1995: 271): D. h., die Führung eines potentiellen Kontrahenten sieht sich nicht mehr unter Druck, einer künftig zu erwartenden Herausforderung durch ein ‚rechtzeitiges' Zuvorkommen begegnen zu müssen *(Präventionsstabilität).*

Und schließlich: Weil die in ihren Grundorientierungen skizzierte Verteidigung keine oder nur in äußerst geringem Maße Mittel umfasst, mit denen sich blitzartig auf benachbarte Territorien einwirken lässt, gibt es auch keinen Zwang (ebd.: 272), während einer Krise eine solch unmittelbar drohende Gefahr möglichst unverzüglich ausräumen zu müssen *(Krisen- oder Präemptionsstabilität).*

B: Wichtig auch ist die Schadensbegrenzung, will sagen die *Stabilität im Konflikt:* Ein defensives Dispositiv, das in seiner Abweise-Funktion wirksam ist und nicht zu weiträumigem Manövrieren auf dem Boden des Verteidigers einlädt *(Bewegungshemmung)* sowie keine lohnenden Ziele für konzentriertes Feuer des Aggressors bietet *(Zielverweigerung)*, hat eine gute Chance, den Schaden für Bevölkerung und Infrastruktur zu minimieren, wenn es – trotz systematischer Anstrengungen zur Kriegsvermeidung – dennoch zum offenen Konflikt kommen sollte.

Zur Schadensminimierung trägt darüber hinaus auch bei, dass die Defensive Eskalationskalküle eines etwaigen Kontrahenten militärisch wenig sinnvoll erscheinen lässt und dadurch entmutigt *(Eskalationseindämmung)*. Weil es effizient und zugleich wenig verwundbar ist, kann das Dispositiv des Verteidigers ohne Eskalation auskommen. Für eine solche Eskalation fehlen im Übrigen einer Vertrauensbildenden Verteidigung wesentliche Mittel: typischerweise solche, die für Angriffshandlungen oberhalb der taktischen Ebene spezialisiert sind. Damit entfällt für die andere Seite ein wesentliches Motiv, selbst zu eskalieren. Eine solche Maßnahme wäre vor allem aber auch deswegen wenig zweckmäßig, weil sich dafür keine bzw. kaum lohnende Ziele finden würden.

Erscheint es plausibel, die Möglichkeit einer Begrenzung der Schäden samt einer Eindämmung von Eskalationskalkülen anzunehmen, ergibt sich ein ganz wesentlicher Vorteil: Verteidigung ist nicht mehr Selbstmord, wird ‚machbar' und – gerade auch für die Soldaten – moralisch akzeptabel. Die Hypothese: Eine realisierbare, *glaubwürdige* Option der *Abhaltung* wirkt eher *kriegsverhindernd* als eine selbstabschreckende.

C: Und schließlich ist eine Erhöhung der *Rüstungsstabilität* anzustreben – also eine tendenzielle Abkopplung der Verteidigung von militärischen Technologie- und Beschaffungswettläufen: Wenn es gelingen sollte, technisch und taktisch ‚mit anderer Münze zurückzuzahlen', würde ein Ausstieg aus dem Wettrüsten zur realen Perspektive. Für eine solche Aussicht spricht vor allem zweierlei: Eine Vertrauensbildende Verteidigung bedarf – vor dem Hintergrund der dargebotenen Überlegungen zur Kriegsvermeidung – durchaus nicht jener Mittel zumeist hochtechnologischer Art, die zur Option von gezielten, massiven Schlägen in das Hinterland des Gegenübers verhelfen.

Hinzu kommt, dass eine Defensive, welche die Gefahr einer Invasion nicht durch eine Gegen-Invasion beantworten will, sich den Schutz, den der eigene Raum bietet, systematisch zu Nutze machen kann: mit einem Ausrüstungsmix, der für diese Aufgabe, und eben nicht für raumgreifende Offensiven, maßgeschneidert ist.

Vermag die Verteidigung sich in diesem Sinne zu spezialisieren, winkt damit relative Kosteneffektivität und eine Frustrierung von Aggression: Wollte die Offensive nämlich die Maßnahmen einer bewussten Verteidigung durch zusätzliche Angriffsstärke kompensieren, müsste sie weit überproportionale Anstrengungen machen. Dies kann durchaus als ein Anreiz verstanden werden, die Rüstungsspirale umzukehren: gewissermaßen mit der Perspektive einer ‚negativen Dynamik'.

Friedenspolitischer Bezug: In den skizzierten Zusammenhängen lässt sich erkennen, dass die Perspektive der Kriegsvermeidung eng verknüpft ist mit dem Ziel des Abbaus von Bedrohungsängsten und der Aufgabe eines Ausstiegs aus der Rüstungsdynamik und der damit sich ergebenden Möglichkeit einer Freisetzung von Ressourcen für eine friedliche gesellschaftliche Entwicklung. D. h., wie bereits angedeutet: Es geht bei der Konzeption der Vertrauensbildenden Verteidigung um den militärischen Beitrag zur Erreichung eines doppelten Ziels: ‚negativer' *und* auch ‚positiver' Frieden.

Generell stellt sich dieser Ansatz als eine asymmetrische Antwort auf eine potentielle Bedrohung durch herkömmliche – tendenziell hochtechnisierte – konventionelle Streitkräfte dar. Um es anders auszudrücken: Um zu ‚Stabilität' in ihren unterschiedlichen Dimensionen zu gelangen, ist also *kein Gleichgewicht strukturell ähnlicher militärischer Mittel erforderlich.*[3] Es muss auch nicht unter dem Rubrum des Gleichgewichts mit dem sicherheitspolitischen Gegenüber verhandelt werden. Im Gegenteil: Es eröffnet sich die Chance, durch selbständige Maßnahmen einer stabilitätsorientierten Umrüstung sowohl dem eigenen Schutz als auch der Sicherheit des anderen dienen zu können.

Das Denkmodell der Vertrauensbildenden Verteidigung setzt unter dem Aspekt der ‚intervenierenden Variable' an: Es geht insbesondere darum, jene Kalküle zu durchkreuzen, die einen Krieg raschen Erfolg zu annehmbaren Kosten versprechen lassen und die ihn deswegen attraktiv machen. Wir erinnern uns: Sowohl Sun Tze als auch von Clausewitz sprachen sich für den raschen Krieg aus, wenn denn keine andere politische Option bestünde, und fürchteten den lang sich hinziehenden. Komplementär dazu macht Mearsheimers Studie plausibel, dass im *Interesse der Kriegsverhinderung* die

---

3 Wie ernst es manche Alternativvorschläge mit der Absage an das Gleichgewicht offensiver Potentiale und Strukturen meinten, wird noch eingehend zu demonstrieren sein (siehe die Abschnitte 3.2.1, 3.2.2 und 3.3.2).

Antwort darauf nur sein könne, die Perspektive eines unkalkulierbaren Zeit-
und Kostenaufwandes zu eröffnen.

Schlagen wir schließlich den Bogen zurück zum Kategorischen Imperativ!
Bedrohungspotentiale abzubauen, Gelegenheiten für Angriffe zu vermeiden
und etwaige Schutzmaßnahmen rational sowie ressourcenadäquat zu planen,
sind sicherlich Maximen, deren Universalisierung vernünftigerweise nichts
entgegensteht: würde doch deren Befolgung durch alle relevanten Akteure
den jeweiligen Eigenschutz verbessern und die wechselseitige Bedrohung
minimieren. Die Frage ist allerdings, wie sich das skizzierte Denkmodell in
der Realität einlösen lässt. Dies ist, wie noch differenziert zu zeigen sein
wird, durchaus nicht trivial.

Es kann nämlich durchaus sein, dass sich bei der Entwicklung der Grund-
qualitäten des Modells (geringes Offensivpotential/Vermeidung struktureller
Verwundbarkeit/Effizienz und Kosteneffektivität) Zielkonflikte ergeben: dass
sich also nicht alles gleichermaßen gut erreichen lässt. Es geht also um
Optimierungsprozesse mit diesem oder jenem inhaltlichen Akzent: Was
bereits an dieser Stelle vermuten lässt, dass es nicht um ein vollkommenes
Erreichen der genannten Stabilitätsziele, sondern eher ‚nur' eine Annäherung
gehen kann.

2.6.3 Transparenz: Notwendig, aber prekär

Vor dem Hintergrund der Diskussion über die Kriegsursachen und insbesondere den Aspekt der intervenierenden Variable ist anzunehmen, dass
der dargebotene Ansatz zur ‚Erhöhung der Stabilitäten' nur dann seine
Wirkung entfalten kann, wenn er von potentiellen Kontrahenten in seinen
Qualitäten wahrgenommen und verstanden wird.

Doch wir haben bereits gesehen, dass eine entsprechende Perzeption durchaus nicht garantiert ist: von kulturell bedingter Voreingenommenheit und
struktureller Blindheit beeinträchtigt werden kann. Es ist also durchaus
vorstellbar und im Übrigen bereits geschehen, dass eine Verteidigung in ihrer
Abhaltequalität nicht respektiert und die Aggression gewählt wird.

Denken wir etwa an die Beispiele des Finnischen Winterkrieges und der
Erstickung des chinesischen Übergriffes auf die Volksrepublik Vietnam! Der
Respekt kam dann aber offenbar später, um – so die begründete Spekulation
– in die Zukunft hinein abhaltende Wirkung zu erzielen. Dies ist etwas
durchaus Positives, aber doch wohl nicht befriedigend.

Gefordert werden muss nämlich dem Ziel der Kriegsvermeidung gemäß, dass schon der erste Zusammenstoß vermieden wird. Dies kann nur dadurch geschehen, dass dem potentiellen Angreifer dabei geholfen wird, das besser zu verstehen, was der potentielle Verteidiger aufgebaut hat. Dazu empfehlen sich zwei Maßnahmenbündel, die beide unter das Rubrum der *Transparenz* fallen:

- *Erstens:* Eine Verteidigung, die im Sinne der explizierten Leitlinien konzipiert und strukturiert ist, hat gleichsam ‚von Haus aus' nichts Wesentliches zu verbergen. Ihr Dispositiv ist bodenständig und typischerweise raumdeckend (da keine offene Flanken präsentiert werden sollen). Es besteht für den Verteidiger prinzipiell keine Gefahr, entsprechende Rahmensetzungen, Beschaffungspläne oder auch bestimmte Vorkehrungen ‚zur Besichtigung freizugeben'. (Dies kann sich freilich nicht auf Daten zur Waffenwirkung, über die Verortung einzelner Waffenstellungen oder etwa die in der Defensive so wichtigen ‚Täuschziele' beziehen.)

– *Zweitens:* Die Transparenz kann auch dadurch wesentlich erhöht werden, dass mit den potentiellen Kontrahenten Vereinbarungen über Verfahren getroffen werden, die eine Entwicklung von Offensivpotential frühzeitig erkennbar machen. Wir sprechen in diesem Zusammenhang von den bereits erwähnten „Vertrauensbildenden Maßnahmen" (samt einschlägiger Prozeduren der Verifikation): also typischerweise der Ankündigung von Großmanövern und Vereinbarungen über den Austausch von Beobachtern. Dies gibt zum einen der auf die Defensive spezialisierten Verteidigung zusätzliche Sicherheit gegenüber einem eher herkömmlich gerüsteten Nachbarn. Und zum anderen diesem Nachbarn einen besseren Eindruck davon, dass die Defensive des anderen wirklich ernst gemeint ist.

Soweit die systematischen Wege zur Transparenz: Damit aber mögen – bei routinemäßigem Politikstil – die erwähnten strukturellen und mentalen Wahrnehmungs- und Verständnisbarrieren immer noch nicht überwunden werden können. Auf jeden Fall kann es deswegen nicht schaden, das was an stabilitätsfördernden Maßnahmen beabsichtigt ist, auf dramatische Weise zu annoncieren: im Sinne einer öffentlichkeitswirksamen *Inszenierung.* Wir denken in diesem Zusammenhang an die Leistungen Michail Gorbatschows auf sicherheitspolitischem Gebiet, von denen in dieser Studie noch die Rede sein wird.

3. Strukturalternativen im Kontext

3.1 Kalter Krieg: Militärische Entwicklungen

Es folgt ein grober Aufriss der Entwicklung strategischer Orientierungen in der Zeit zwischen dem Ende des Zweiten Weltkrieges und dem Fall der Mauer.[4] Im Mittelpunkt der Aufmerksamkeit steht die Perspektive der NATO und der in den Vereinigten Staaten etablierten Sicherheitspolitik. Dabei soll sowohl die prekäre Wahrnehmung des militärischen Kräfteverhältnisses als auch die Evolution der Doktrin für die Streitkräfte im Westen ins Visier genommen werden. Dies alles als Hintergrund für die anschließende Präsentation und Diskussion von verteidigungspolitischen Alternativen, insbesondere auf dem Gebiet konventioneller Rüstung, die sich als Antwort auf die Dilemmata der offiziellen Linie verstanden.

3.1.1 Umstritten: Das Kräfteverhältnis zwischen Ost und West

Blicken wir zurück in die Zeit des Kalten Krieges! In zumindest jährlichen Statements behaupteten die NATO-Zentrale sowie alle Verteidigungsministerien der Mitgliedstaaten eine beträchtliche Überlegenheit des Warschauer Paktes (Warschauer Vertragsorganisation/WVO) auf konventionellem Gebiet. Typischerweise wurde darauf hingewiesen, dass sich bei einer Gegenüberstellung der für Zentraleuropa relevanten Kräfte bei den wesentlichen Hauptwaffensystemen und den Großverbänden der Landstreitkräfte Überhänge des Ostens im Verhältnis von 2-3 : 1 ergäben (Department of Defense 1986: 59-91; BMVg 1979: 110-119).

Dies war seit Anbeginn so. Gleichwohl wurde dem geduldigen Publikum immer wieder – besonders intensiv aber gegen Ende der Breschnew-Ära – mitgeteilt (Nerlich 1982), dass sich der Vorteil des Warschauer Paktes bei den konventionellen Streitkräften vergrößert hätte. Dass über die Jahre hinweg immer wieder eine ähnlich große Überlegenheit des Ostens, zugleich aber auch deren Veränderung zu Ungunsten des Westens gemeldet wurde, fiel manch wachem Beobachter auf. Vielleicht nahm er auch wahr, dass in offiziellen Kräftevergleichen das Potential Frankreichs, welches ab 1967 zwar nicht mehr militärisch in die NATO integriert war, im Falle eines Falles aber doch wohl auf westlicher Seite relevant gewesen wäre, einfach unberücksichtigt blieb.

---

4   Eine grundsätzlich-systematische Aufarbeitung und Kritik der damaligen Konfrontation liefert Dieter Senghaas (1969).

Und man musste kein sonderlicher Experte sein, um zu bemerken, dass die NATO sich in ihren Kräftevergleichen nur eher wortkarg über die Luftstreitkräfte äußerte, bei denen der Westen dramatische Qualitäts- und Leistungsvorteile besaß (Brower 1986: 907 f.; Vogt 1989: 274), und dass Ost-West-Gegenüberstellungen maritimer Stärke von geradezu verzweifelten Versuchen gekennzeichnet waren, die Marine der Sowjetunion aufzuwerten (z. B. indem Korvetten der 1000 t-Klasse mit Fregatten von 3.000 t und mehr statistisch in einen Topf geworfen wurden).

Kurzum, es entstand der Eindruck, dass die von der NATO erarbeiteten Kräftevergleiche vor ihrer Herausgabe einer gewissen Kosmetik unterzogen wurden. Was hätten wohl die Motive für entsprechende Maßnahmen gewesen sein können?

Die Kräfterelation war offenbar weniger das Ergebnis eines Erkenntnis-prozesses als eher eine absichtsvolle Setzung. Diese wurde vermutlich so bestimmt, dass sich ein militärpolitisch erwünschter Kurs steuern ließ. Wenn die NATO als auf dem Gebiet konventioneller Rüstung relativ schwach dargestellt wurde, hatte dies zwei Vorteile:

Zum einen konnte daraus eine Rechtfertigung für die Beibehaltung und Weiterentwicklung von Nuklearwaffen für Kriegführungszwecke – also vor allem auch zur Kompensation konventioneller Defizite – gewonnen werden. Und dies war wichtig für den von US-amerikanischer Dominanz geprägten Zusammenhalt des Bündnisses. Zum anderen diente eine solche Setzung aber auch als Ansporn für Investitionen in den konventionellen Rüstungsbereich, nach dem Motto: Wenn wir auf konventioneller Ebene zu schwach bleiben, sind wir auf Nuklearwaffen allzu sehr angewiesen. Als gar zu schwindsüchtig hätte die herkömmliche Verteidigung des Westens eben auch nicht erscheinen dürfen, denn die atomare Rüstung als letztlich einzige Schutz-garantie erschien zunehmend riskant.

Stichwort ,Atomrüstung': In den amtlichen Dokumenten zum Kräftever-gleich bildete sich auch die Emanzipation der Sowjetunion zur zweiten, tendenziell gleichrangigen atomaren Supermacht ab. Es wurde auf der globalstrategischen, der ,eurostrategischen' sowie auch auf der Ebene der Gefechtsfeldwaffen eine Entwicklung hin zum Patt nachgezeichnet. Und diese Entwicklung erschien eher verifizierbar als die Behauptungen von signifikanter Überlegenheit und raschem Stärkezuwachs der konventionellen Rüstung des Ostens.

Trotz manch alarmistischer Äußerung, was die militärische Stärke der Sowjetunion samt der des Warschauer Paktes anbetraf, gab es im Westen doch ein gesundes Selbstbewusstsein: Der Osten hatte nur auf militärischem Gebiet ‚Weltniveau', der Westen aber war zwar auch, was sein bewaffnetes Potential anging, nicht von Pappe (manches davon wurde allerdings kaum hervor gekehrt), aber er genoss darüber hinaus bedeutende geostrategische, politische und ökonomische Vorteile (!).

Vor diesem Hintergrund kam das Londoner *Internationale Institut für Strategische Studien* in seiner jährlich erscheinenden „Military Balance" immer wieder lakonisch zu dem Ergebnis (IISS 1985: 185), dass der Osten zwar einige militärische Fortschritte gemacht hätte, diese aber weder in politischen Druck umgemünzt werden könnten, noch akute Gefahr bedeuteten. (Das IISS darf sicherlich mit gewisser Berechtigung als zumindest nicht NATO-fern charakterisiert werden.)

Während die NATO die skizzierte Linie bis zum Ende der Ost-West-Konfrontation durchhielt, meldeten sich im Laufe der 80er Jahre des vorigen Jahrhunderts unabhängige Experten in Europa (Chalmers/Unterseher 1988) und in den Vereinigten Staaten (Mearsheimer 1982; Cordesman 1983; Epstein 1988; Mearsheimer 1988 b) sowie auch dortige offizielle Stimmen (CBO 1988) zu Wort, die insbesondere im Hinblick auf das konventionelle Kräfteverhältnis ein deutlich anderes Bild zeichneten.

Dass damals vor allem die Kräfterelation auf konventionellem Gebiet in den Brennpunkt analytischer Aufmerksamkeit geriet, mag im Wesentlichen zwei Gründe gehabt haben. Da war zum einen die Krise der Nuklearstrategie, auf die noch näher einzugehen sein wird, und da ist zum anderen die simple Tatsache zu nennen, dass manch wache Geister von den entsprechenden NATO-Produktionen mittlerweile ‚die Schnauze voll hatten' und darauf brannten, ihre entwickelten Analysefähigkeiten an einem so komplexen Gegenstand, wie ihn der militärische Kräftevergleich darstellt, zu erproben.

Die Komplexität eines militärischen Kräftevergleiches, gerade auf konventionellem Gebiet, ist in der Tat enorm. Um nur einige Aspekte der Bewertung zu nennen: Da geht es nicht nur um Quantitäten und Qualitäten von Waffensystemen und Truppen, nicht nur um die Fähigkeit, Menschenmassen zu mobilisieren und über längere Strecken zu transportieren, nicht nur um die Leistung von Logistik sowie Aufklärungs-, Führungs- und Kommunikationssystemen, sondern etwa auch um die Doktrinen der konfrontierten Armeen (mehr offensiv oder defensiv), um die ‚Führungskunst' auf allen Ebenen der militärischen Organisation, um die Gelände- und mutmaßlichen Wetterbedingungen im Gebiet eines möglichen Zusammenstoßes, um die Koordination der Teilstreitkräfte, die Verlässlichkeit der jeweiligen Allianzen oder etwa die Tragfähigkeit der industriellen Basis hüben und drüben.

Besonders relevant erscheinende Variablen sind vom Budgetamt des Kongresses der Vereinigten Staaten bei einem auf die Landstreitkräfte bezogenen Kräftevergleich systematisch berücksichtigt worden (CBO 1988), wobei man sich auf frühe Vorarbeiten einer Studieneinrichtung der U.S. Army stützen konnte (U.S. Army 1974). In diesen Arbeiten war die Kampfkraft von Divisionen, auf der Basis von Expertenurteilen und in grober Annäherung, durch ihre Feuerkraft definiert worden. Um zu brauchbaren Ergebnissen zu kommen, hatte man die Kampfkraft einer US-Panzerdivision gleich 1 gesetzt, um dann den Wert etwa von Divisionen des Warschauer Paktes durch Bruchteile von 1 ausdrücken zu können.

Ein solcher Versuch, sowohl quantitative als auch qualitative Aspekte auf der Ebene militärischer Verbände zu berücksichtigen, wurde in der Untersuchung des Budgetamtes mit Studien integriert, welche über die Fähigkeit der beiden Seiten Aufschluss gaben, Truppen zu mobilisieren und über größere Distanzen an die zentraleuropäische Front zu werfen. Bemerkenswert: Untersuchungen dieses Zuschnitts blieben im Hinblick auf das resultierende Kräfteverhältnis alle sehr deutlich unterhalb der Bedrohungsannahmen NATO-offizieller Quellen.

Derartige Arbeiten durften allerdings nur als Vorstudien gelten für das, worauf es nach einem sich abzeichnenden Konsens unter den universitären Kräftevergleichsforschern, insbesondere in den USA, eigentlich ankam: Gemeint war eine „dynamische Analyse" im Sinne von „modelling". Ein solcher Ansatz sollte versuchen (Posen 1989: 147), „aus den Unwägbarkeiten, dem ‚Nebel des Krieges', die am relevantesten erscheinenden Variablen zu abstrahieren ... und deren Wechselbeziehungen einzufangen." (Übersetzung aus dem Englischen: L. U.)

Es sollte darum gehen, auf der Aggregat- bzw. der Makro-Ebene eine Konfrontation in ihren wesentlichen Zusammenhängen zu modellieren und dann auch computergestützt durch zu spielen. Nur auf diese Weise, so glaubte man, wäre es möglich (gewesen), von simplen Vergleichen der Werte verschiedener Einflussgrößen fort zu schreiten – zu einer Analyse, die Aussagen darüber gestatten würde, ob die eine oder andere Seite realistische strategische Angriffsoptionen hätte bzw. ob das jeweilige Gegenüber diese mit Aussicht auf Erfolg neutralisieren könnte.

Doch: Auch wenn Modelle prinzipiell Vereinfachungen der Realität darstellen, war in dem bezeichneten Zusammenhang mit einer großen Fülle von
Variablen zu rechnen. Und über die jeweilige Ausprägung dieser Variablen
gab es in vielen, allzu vielen Fällen nur Schätzwerte: mehr oder minder tragfähige Expertenurteile. Dies bedeutet, dass die Ergebnisse solcher Modellanalysen, die unter Eingeweihten durchaus Plausibilitätseffekte erzielten, es
schwer hatten, von weiteren Kreisen, etwa relevanten Entscheidungsträgern,
nachvollzogen zu werden. Es gab also ein Defizit an ‚intersubjektiver Geltung'.

Ein deutsch-britisches Team unternahm es dann (Chalmers/Unterseher 1988),
durch eine radikale Vereinfachung des analytischen Vorgehens zu einem
Ergebnis zu gelangen, das zugleich relativ realitätsnah *und* intersubjektiv
nachvollziehbar erschien. Es wurde bewusst darauf verzichtet, möglichst
viele für den Kräftevergleich relevante Variablen zu benennen und abzu-
schätzen. Und es ging auch nicht um eine „dynamische Analyse" als
Grundlage einer systematischen Diskussion von Optionen der Streitkräfte-
Entwicklung. Nein, das Ziel war wesentlich bescheidener:

Vorgeschlagen wurde nämlich, den unbestrittenen Eckpfeiler der offiziellen
Bedrohungskonstruktion zu bestimmen und diesen dann kritisch zu dis-
kutieren. Wenn es gelingen würde, dessen mangelnde Solidität oder gar
Schwäche überzeugend darzulegen, müsste damit, so die Annahme, das
Gesamtgebäude der Bedrohungsperzeption einstürzen.

Es ließ sich zunächst plausibel machen, dass für die NATO die östlichen
Kampfpanzer in Quantität *und* Qualität einen starken Eckpfeiler der
konventionellen militärischen Bedrohung darstellten. Es wurden dann alle
publizierten Schätzungen über die Zahl der östlichen Kampfpanzer sowie
darüber ausgewertet, wann wie viele solcher Kampfmaschinen nach
Ausbruch eines Konfliktes an der zentraleuropäischen Linie erscheinen
könnten. Entsprechendes Datenmaterial wurde auch für den Bereich der
NATO gesammelt. Für die abschließende Analyse akzeptierte man in aller
Regel die jeweils konservativsten Annahmen: also die relativ höchste Zahl
östlicher Kampfpanzer und die für den Westen ungünstigsten Allokations-
möglichkeiten.

Im Ergebnis zeigte sich, dass die östliche Überlegenheit, was die Zahl der
Kampfpanzer betraf, unmittelbar nach Ausbruch eines Konfliktes bei 1,4
bzw. 1,5 : 1 gelegen und dass sich dieses Verhältnis bei längeren Konflikt-
bzw. Mobilisierungsverläufen in Richtung auf 1 : 1 entwickelt hätte.

Komplementär zu dieser Analyse setzte eine sehr differenzierte Diskussion der Qualitäten von Kampfpanzern in Ost und West an. Sowohl hierzu als auch zum Aspekt der Quantitäten gab es glücklicherweise recht verlässlich erscheinende Daten, die sich übrigens nach Ende des Ost-West-Konfliktes im Wesentlichen bestätigten.

Um das Ergebnis kurz zusammenzufassen (Unterseher 1990: 749): „Wenn wir alle (wesentlichen) Faktoren in Betracht ziehen, lässt sich daraus schließen, dass die Kampfpanzer der NATO ihren Rivalen aus dem Warschauer Pakt qualitativ eindeutig überlegen sind und dass diese westliche Führungsposition aller Wahrscheinlichkeit nach nicht schwächer werden wird." Und: Keiner der quantitativen Vorteile, die der Osten in unterschiedlichen Mobilisierungsverläufen erreichen könnte, „ist groß genug, um seine beträchtlichen qualitativen Nachteile mehr als ausgleichen zu können."

Diese Untersuchung löste eine lebhafte Kontroverse unter Experten aus. Die erhoffte intersubjektive Geltung galt denn doch nicht für alle. Dabei erklärte ein ideeller Vertreter (Zaloga 1989: 183) des *Pentagon*, dass der Kampfpanzer *eigentlich* gar nicht mehr ein wesentlicher Eckpfeiler der Bedrohung aus dem Osten wäre. Dort hätte man inzwischen überzeugender als zuvor (was indirekt hieß: lange nach der NATO) eine Konzeption des ‚Gefechts der verbundenen Waffen' entwickelt, was bedeute, dass die ‚wirkliche' Bedrohung nun eher von den Kampfschützenpanzern, der mechanisierten Artillerie und den Angriffshubschraubern der anderen Seite ausginge.

Auf diese Kritik hin erklärten sich die Angesprochenen bereit, ihre Standardanalyse auch an den genannten Begleitvehikeln des Kampfpanzers durchzuexerzieren: in der Gewissheit, diese ‚neuen Eckpfeiler' der Bedrohung ebenfalls problemlos anbohren zu können.

Die Reaktion des amtlichen Analytikers ist lehrreich: erscheint doch sein Verständnis der Bedrohung offenbar als das einer Hydra, die – wenn man ihr einen Kopf (und zwar sogar den bis dato wichtigsten!) abschlägt – nach Belieben immer neue wachsen lassen kann. Künftige Studien, die irgendwo auf der Welt in der Absicht verfertigt werden, aus ‚Bedrohungsblasen die Luft heraus zu lassen', sollten auf ein derartiges Verhaltensmuster – also die Zähigkeit der Interessen, die hinter alarmistischen Aussagen stehen – vorbereitet sein (!).

Wenn auch die kritischen Studien der 80er Jahre des vorigen Jahrhunderts das Kräfteverhältnis zwischen Ost und West bei den Landstreitkräften als nicht wirklich unausgewogen erscheinen ließen, und obwohl das westliche

Bündnis sich im Rückblick als damals extrem überlegen darstellt, wenn es um die Dimensionen ‚Luft' und ‚See' geht, hat sich dennoch nach dem Ende der Block-Konfrontation an den Stammtischen und ihren publizistischen, politischen sowie akademischen Äquivalenten eine Einschätzung etabliert, die sich wie folgt fassen lässt: *Der Osten war dem Westen erdrückend überlegen, und die Atomwaffen haben für den nötigen Ausgleich gesorgt. Deren Existenz – auf beiden Seiten – ist im Übrigen wesentlich dafür verantwortlich, dass der Kalte Krieg nicht in einen heißen umschlug.* Dieses positive Urteil führt uns zur Frage nach der Rolle der Atomwaffen und der entsprechenden strategischen Konzeptionen in der genannten Periode.

3.1.2 Nuklearstrategie: Ein multiples Dilemma

Die Entwicklung nuklearstrategischer Reflexion begann bereits im Zusammenhang mit dem ersten und bisher letzten Kriegseinsatz von Atombomben (Brodie 1946). Eine Kette von Schüben der Differenzierung und ein anschwellender Expertendiskurs über die Abschreckung und Kriegführung mit Atomwaffen wurden aber erst dann in Gang gesetzt, als die Vereinigten Staaten mit der ersten von der Sowjetunion durchgeführten Testexplosion im Jahre 1949 ihr Monopol verloren. Fortan war vom „Gleichgewicht des Schreckens" als Voraussetzung des Friedens bzw. Nicht-Krieges die Rede (Møller 1995: 252 f.).

In den ersten Jahren, als atomare Gefechtsfeldwaffen noch nicht zur Verfügung standen, bezog sich das Bemühen, mit atomarer Rüstung einen Kriegsausbruch zu verhindern, im Wesentlichen auf die strategische Ebene. Jeder Block, mit seinen wertvollen Zielen: wie etwa Bevölkerungszentren, war in einem ganzheitlichen Sinne des anderen Geisel. Man sprach vom „Gleichgewicht des Schreckens" oder „Mutually Assured Destruction" (MAD), was sich mit „gegenseitig gesicherter Vernichtung" übersetzen ließe. Aus westlicher Perspektive sollten die Atomwaffen aber nicht nur zu einer wechselweisen strategischen Blockade dienen, sondern auch für den Fall eines drohenden Angriffes aus dem Osten mit konventionellen Kräften abschreckend wirken oder bei Versagen der Abschreckung als Ausgleich behaupteter eigener Unterlegenheit dienen (Afheldt 1976: 75-81).

Doch erschien es den Verantwortlichen schon recht bald unsinnig, auf eine konventionelle Herausforderung (die sich möglicherweise gar als begrenzt hätte erweisen könnten) mit dem großen Knüppel nuklearstrategischer Mittel zu reagieren. Zumal eine solche Aktion eine Reaktion der anderen Seite auf der selben Ebene hätte provozieren können. Es ergab sich also ein Problem der Glaubwürdigkeit (Kaufmann 1956: 12-28). Deswegen wurde schon bald an Optionen unterhalb der nuklearstrategischen Ebene gearbeitet: So gab es bereits um die Mitte der 50er Jahre des vorigen Jahrhunderts in Mitteleuropa US-amerikanische Atomwaffen für Gefechtsfeldzwecke. Und die Sowjetunion kopierte diesen Trend: allerdings mit einem gewissen Zeitverzug und einer Technologie, die hinter der bereits damals gegebenen Fähigkeit der US-Streitkräfte, die Wirkung atomarer Waffen relativ fein zu dosieren, zunächst noch zurückblieb.

Es begann ein Wettlauf beider Seiten, die Atomwaffen immer ‚kriegführungsfähiger' zu machen. Solche Waffen sollten eigenen konventionellen Truppen den Weg bereiten oder auch Lücken im jeweils bedrohten Streitkräfte-Dispositiv schließen (helfen). In diesem Sinne wurden über Jahrzehnte hinweg Verbesserungen vorgenommen, die sich etwa wie folgt zusammenfassen lassen: Landbewegliche Systeme wurden kompakter und mobiler, luftbewegliche Trägermittel am Boden besonders geschützt. Hinzu kam eine Steigerung von Zuverlässigkeit und Reaktionsschnelligkeit der Einsatzmittel. Es entwickelte sich ein breites Reichweitenspektrum vom unteren taktischen Bereich bis hin zur operativen Ebene. Und schließlich wurden die Präzision der Waffen und die Dosierbarkeit ihrer Wirkung enorm erhöht. Am Ende ging diese Entwicklung so weit, es wurde bereits angedeutet, dass der Westen auf dem Gebiet der Kriegführungsfähigkeit atomarer Waffen gegenüber dem Osten praktisch keinerlei Vorteile mehr hatte (Stratmann 1981: 176 ff./227; Huntington 1983-84: 32 f.).

Neben der Entwicklung von immer mehr nuklearen Einsatzoptionen wurde im Rahmen der NATO freilich schon frühzeitig auch eine Stärkung der eigenen konventionellen Komponente betrieben. Zwar glaubte man nie, aus Gründen, die bereits angesprochen wurden, auf atomare Waffen in einer prominenten Rolle verzichten zu können, doch ging es auch auf diesem Gebiet um die Schaffung zusätzlicher Optionen. Die Entwicklung eines möglichst breiten Spektrums militärischer Reaktionsmöglichkeiten erschien geradezu als Königsweg der Abschreckung. In diesem Sinne wurde nach langer Vorarbeit im Jahre 1967 die NATO-Doktrin der „Flexible Response" formell etabliert (Stromseth 1988; Møller 1995: 131 f.).

In der Essenz fordert diese Doktrin, dass einem möglichen Gegenüber keinerlei Sicherheit, die eigene Reaktion auf eine militärische Herausforderung betreffend, gegeben werden darf. So erschien vorstellbar, dass etwa ein mit begrenzter Unterstützung durch atomare Gefechtsfeldwaffen vorgetragener konventioneller Angriff mit einer ebensolchen Kombination oder aber ganz anders zu beantworten gewesen wäre: durch eine rein konventionelle Verteidigung, nur durch den Einsatz atomarer Gefechtsfeldwaffen – allerdings in stärkerer Konzentration, durch einen nuklearstrategischen Warnschlag ins Leere oder aber auf ein isoliertes Ziel größerer Bedeutung usw. Analog ging es auch darum, einen konventionellen Angreifer vor das Dilemma zu stellen, ob man auf der selben Ebene antworten oder – wie auch immer – atomar eskalieren würde. Überdies sollte ein möglicher Herausforderer über Zeitpunkt und Lokalität einer möglichen Reaktion der NATO so weit wie möglich im Unklaren gelassen werden.

Kernstück dieser Doktrin war das Pochen der NATO darauf, im Falle eines wie auch immer gearteten Angriffes das Recht auf einen Erstgebrauch („First Use") von Atomwaffen zu haben. Diese Festlegung der NATO gilt noch heute. Wesentlich dabei ist wiederum die Glaubwürdigkeit. Die andere Seite soll annehmen, dass der Einsatz von Atomwaffen durch die NATO nicht mit hoher Wahrscheinlichkeit ausgeschlossen werden kann. Und diese Glaubwürdigkeit sollte der damals herrschenden Leere gemäß vor allem dadurch erzielt werden, dass man Atomwaffen hätte einsetzen können, ohne unbedingt immer eine Eskalation befürchten zu müssen. Es ging also vor allem auch um die immer wieder beschworene „Eskalationsdominanz": Gemeint war die Befähigung dazu, einen Gegner flexibel, wohldosiert sowie mit begrenztem Ziel zu treffen und ihm zugleich durch die Demonstration eigener Eskalationsmöglichkeiten davon abzuhalten, selbst eine höhere Stufe der Auseinandersetzung zu erklimmen (Stromseth 1988).

Vor diesem Hintergrund lassen sich für die Nuklearstrategie der NATO und insbesondere ihre Entwicklung in der späteren Zeit der Ost-West-Konfrontation zumindest drei wesentliche Dilemmata erkennen, die im Folgenden zu skizzieren sind:

- *Erstens,* wird die Kriegstauglichkeit von atomaren Waffen erhöht, um mit Hilfe der dadurch angestrebten „Eskalationsdominanz" die Glaubwürdigkeit einer Einsatzoption zu steigern, wächst damit die Bedrohung – und deren Wahrnehmung – für den potentiellen Gegner (Afheldt 1983: 13-18). Dies dürfte von ganz besonderer Relevanz sein, wenn in einer politischen Krise die Perzeption und Interpretation der Absichten des jeweils anderen noch größeren Störungen unterliegen als üblicherweise. Auf diese Weise könnten Präemptionskalküle – also der Eindruck und Überlegungen, unmittelbar zuvorkommen zu müssen – Nahrung erhalten. Dabei käme etwaigen Präemptionsbemühungen die Tatsache entgegen, dass es sich bei den als bedrohlich wahrgenommenen atomaren Einsatzmitteln um solche handelt, die typischerweise landgestützt sind, womit sie prinzipiell erreichbare Ziele darstellen (Beispiele: motorisierte Raketen-starter in ihren Standorten oder auf dem Marsch bzw. Jagdbomber auf ihren Basen).

Neben die mögliche Wahrnehmung einer Bedrohung tritt also die Ge-legenheit: die Chance, mit Aussicht auf Erfolg zuvorkommen zu können. Und wenn die Ziele eines solchen Zuvorkommens „gehärtet" sind oder bereits im Begriff, sich in einem Operationsgebiet zu verteilen, dann mag es wahrscheinlicher werden, dass zu ihrer Bekämpfung Atomwaffen eingesetzt werden. Wir notieren: Glaubwürdigkeit der Abschreckung durch Kriegführungsfähigkeit erreichen zu wollen, bringt also Stabilitäts-risiken mit sich.

- *Zweitens,* existierte ein grundlegender Interessengegensatz zwischen den Vereinigten Staaten, die den nuklearen Schutzschirm gewähren sollten („extended deterrence") und dies offiziell auch beteuerten, sowie jenen Europäern, die diese Rückversicherung beanspruchten. Unterhalb der Ebene von deklarierter Zusicherung des Schutzes durch die strategischen Nuklearwaffen der Vereinigten Staaten gab es jenseits des Atlantiks immer auch – und zunehmend – verantwortliche Akteure und Experten-stimmen, denen es um eine Stärkung der Verteidigung Europas ‚vor Ort' ging, um einen bewaffneten Konflikt auf die Zone des Zusammenstoßes begrenzen zu können. In dieser Linie sind manche Initiativen zur Stär-kung der konventionellen Streitkräfte in Mitteleuropa (ESECS I 1983), aber auch die dynamische Entwicklung atomarer Gefechtsfeldwaffen zu sehen.

Es ging wohl nicht unbedingt darum, das Geschehen in Europa vom Schicksal der Vereinigten Staaten prinzipiell abkoppeln zu wollen, aber doch immerhin um Optionen, eine solche Trennung notfalls vornehmen zu können. Besonders radikal war eine Gruppe prominenter Sicherheits-experten (UCS 1983), die dafür plädierten, im Interesse der Vereinigten Staaten auf die First-Use-Orientierung zu verzichten. Offenbar konnten sie sich die Austragung eines Konfliktes zwischen Warschauer Pakt und NATO vorstellen, der auf Mitteleuropa begrenzt sein und nur mit konven-tionellen Waffen ausgetragen werden würde.

Demgegenüber hatten die Eliten jener NATO-Länder, die ohne Atom-waffen waren, eine Perspektive, die eher auf eine Ankopplung europä-ischer Sicherheit an die der USA setzten (Stratmann 1981: 56-64). Dabei figurierten in ihrem konzeptionellen Denken gerade jene Waffensysteme, die von den USA auch im Sinne der Möglichkeit einer Regionalisierung

des Konfliktes entwickelt worden waren, in der Rolle von ‚Ankopplungs-
vehikeln': Gemeint sind wiederum die atomaren Gefechtsfeldwaffen, aber
auch die sogenannten eurostrategischen Systeme (*Pershing* 2 und *cruise
missiles*).

-   *Drittens*, mit etwas Abstand betrachtet: Die NATO-Doktrin der „flexiblen
    Antwort" will nicht so recht zur politischen Kultur der westlichen Demo-
    kratien passen, die sich doch als besonders hoch entwickelte Ausprägung
    einer Regierungsform darstellen, in der rationale Strategiewahl ganz be-
    sondere Chancen hat. Denn das Beharren auf der prinzipiellen Bereit-
    schaft zum „First Use" und die Hoffnung darauf, im Falle eines Falles
    Eskalationsdominanz erreichen zu können, ohne die ein Erstgebrauch von
    Atomwaffen Selbstmord wäre, erscheint durch und durch irrational.

Welche Ironie steckt doch in der Annahme, dass solche Irrationalität nur
dann positive – nämlich den Krieg verhindernde oder eindämmende –
Wirkungen haben kann, wenn die andere Seite, die Führung eines durch
und durch maroden autoritären Systems, sich mustergültig rational
verhält. Im Grunde sage ich einem Kontrahenten, der um des Funk-
tionierens meiner Drohung willen rational sein *muss*: „Schieß' nicht auf
mich, denn ich könnte etwas ganz Verrücktes anstellen!" Was aber, wenn
der andere auch verrückt ist oder aber in solche Ängste getrieben wird,
dass er etwas Verzweifeltes tut?

Hätte eine so widersprüchliche Entwicklung auf Dauer zum Frieden beitragen können? Schwerwiegende Zweifel erschienen gerechtfertigt. Wie dem
auch sei: Einer weiteren Zuspitzung der Konfrontation, als Fortsetzung der
stabilitätsgefährdenden Trends auf dem Gebiet der Nuklearstrategie, aber
auch – wie wir noch sehen werden – auf der Ebene konventioneller Rüstung,
machte die Führung der Sowjetunion schließlich ein Ende (Gorbachev 1988):
durch ein selbständiges, mit niemandem verabredetes oder ausgehandeltes
Ausscheiden aus der Bedrohungskonkurrenz, dem dann bald der Zerfall des
gesamten östlichen Blockes folgte. Dies geschah wesentlich aus Gründen, die
in den inneren Widersprüchen des real-existierenden Sozialismus wurzelten.
Der kräftezehrende militärische Wettstreit dürfte dabei aber durchaus
beschleunigend gewirkt haben.

In diesem Kontext bleibt noch zu notieren, dass die Sowjetunion, mitsamt
ihrem Lager, vor dem Ausscheiden aus der ‚Systemkonkurrenz' wahrscheinlich sehr viel weniger aggressiv oder ‚imperialistisch' gepolt war, als dies im
Westen von interessierten Kreisen notorisch unterstellt wurde (MccGwire
1987). Ein Großteil ihrer damals als bedrohlich perzipierbaren Rüstung ist

zumindest im Rückblick als Reaktion auf entsprechende Maßnahmen der USA und der NATO zu verstehen (man denke etwa nur an den ‚nachgeahmten' Bau einer aufwendigen nuklearstrategischen U-Bootflotte!). Eine schlechte Nachahmung in der Tat: Die sowjetische Antwort kam in aller Regel mit klarem Zeitverzug und verlangte unverhältnismäßige Anstrengungen (Stefanick 1987).

Manches spricht dafür, dass es der sowjetischen Führung wesentlich darum ging, das eigene Land bzw. System zu entwickeln und nicht unkalkulierbaren Risiken auszusetzen (ebd.). Es fehlte also einfach an der ‚bösen Absicht'. Zudem darf angenommen werden, dass selbst bei Vorliegen einer aggressiven Intention in der Möglichkeit eines Zusammenstoßes mit dem Westen ein unerträgliches Risiko gesehen worden wäre und zwar jenseits aller Betrachtung militärischer Potentiale. Hätten sich doch, auch in der Wahrnehmung der sowjetischen Führung, gegenübergestanden: ein unzureichend und ungleichgewichtig entwickelter Block aus Staaten und Völkerschaften, die durch Zwangsmaßnahmen eher notdürftig zusammengehalten wurden – und eine reiche, sich dynamisch entwickelnde Gemeinschaft selbstbewusster Länder mit relativ guter Kooperation und starker Führung.

Spekulation: Vielleicht ahnten die westlichen Eliten, dass es sich beim Sowjetblock um einen höchst konservativ und vorsichtig geführten Widerpart handelte. Und vielleicht hüteten sie diese Ahnung wie ein kleines, schmutziges Geheimnis, um so etwas ungezwungener risikoreiche Macht- und Militärpolitik treiben zu können.

3.1.3 Offensive Konventionalisierung: Zwei Denkschulen

Am Anfang der 80er Jahre des vorigen Jahrhunderts wuchs in der Öffentlichkeit zahlreicher Mitgliedstaaten des westlichen Bündnisses die Protestbewegung gegen die Atomrüstung im Allgemeinen und gegen die entsprechende Strategie der NATO im Besonderen. Jene Widersprüche und Dilemmata, von denen bereits die Rede war, wurden freilich auch im Kreise der Militärexperten mit zunehmender Besorgnis gesehen. Wenn man sich auch wohl nicht eingestand, dass auf der Linie der Entwicklung von Atomwaffen und Nuklearstrategie Kriegsrisiken lauerten, verbreitete sich doch die Erkenntnis, dass eine derartige Rüstung keine tragfähigen Optionen eröffnete, in Zeiten der Bedrohung aktiv Stabilität zu garantieren.

Samuel P. Huntington, der bekannte US-amerikanische Politikwissenschaftler, der in Europa allerdings eher durch seinen „Kampf der Kulturen" bekannt ist, resümiert damals stellvertretend für viele, sinngemäß zitiert (Huntington 1983-84: 32 ff.):

In einer Zeit, in der zwischen Ost und West ein atomares Patt auf allen Ebenen – taktisch-operativ, eurostrategisch und strategisch – erreicht worden ist, verlieren die Nuklearwaffen ihre militärische Brauchbarkeit und damit auch ihren politischen Sinn. Die Konzeption des Ersteinsatzes von Atomwaffen wird prekär, weil sie ihre Glaubwürdigkeit eingebüßt hat.

Folglich richtet Huntington seinen Blick auf das Gebiet der konventionellen Streitkräfte, deren Kräfteverhältnis und Doktrin. Er findet die damals bestehende „Vorneverteidigung" der NATO, diese setzte ihre ,Hauptkampfzone' ungefähr 30 bis 40 km westlich der Demarkationslinie in Mitteleuropa an, nahezu homogen aus schwergepanzerten, feuerstarken und beweglichen Großverbänden bestehend. Im Einklang mit damals aktuellen, nichtamtlichen Studien zum Vergleich der Landstreitkräfte in und für Mitteleuropa (Mearsheimer 1982; Cordesman 1983) kann er – bei Berücksichtigung quantitativer *und* qualitativer Faktoren – keine dramatische Unterlegenheit des Westens erkennen. Gleichwohl formuliert er doppelte Kritik:

Zum einen meint Huntington, dass die doktrinäre Verpflichtung der NATO-Großverbände auf die Verteidigung einer Linie, selbst bei beweglicher Gestaltung im taktischen, kleinräumigen Rahmen, das wahre Talent dieser militärischen Formationen ungenützt lasse. Jedoch sei, ohne viel mehr Geld ausgeben zu müssen, eine beträchtliche Leistungssteigerung möglich, wenn die NATO-Divisionen die Freiheit erhielten, weiträumigen Bewegungskrieg („maneuver warfare") zu führen: und zwar vielleicht flexibel zurückweichend, um Stöße eines möglichen Aggressors besser auffangen zu können, aber vor allem auch *mit der Option tiefer Angriffsoperationen in das Territorium des Gegenübers hinein.*

Die Kriegsverhütung ruhe nach der sich abzeichnenden wechselweisen Neutralisierung der nuklearen Kräfte immer mehr auf den Schultern der konventionellen Truppen. Nur wenn diese zu massiven und weitreichenden Vergeltungsschlägen von ihrer Struktur und Doktrin her bereit wären, könnte ein aggressives Gegenüber von einem Eroberungskrieg abgeschreckt werden. Eine Verteidigung, die sich auf das bloße Abhalten („denial") beschränkt, widerspreche der Logik und den Traditionen strategischen Denkens (Huntington 1983-84: 36). Abschrecken lasse sich letztlich nur durch das Androhen von Bestrafung („punishment"): dadurch, dass die andere Seite mit der Möglichkeit konfrontiert werde, unkalkulierbaren Schaden zu erleiden. (Wir erkennen die Handschrift der realistischen Schule.)

Wie bereits demonstriert, legen aber systematisch-historische Studien nahe, dass eine solche Offensivkonzeption eher weniger zur Kriegsvermeidung beiträgt. Huntington scheint dies zu spüren und spielt wohl auch deshalb den Fall des Versagens konventioneller Abschreckung mit Akribie durch, wobei sich für ihn offenbar ungeahnte, jedenfalls bis dato nicht explizierte, Perspektiven ergeben. Wie also sieht sein Rezept für den Krieg in Mitteleuropa aus?

Aufgabe der von ihm propagierten Vergeltungsoffensiven ist es nicht nur, durch tiefes Eindringen die militärische Infrastruktur der vorwärts stürmenden Großverbände des Aggressors zum Einsturz zu bringen, sondern auch Unruhe unter der Bevölkerung zu stiften d. h., die Satellitenstaaten möglichst aus dem östlichen Block heraus zu brechen. Mit einer kartografischen Darstellung angenommener Stoßrichtungen beweist der prominente Politologe Kreativität (ebd.: 50). Danach zielt ein Panzerkeil der Bundeswehr von Hof auf Leipzig. Von einem Brückenkopf bei Rostock aus steuert eine Angriffsoperation Südost. Ein US-amerikanischer Vorstoß über Karlovy Vary bedroht alternativ Prag oder Dresden und hätte das Potential, nach Schlesien vorzudringen. Diese Karte zeigt allerdings auch, dass – während NATO-Verbände ihr Heil in der Tiefe des Ostens suchen – die des Warschauer Paktes über Hannover, Göttingen und Fulda hinaus nach Westen dringen.

Hat dieses Modell ‚Drehtür' (besuchst du mich, besuch' ich dich) nicht das Potential eines irrwitzigen Karussells? Erinnert es uns nicht an die empirisch fundierte Aussage, dass Kriegsausbrüche dann wahrscheinlicher werden, wenn beide Parteien sich zu Angriffen konzentrieren und dadurch die Gelegenheit nur schwach geschützter Räume bieten? Ist also ein solcher Ansatz nicht höllisch riskant? „Überhaupt nicht", meint Huntington, denn die andere Seite könne einen Schlag in ihr Hinterland weniger gut verdauen als die NATO eine Operation gegen das eigene (ebd.: 42):

„Eine konventionelle Vergeltungsstrategie gründet sich auf die Annahme, dass die westdeutschen Reserven, die Territorialverteidigung und die Bevölkerung gegen eine Besetzung durch sowjetische Armeen einheitlicheren, umfassenderen und entschlosseneren Widerstand leisten werden als die ostdeutschen, tschechischen, polnischen sowie ungarischen Streitkräfte und Bevölkerungen, wenn sie von ihren sowjetischen Besatzern befreit werden. Wenn diese Annahme nicht gerechtfertigt ist, stünden nicht nur die

Grundlagen einer konventionellen Vergeltungsstrategie, sondern auch die der NATO in Frage." (Übersetzung aus dem Englischen: L. U.)

In der Essenz heißt dies: Wenn die NATO, vertreten vor allem durch die deutsche Verteidigung, sich im Duell – im Abtausch von Tiefschlägen – im Vergleich mit der anderen Seite nicht als standfester erweist, hat sie ihre Daseinsberechtigung verloren. Huntington mildert diesen offenkundigen Zynismus etwas dadurch, dass er den konstruktiven Vorschlag macht, die Basis der westlichen Verteidigung, und damit den Ausgangspunkt für die konzipierten Vergeltungsschläge, besser zu schützen, und zwar durch eine Anleihe bei jenen Modellen der Spezialisierung auf die Defensive, die damals bereits in der Diskussion waren (und denen wir uns noch widmen wollen). Wir sehen darin ein gutes Beispiel konservativer ,Umarmungs-taktik'.

Im Ergebnis wäre eine solche Verteidigung sicherlich leistungsfähiger. Huntington gesteht sich und seinem Publikum allerdings nicht ein, dass die damit maximierte Bedrohung des sicherheitspolitischen Gegenübers zu durchaus unwillkommenen Reaktionen hätte führen können: wie etwa einem Rüstungsschub, einer extremen Verschlechterung des politischen Klimas oder, in einer Krise, zu gefährlichen Präemptions- bzw. Eskalationskalkülen.

In der Zeit, in der Huntington seine Gedanken für die Apologie des Ver-geltungsschlages schärfte, entwickelte die U.S. Army unter dem Titel „AirLand Battle" ein neues operatives Konzept (Romjue 1984). Dieses kam zwar ohne die realistische ,Hintergrundphilosophie' Huntingtons aus, zeigte aber auf der Ebene des Gebrauchs und der Einsatzziele konventioneller Truppen eine sehr enge Verwandtschaft. Auch der Army ging es darum, sich von der Fesselung schwergepanzerter, mobiler Großverbände an die Vertei-digung einer Linie (,,Active Defense" im US-Sprachgebrauch) zu verabschie-den und sich die Perspektive des weiträumigen Bewegungskrieges zu er-schließen.

Es ging um das Erwirtschaften zusätzlicher Handlungsoptionen gegenüber dem Warschauer Pakt bzw. der Sowjetunion, die der damalige US-Präsident Ronald Reagan als „Reich des Bösen" bezeichnet hatte. Zu Beginn lief die Entwicklung dieser Konzeption in Richtung „Konventionalisierungsstra-tegie" mit deutlich offensiven Zügen. Den Planern wurde aber alsbald klar, dass im Falle eines Falles, nämlich eines tiefen Stoßes in den Satellitengürtel mit seiner prekären Loyalität, für die Führung der Sowjetunion ein Grad der Bedrohung gegeben sein würde, der aus der Defensive heraus einen verzweifelten Nuklearschlag auslösen könnte (und zwar z.B. gegen die verwundbaren Kräftekonzentrationen des Westens). Deswegen sah die „AirLand-Battle-Doktrin" schließlich die Option vor, auch nuklear jederzeit und wohl dosiert reagieren zu können: Man sprach in diesem Sinne vom „Integrated Battlefield".

Diese Doktrinentwicklung fand ihre Entsprechung in einer neuen Konzeption für die operative Ebene der British Army (Belde 1985). Das militärpolitische Establishment der Bundesrepublik Deutschland reagierte aber anders: Zum einen erklärte man, dass „AirLand Battle" ein nationales Produkt der USA sei und nicht unmittelbar auf mitteleuropäische Verhältnisse bzw. auf die Operationsweise der deutschen Bundeswehr übertragen werden könne. Zum andern wurde die überseeische Doktrinentwicklung heruntergespielt (Stratmann 1984): Es handele sich „nur" um eine Konzeption auf der operativen – also der intermediären – Ebene zwischen Strategie und Taktik. Die defensive Grundorientierung der NATO-Strategie sei dadurch nicht tangiert.

Dies allerdings war nicht überzeugend: Ob ein bestimmter gepanzerter Vorstoß eine nur „operative" oder aber eine „strategische" Qualität hat, ist letztlich eine Sache der Wahrnehmung durch den Bedrohten. (Denken wir in diesem Zusammenhang an den englischen Spruch: „Beauty is in the eye of the beholder!") Konkret: Ein Vorstoß nur weniger Panzer- bzw. Panzergrenadierdivisionen, über die Demarkationslinie hinweg, in Richtung Magdeburg hätte zwar vom Kräfteansatz her nur operatives Gewicht gehabt, wäre aber mit hoher Wahrscheinlichkeit als eher totale Herausforderung verstanden worden. Wie dem auch sei: Es gibt Hinweise darauf, dass Führungskreise der bundesdeutschen Streitkräfte zumindest in ihrem Denken von der US-amerikanischen Entwicklung beeinflusst waren (Farwick 1983).

Neben dem Trend zur ‚Offensivierung' der Einsatzgrundsätze, im Sinne eines Bewegungskrieges der Landstreitkräfte, gab es freilich noch einen weiteren Ansatz, der zumindest auf politischer Ebene bedeutender erschien. Gemeint ist das, was sich mit den Begriffen „Rogers-Plan" und „Follow-On-Forces-Attack (FOFA)" verbindet (Rogers 1983; ESECS I 1983; ESECS II 1985). Dabei ging es um ein vom NATO-Oberbefehlshaber in Europa in der ersten Hälfte der 80er Jahre des vorigen Jahrhunderts lanciertes und im Kreis der Verbündeten abgestimmtes Vorhaben, das sich folgendermaßen skizzieren lässt.

Die Bindung der Landstreitkräfte an die Vorne-, im Gegensatz zu einer ‚Vorwärtsverteidigung', sollte unangetastet bleiben. Denn eine allgemeine Anpassung der militärischen Operationsdoktrin auf NATO-Ebene im Sinne der Option offensiven Bewegungskrieges erschien im doppelten Sinne problematisch: Nicht alle Verbündeten wären davon zu überzeugen gewesen, und das Verhältnis zur Sowjetunion und ihren Satelliten hätte sich mit hoher Wahrscheinlichkeit weiter verschlechtert.

Stattdessen wurde vorgeschlagen, die Vorneverteidigung durch ein zwiefaches Maßnahmenbündel zu stärken bzw. im Falle einer Bedrohung zu entlasten. Zum einen ging es um eine unmittelbare Stärkung der Halte-fähigkeit – durch eine Verbesserung der Aufklärungs- und Kommunikations-fähigkeit sowie vor allem aber durch eine üppige(re) Ausstattung mit Präzisionslenkwaffen kürzerer Reichweite und modernen Sperrmitteln. Zum anderen wurde angestrebt, im Falle eines Angriffs aus dem Osten jene militärischen Großverbände sowie auch Luftbasen und sonstige wichtige Einrichtungen in der Tiefe des gegnerischen Gebietes besser bekämpfen zu können, die als Reserven für die Frontverbände vorgesehen bzw. wichtig für deren Unterstützung gewesen wären. Insbesondere erschien es im Rahmen dieses Denkmodells interessant, die – wie man annahm – in Wellen aus dem Osten nachrückenden Großverbände an Engpässen, z. B. Brücken oder anderen Flussübergängen, aus der Luft zu stoppen und dort zu zerschlagen (Follow-On-Forces-Attack).

Als Mittel solcher Schläge (*Deep Strikes*) waren sowohl – auf verwundbaren Basen stationierte (!) – taktische Luftstreitkräfte als auch taktisch-operative Raketen der Bodentruppen vorgesehen, die mit hochpräziser Navigation und „Endphasenlenkung" vorzugsweise konventionelle Munitionen ins Ziel bringen sollten. Präzisionsschläge in die Tiefe, und zwar mit neu entwickelten konventionellen Gefechtsköpfen bzw. Bomben, erschienen damals zum ersten Mal in großem Stile machbar und waren deswegen im Expertenkreis in aller Munde.

Wäre der Rogers-Plan realisiert worden, hätte sich damit für die andere Seite wahrscheinlich eine Steigerung der Bedrohung ergeben. Zum einen wäre die Basis des Westens, der ‚Schild', gestärkt worden und zugleich hätte die Herausforderung aus der dritten Dimension, im Sinne einer ‚Schwert-Funk-tion', zugenommen. Vergleichbare Ansätze gab es, wie wir noch sehen wer-den, auch unter den Modellen zur Verteidigung Mitteleuropas, die fälsch-licherweise eine betonte Defensivorientierung reklamierten.

Aber zurück zum Rogers-Plan! Dieser Plan beanspruchte im Hinblick auf die vorgesehenen technischen Mittel nicht nur Effizienz, sondern auch Kosten-effektivität. Dennoch wäre seine Realisierung keineswegs umsonst zu haben gewesen. Die in diesem Sinne vorgeschlagene und im Kreise der NATO-Verbündeten abgestimmte Erhöhung der nationalen Verteidigungshaushalte kam freilich nicht oder doch nur in Ansätzen zustande. So blieb das Projekt im Wesentlichen Makulatur.

Dazu passt, dass auch die mit AirLand Battle ausgelöste Doktrinentwicklung, wie bereits angedeutet, nicht wirklich bündnisweite Relevanz erreichte. Sie blieb auf die Bemühungen einzelner – allerdings relevanter – Nationen beschränkt, die überdies Schwierigkeiten hatten, ihre Vorhaben hinreichend untereinander abzustimmen und im geistigen Bezugsraster der militärischen Führer, die meist noch in einem anderen, defensiveren Rahmen sozialisiert worden waren, zu verankern.

In beiden skizzierten Ansätzen zeigten sich Aspekte einer „Sowjetisierung der NATO", wie der Politikwissenschaftler und Friedensforscher Dieter Senghaas es genannt hat. (Gemeint war eine Kopie vermuteter offensiver Merkmale östlicher Militärdoktrin.) Es ging um die Erschließung zusätzlicher Handlungsoptionen und vor allem um die Möglichkeit, in Europa mit Aussicht auf Erfolg, freilich ungehemmt von besonderer Rücksichtnahme auf die dort Lebenden, Krieg führen zu können, ohne auf das nukleare Arsenal mit seinen Eskalationsgefahren zurückgreifen zu müssen (wobei AirLand Battle allerdings in seiner planerischen Konsequenz, wie gezeigt, wieder in das klassische Dilemma geriet). Dass beide Ansätze aus den USA kamen, ist nicht weiter verwunderlich. Verwunderlich eher, dass sich in die Propagierung des Rogers-Planes durchaus auch etliche sicherheitspolitische Zelebritäten Europas einbinden ließen (ESECS II 1985).

3.2 Alternativer Schutz Mitteleuropas: Ein Überblick

Der angestrebte Überblick muss notgedrungen recht holzschnittartig verfahren – also, wo immer es geht, typisieren und sich auf die ‚großen Linien' konzentrieren: Denn es handelt sich um eine (einst) sprudelnde Debatte mit einer Vielzahl von Positionen und konkreten Entwürfen. Deren getreulich-differenzierte Abbildung würde den Rahmen dieses Unterfangens sprengen. Relativierend sei an dieser Stelle bereits angemerkt, dass die Debatte auf einen recht engen Expertenkreis beschränkt blieb. Jedenfalls konnte sie sich in ihren mitunter durchaus wichtigen, sicherheitspolitisch relevanten Nuancen der Politik und einer weiteren Öffentlichkeit nicht angemessen mitteilen. Gleichwohl wurde von Politik und Öffentlichkeit verzeichnet, dass es diese Debatte gab. Interessierte vermochten sich daraus zu bedienen, um einzelne Bausteine oder Orientierungen in ihre eigenen Überlegungen einzufügen.5

3.2.1 Gründerzeit: Ein vergessener Vorläufer

Bogislaw von Bonin (1908 – 1980) war Oberst und Generalstäbler der Wehrmacht gewesen, hatte noch kurz vor Kriegsende einen Führerbefehl verweigert und dies nur durch Geistesgegenwart und persönlichen Mut überlebt. Vom Juni 1952 bis November 1953 war er Leiter der Unterabteilung für Militärische Planung im *Amt Blank*, der Keimzelle des späteren Bundesverteidigungsministeriums, danach ohne nennenswerte Zuständigkeit. Im Frühjahr 1955 warf man ihn hinaus.

In kritischer Auseinandersetzung mit dem, was sich als Orientierung der Planungen für die spätere Bundeswehr durchzusetzen begann, entwickelte Bogislaw von Bonin eigene, stark kontrastierende Vorstellungen (Brill 1987). Seine Kritik machte sich an der *Himmeroder Denkschrift* vom Herbst 1950 fest (Rautenberg/Wiggershaus 1977). In Himmerod, einem Zisterzienserkloster in der Eifel, hatten sich wenige Monate nach Ausbruch des Koreakrieges auf Geheiß Konrad Adenauers ehemalige militärische Führer der Wehrmacht versammelt, um ein ‚Brainstorming' abzuhalten. Ihr Auftrag war es, sich über Umfang und Struktur eines künftigen militärischen Beitrages der Bundesrepublik Deutschland zur Verteidigung des Westens Gedanken zu machen.

Während die konzeptionellen Überlegungen im Hinblick auf die zu schaffenden Marine- und Luftstreitkräfte eher defensive Züge trugen, ließ die Skizze einer künftigen Heeresstruktur erkennen, dass die in Himmerod versammelten Experten ein Potential im Sinne hatten, welches die Möglichkeit eines weitreichenden operativ-strategischen Gegenangriffs in sich barg – etwa zur Befreiung der Sowjetisch Besetzten Zone (SBZ).

Konkret: Adenauers Berater hatten ein Heer entworfen, das aus zwölf schweren (gepanzerten) Divisionen bestehen sollte. Diesen Großverbänden wollte man die Befähigung zu weiträumigen Operationen geben. Dabei artikulierte sich die folgende Vision: Im Fall eines östlichen Generalangriffes auf Mittel- und Westeuropa würden, so glaubten die ‚Himmeroder', die auf deutschem Boden stationierten westalliierten Kräfte sich allenfalls nur

---

5 Einer derjenigen, die sehr Wesentliches leisteten, um die Essenz der Debatte um sicherheitspolitische Alternativen in ihrer Relevanz zu verdeutlichen und anregend zu machen, war Dieter Senghaas (Senghaas 1987).

hinhaltend verteidigen können. Eine solche zurückweichende Abwehr hätte aber den Vorteil, die angreifenden Kräfte der anderen Seite zu fesseln, um damit die Voraussetzung für in die Tiefe zielende, flankierende Gegenstöße der mechanisierten westdeutschen Verbände zu schaffen.

Nicht nur von notorisch kritischen Kritikern, sondern auch von einem Generalleutnant der Bundeswehr ist auf das gefährlich-provokative Potential einer solchen Konzeption hingewiesen worden (Uhle-Wettler 1980: 74 f.). Der General fügte hinzu, dass die spätere Bundeswehr die in Himmerod avisierte Heeresstruktur zumindest in ihren Grundzügen realisiert, sich dazu allerdings eine eher defensive, auf die Vorneverteidigung festgelegte Einsatzphilosophie zugelegt hätte. Der damit bezeichnete Sachverhalt kommt uns bekannt vor: mussten wir doch verzeichnen, dass Samuel P. Huntington die ‚talentwidrige‘ Festlegung der beweglichen Großverbände auf eine quasilineare Verteidigung beklagte (um dann eine ‚Befreiung‘ zu fordern).

Bogislaw von Bonin hatte drei wesentliche Sorgen:

- Zum einen sah er das *provokative Potential* einer solchen Verteidigung. Die Sowjetunion könnte sich deswegen, so fürchtete er, während der Aufbauphase zu einer Prävention veranlasst sehen oder aber, falls dies nicht geschähe, an der Ostgrenze der Bundesrepublik Deutschland zusätzliche, mit Atomwaffen bestückte, angriffsstarke Truppenformationen aufmarschieren lassen.

- Zum anderen erkannte er, dass sich im Falle eines Falles mit einer auf weiträumigen Bewegungskrieg gerichteten Verteidigung die Ostgrenze der Bundesrepublik nicht ohne größere Geländeverluste und Verwüstungen auf eigenem Gebiet würde schützen lassen.

- Und schließlich empfand er die Gefahr, dass mit einem Aufheizen der militärisch-politischen Konfrontation entlang der Demarkationslinie in Mitteleuropa die Chancen für eine Wiedervereinigung schwinden könnten.

Seine Alternativüberlegungen fasste er in der Studie vom Juli 1954 *„Möglichkeiten der Abwehr eines russischen Angriffs auf das westdeutsche Gebiet"* zusammen (Bonin 1989). Diese Arbeit war bis Mitte der 1980er Jahre „streng geheim", was interessierten Kreisen ermöglichte, irreführende Interpretationen zu streuen. Der Oberst stützte seine Studie auf drei Prämissen:

1. Die Wiedervereinigung ist das oberste Ziel bundesrepublikanischer Politik. Alle von der Bundesregierung getroffenen Maßnahmen, insbesondere auch auf dem Gebiet der Wiederbewaffnung, müssen dieser Grundorientierung möglichst stimmig entsprechen.

2. Die ‚rote Gefahr' ist durchaus akut. Deswegen muss der Aufbau einer bundesdeutschen Verteidigung schnell geschehen.

3. Die Alliierten sind verlässliche Partner. Deswegen ist es vertretbar, mit ihnen eine tragfähige Form der Arbeitsteilung zu vereinbaren.

Dies alles war mit offiziellen Festlegungen identisch, die damals von der Adenauer-Regierung getroffen worden waren. Es erwies sich freilich als reichlich naiv, den offiziellen Aussagen ‚einfach so' zu glauben. Rückblickend spricht jedenfalls manches dafür, dass die Wiedervereinigung als politisches Ziel nicht die Priorität genoss, die man behauptete, dass die ‚Gefahr aus dem Osten' als nicht so akut angesehen wurde, wie manche Wahlkampfrede es unterstellte (jedenfalls ließ sich die Bundeswehr mit ihrem Vollausbau bis gegen Ende der 60er Jahre Zeit), und dass den Verbündeten durchaus auch Misstrauen entgegengebracht wurde. Jedenfalls lassen sich das Drängen der bundesdeutschen militärischen Führung nach atomarer Bewaffnung (und Mitspracherecht auf diesem Gebiet) sowie eine Planung, die auf schwere, Respekt gebietende Elemente in Gestalt von gepanzerten Großverbänden und – später – auch hochleistungsfähigen Jagdbombern setzte, als Versuche deuten, im Konzert des Westens in möglichst vielen Bereichen Einflusshebel zu haben.

Wie sah das auf der Grundlage der genannten Prämissen von Bonins erarbeitete Alternativmodell aus? In seiner ersten Ausbaustufe, die er bereits nach etwa einem bis eineinhalb Jahren abgeschlossen sehen wollte, stellte es sich in seinen Grundzügen folgendermaßen dar: Unmittelbar an der Ostgrenze der Bundesrepublik, zwischen Passau und der Ostsee, setzt eine etwa 15 km tiefe Aufklärungszone an. In dieser Zone operieren insgesamt acht Aufklärungsbataillone, die hier ihre Primäraufgabe zu erfüllen haben, aber auch vermittels schnell anzulegender Sperren und deren Überwachung durch Panzerabwehrfeuer verzögernd wirken sollen. Die genannten Aufklärungsbataillone gehören zu sieben Pak-Divisionen (Pak steht für Panzerabwehrkanone) sowie einer Marine-Küstendivision identischer Gliederung und Bewaffnung. Diese acht Großverbände, jeder umfasst knapp 12.000 Soldaten, stehen hinter der vordersten Zone nebeneinander. Jede Division deckt einen Raum, der 80 bis 110 km breit sowie etwa 45 km tief ist.

Die Truppen in dieser Abwehrzone sind aufgelockert disloziert: so, dass ein Eindringling praktisch keine lohnenden Ziele für massiertes Feuer (oder gar Atomwaffen) und keine Lücken finden kann, die sich mühelos ausnutzen ließen. Bei der Pak-Division handelt es sich um ein Konstrukt recht einfachen Zuschnitts (was z. B. den Vorteil guter Führbarkeit hat), das gleichwohl von beträchtlicher taktischer (kleinräumiger) Flexibilität ist. Diese Flexibilität paart sich mit einem Bewaffnungsmix, der sich auf robuste Systeme stützt, zugleich aber auch jenes Mindestmaß an Komplexität besitzt, das einem möglichen Gegner die ‚Gegenoptimierung' erschwert. Was heißt das?

Das Modell von Bonins sieht für die Pak-Divisionen vier wesentliche Bewaffnungselemente vor: Panzerabwehrminen, Panzerabwehrkanonen, schultergestützte, leichte Panzerabwehrwaffen für den einzelnen Schützen sowie leichte Infanteriewaffen (Sturm- und Maschinengewehre). Eine üppige Ausstattung mit Panzerabwehrminen trägt wesentlich dazu bei, die mechanisierten Kräfte eines Angreifers zu kanalisieren und – im Verein mit überwachendem Panzerabwehrfeuer – sogar stoppen und vernichten zu können. Die Panzerabwehrkanonen können mit Splittermunition auch Infanterie bekämpfen und damit einer taktischen ‚Aushebelung' durch leichte Kräfte des Gegners entgegenwirken. In ihrer Panzerabwehrrolle stehen den Verteidigern prinzipiell zwei Arten von Munition zur Verfügung: *Wuchtgeschosse*, bei denen ein auf beträchtliche Geschwindigkeit gebrachtes schweres Metallstück den Panzerdurchschlag besorgt, sowie *Hohlladungsgeschosse*, bei denen sich im Moment des Auftreffens auf das Ziel ein geformter Gasstrahl bildet, der mit sehr hoher Geschwindigkeit kleine Metallpartikel durch die Panzerung des Gegners schleudert.

Zu von Bonins Zeiten gab es weder gegen das eine noch das andere Wirkprinzip besondere ‚technologische Tricks'. Dies hat sich seit Erscheinen der modernen Schichtpanzerungen in den 70er Jahren des vorigen Jahrhunderts tendenziell verändert: Der Effekt von Hohlladungen ist nun offenbar eher zu neutralisieren als der von Wuchtgeschossen. Die Tatsache, dass von Bonin nicht auf nur ein Wirkprinzip setzen wollte, zeigt, dass er instinktiv auf eine Versicherung gegenüber allzu leichter Gegenoptimierung aus war.

Das bereits ‚in sich' relativ resistente Abwehrsystem erfährt seine unmittelbare Rückversicherung durch etwas, was taktisch-operative Reserven genannt werden könnte: Der Oberst sieht nämlich in der ersten Ausbaustufe seines Modells vier Panzer-Kampfgruppen vor (zu je etwa 5.000 Soldaten, also im Umfang starker Brigaden), in der Friedensdislozierung nicht weit hinter den acht Pak-Divisionen. Wenn wir uns die alte sowjetische Sitte, die

Tiefe einer Verteidigung zu bestimmen, zu eigen machen, dann müssten wir, diese Panzerverbände ebenfalls berücksichtigend, von alles in allem 70 bis 80, stellenweise sogar 90 km ausgehen.

Wir haben es also nicht mit einer schmalen Barriere entlang der Grenze zu tun, wie seine zum Teil hochgestellten Kritiker in Uniform insinuierten. Andere Unterstellungen stimmten ebenfalls nicht: nämlich, dass es sich um ein sehr statisches, unflexibles System handelte und dass – die Teilung Deutschlands unterstreichend und damit vertiefend – nach von Bonin eine Linie von permanenten, starken Befestigungen entlang der innerdeutschen Grenze vorgesehen war.

Um die Operationsweise des Alternativmodells anzusprechen: Offenbar war unser kritischer Oberst der Meinung, dass sein tief gestaffeltes Abwehrsystem typischerweise schon in den vorderen Bereichen genug Kanalisierungs-, Verzögerungs- und Abnutzungswirkung leisten würde, um einen vergleichsweise grenznahen Ansatz der Panzerverbände aus der mobilen Eingreifreserve zu ermöglichen. Mit anderen Worten: Er rechnete damit, dass zumindest einige der erwähnten schweren Verbände im Falle eines Falles *innerhalb* des gestaffelten Abwehrsystems – und nicht dahinter – zum Abfangen durchgebrochener Angriffsspitzen des Gegners zu verwenden sein würden.

Wozu dann aber die relative Tiefe des Abwehrsystems? Die Antwort: Als zusätzliche Sicherung, als Maßnahme, die Robustheit der Defensive zu garantieren – um dem potentiellen Gegner zu signalisieren, dass da keine schmale Barriere wäre, die dazu einladen könnte, durch Luftlandekräfte übersprungen oder durch schwere Stoßkräfte durchbrochen zu werden. Die Tiefe des Abwehrsystems lässt sich somit als eine Form von Redundanz verstehen, die Kalküle, welche auf blitzartigen Angriffserfolg aus sind (erinnern wir uns an die einschlägige Arbeit Mearsheimers!), gründlich zu frustrieren verspricht. Kurzum, *Vorneverteidigung* und *Tiefenstaffelung* schließen sich in diesem Modell keineswegs aus, sondern bedingen einander.

Dem Planer schwebte für das Ende der zweiten Ausbaustufe, wenige Jahre nach Komplettierung der ersten, ein Heeresumfang von knapp 360.000 präsenten Soldaten vor. Dabei sollten die Pak-Divisionen verdoppelt werden und die Panzer-Kampfgruppen sich zu sechs kompakten Divisionen mausern (was freilich die eindeutig auf die Defensive spezialisierten Großverbände immer noch klar in der Überzahl gelassen hätte). Ebenso sah er vor, die jeweils zwei Flak- und Artillerieregimenter der ersten Aufbaustufe zu jeweils vier Divisionen dieser Kategorie aufwachsen zu lassen. Hinzu kommen sollte noch ein Großverband von Luftlandetruppen zur Bereinigung von Krisen im eigenen Hinterland.

Anmerkung: Insbesondere der vorgesehene Aufwuchs der Artillerie ist bemerkenswert. Es lässt sich darin die Entwicklung der Option einer defensiven Verdichtung des gestaffelten, eher leichten Abwehrsystems durch Feuer erkennen: als Ergänzung des Eingreifens gepanzerter Kräfte, aber auch als weniger provokative Alternative dazu.

Die Marine, im Gesamtumfang von 20.000 präsenten Soldaten, hatte nach dem Plan von Bonins nicht nur eine Division für die Deckung Schleswig-Holsteins zu stellen, sondern auch etliche Schnellboot-Flottillen zum küstennahen Abfangen etwaiger Landungsversuche aus dem Osten. Über die künftigen Luftstreitkräfte gibt es in der Studie von 1954 keine detaillierten Darlegungen. Zu entnehmen ist allerdings, dass von Bonin vor allem alliierte Luftstreitkräfte in der Rolle sah, die Kontrolle des Luftraumes über dem zu verteidigenden Gebiet zu gewährleisten. Luftangriffen in die Tiefe des gegnerischen Raumes gab er wenig Chancen.

Der vorgesehene Präsenzumfang der Landstreitkräfte lag etwa in der Größenordnung des Heeres der späteren Bundeswehr. *Mit diesen Truppen allein* sollte in von Bonins Einschätzung eine hinreichende Abhaltewirkung gegenüber möglichen Aggressionsgelüsten aus dem Osten möglich sein: und damit eine auf Provokation verzichtende Stabilisierung der Lage in Mitteleuropa. Deutsche Kräfte allein hätten die Bundesrepublik geschützt, sich allerdings für die Deckung ihres Luftraumes und der Seeverbindungen auf die Verbündeten verlassen.

Der verantwortlichen Politik und der militärischen Führung roch dies damals zu sehr nach einem deutschen Sonderweg: einem Alleingang, der die Bundesrepublik Deutschland letztlich doch in der Abhängigkeit von westlicher Unterstützung beließ, ohne dafür Chancen auf Einflussnahme zu eröffnen.

Übrigens: Der Oberst hätte wohl nie, auch nicht im allerschlimmsten Traum, daran gedacht, seine Alternative erst nach einer Abstimmung mit der anderen Seite umsetzen zu können. Sein Vorschlag erschien ihm ganz einfach sinnvoll – ganz gleich, was der Osten tat. Sinnvoll für die eigene Seite, aber implizit auch für das Gegenüber. Verhandlungen über die jeweils eigene Rüstung, und so etwas war seit den frühen 20er Jahren des vorigen Jahrhunderts durchaus vorstellbar, hätte er als unsinnigen, kindlich naiven und vollkommen kontraproduktiven Umweg empfunden.

Die Alternative des Bogislaw von Bonin war in der ersten Hälfte der 50er Jahre des vorigen Jahrhunderts gleichwohl Stoff für die öffentliche Diskussion (ohne dass man den Entwurf in seinen konkreten Einzelheiten gekannt hätte): nicht nur in der gegenüber der offiziell geplanten Aufrüstung kritischen Sozialdemokratie, sondern auch im nationalkonservativen, der Wiedervereinigung besonders verpflichteten Lager gab es einiges Interesse. Und um nur einen Hinweis für die damalige Publizität zu liefern: Der für Militärfragen zuständige Kolumnist der Frankfurter Allgemeinen Zeitung, Adelbert Weinstein, machte sich zum Anwalt von Bonins.

Aus der Perspektive einiger Wissenschaftler, die gleichsam ‚von Amts wegen' die verteidigungspolitische Geschichte der Bundesrepublik Deutschland aufarbeiteten, erscheint es allerdings so, als habe es den militärischen Gegenentwurf von Bonins und die entsprechenden politischen Kalküle nie gegeben.

Ein bereits erwähntes politikwissenschaftliches Lehrbuch zur Außen- und Sicherheitspolitik der Bundesrepublik ignoriert die damalige Kontroverse und behauptet (Bredow 2006: 139), es habe zur sehr engen Westbindung und zu der Aufrüstung, wie sie dann konkret vorgenommen wurde, keine ernst zu nehmende Alternative gegeben.

Und eine Rückschau des militärgeschichtlichen Forschungsamtes auf die Entstehung der Bundeswehr erwähnt von Bonin nur insofern (Krüger 2005: 13 f.), als dieser im Hinblick auf die Entwicklung der Konzeption „Bürger in Uniform – Innere Führung" eine Meinung vertrat, die von dem abwich, was damals die geistigen Gründungsväter der Bundeswehr an ‚Demokratisierungspolitik' betrieben. Die eigentliche, durch Bogislaw von Bonin begonnene Auseinandersetzung um die strategische Grundorientierung der künftigen Streitkräfte bleibt auch in diesem Kontext ausgeblendet. Anlass genug, auf ein Diktum des österreichischen Politökonomen Egon Matzner zu verweisen, das sinngemäß lautet (Äußerung mir gegenüber – L. U.): „Es ist eine Sache der Ehre, insbesondere auch jene Optionen ernst zu nehmen und konzeptionell weiter zu verfolgen, die in einer gegebenen Machtkonstellation nur geringe Wahlchancen haben. Nur in Kenntnis auch der nicht gewählten Alternative ist produktiv-historisches Lernen möglich."

3.2.2 Spektrum der Entwürfe: Merkmale, Funktion, Kritik

Wagen wir uns im nächsten Schritt an eine typisierende Gesamtschau der Entwürfe für eine alternative *konventionelle* Verteidigung, die zwischen der zweiten Hälfte der 70er und dem Ende der 80er Jahre des vorigen Jahrhunderts die einschlägige Debatte beherrschten! Der ausgewählte Zeitabschnitt repräsentiert jene Phase der sicherheitspolitischen Diskussion im westlichen Bündnis, während der die wichtigsten kritischen Konstrukte auf den Markt der Ideen gelangten.

Doch es soll nicht nur mit Hilfe eines ‚Zeitfensters' ausgewählt werden, sondern, wie angedeutet, auch durch eine Typisierung des Angebotes. Um einen Blick auf wesentliche Merkmale, Prinzipien und Funktionsweisen richten zu können, ist nämlich zunächst einmal die Komplexität der Konzeptionen auf einige wenige, griffige Typen zu reduzieren. D. h., es kann nicht darum gehen, eine möglichst erschöpfende Beschreibung möglichst vieler Entwürfe in allen Einzelheiten zu liefern. Vielmehr kommt es darauf an, jenseits solcher Einzelheiten Klassen von Ansätzen zu erkennen, die in sich jeweils relativ homogen sind, deren Kontrast untereinander aber relativ groß ist. Eine Klassifizierung, die dies leistet, unterscheidet nach vier Kategorien (deren Plausibilität sich freilich erst in der Anwendung erweisen wird):

- *Feuer statt Bewegung,*

- *Spinne im Netz,*

- *Schwert und Schild,*

- *Schachbrett oder Guerilla.*

In die Bildung dieser Typen alternativer Ansätze gingen vier Schlüsselfragen ein, mit denen das thematisiert wird, was die kritischen Modelle an Besonderheiten reklamier(t)en:

- Welche Rolle spielt die Komponente ‚Feuer' in einer Konzeption? In welchem Maße ersetzt das Feuer die Bewegung von Truppen?

- Wie steht es mit der Bedeutung der damals noch neuen, weitreichenden Präzisionslenkwaffen? Inwieweit prägen sie ein Modell?

- Welche Rolle spielen Gegenangriffselemente? Sind sie an das zu schützende Territorium ‚gefesselt' oder nicht?

- In welchem Maße und auf welche Weise (Taktik?) ist die Verteidigung an das Gelände angelehnt?

Bevor jedoch die Modellgruppen mit ihren Merkmalen und jeweiligem operativen Ansatz vorgestellt sowie in punkto Funktionsweise und Stabilitätskriterien kritisiert werden, ist zu notieren, was allen mehr oder weniger gemeinsam ist. Es lassen sich vier Punkte feststellen:

1. Die Autoren aller Modelle rechneten damit, dass es hüben und drüben weiterhin Atomwaffen geben würde. Allerdings gab es Unterschiede: Einige, sie sind vor allem den Kategorien „Feuer statt Bewegung" sowie „Spinne im Netz" zuzuordnen, verbanden mit einer Optimierung des konventionellen Schutzes vor allem auch das doppelte Ziel, atomares Feuer weder einzuladen (Stichwort ‚verwundbare Konzentrationen'), noch auf diese zu Zwecken der Kriegführung angewiesen zu sein. Eine strategische Konzeption, die einen „First Use" nicht ausgeschlossen hätte, wurde abgelehnt. Atomwaffen erschienen einzig als Rückversicherung gegen einen Gebrauch ebensolcher Mittel durch die andere Seite: als letzte Zuflucht. (Dafür erschien eine nur geringe Zahl solcher Einsatzmittel hinreichend – und zwar auf See stationiert, um das Problem struktureller Verwundbarkeit zu entschärfen.)

Andere Autoren verfolgten zwar auch das Ziel, auf Atomwaffen weniger angewiesen zu sein (vor allem durch die Erwirtschaftung zusätzlicher konventioneller Optionen), vernachlässigten aber das Problem der einladenden Kräftekonzentrationen und akzeptierten im Übrigen die NATO-Nuklearstrategie, wie sie war, einschließlich „First Use" und Flexibilisierung für Zwecke der Kriegführung.

2. Alle Autoren kritisierten, dass die Vorneverteidigung mittels einer Phalanx von schweren Großverbänden entlang der Demarkationslinie vorgenommen werden sollte. Auch für sie – zu denken ist in diesem Kontext an Huntington und die Entwicklung in der U.S. Army – machte eine Strategie, die solche Strukturelemente vor allem zur Abhaltung einsetzte, von diesen einen talentwidrigen Gebrauch. Zumindest für die initiale Abwehr wurden asymmetrische, nicht den schweren Angriffsformationen des Ostens strukturähnliche, Konstrukte vorgeschlagen. Für eine solch asymmetrische, durch einen besonderen Waffenmix und gute Geländeausnutzung auf die Defensive spezialisierte Verteidigung reklamierten alle Alternativen Effizienz sowie auch Kosteneffektivität. Es bestand zwar Einigkeit, dass bei einem Angriff aus dem Osten nicht mit gleicher Münze zurückgezahlt werden sollte. Doch nur im Hinblick auf die unmittelbare Abwehr. In Bezug auf die späteren Phasen einer Konfrontation gab es unter den Alternativen durchaus Differenzen.

3. Alle Vertreter alternativer Entwürfe bekannten sich zur Vorneverteidigung, wenn dies denn bedeutete, dass der ernsthafte Abwehrkampf, und zwar möglichst mit Stoppwirkung, nicht weiter als 30 bis 40 km westlich der Demarkationslinie geführt werden sollte. Dabei ist no-

tierenswert, dass manche Alternativentwürfe eine solche Wirkung bereits für sehr viel geringere Eindringtiefen beanspruchten. Dies steht in eklatantem Widerspruch zur damaligen amtlichen Propaganda, die für die neuen Entwürfe so gerne wie irreführend das Sammelsynonym der „Raumverteidigung" vergab, um damit zu insinuieren, es handele sich um eine Abwehr, welche für den Fall der Fälle die Aufgabe größerer Gebiete der Bundesrepublik Deutschland von vornherein einkalkuliere (Lather 1982; Steinaecker 1980).

Zum einen waren nicht alle Entwürfe vom Typ einer „raumdeckenden Verteidigung", mit in der Fläche verteilten kleinen Kampfteams, und zum anderen lässt sich argumentieren, wir denken an die Studie von Bonins, dass eine stabile, „vorne" ansetzende Abwehr durchaus der Tiefe bedarf. Kontrastierend ist daran zu erinnern, dass die damals etablierte Vorneverteidigung von den Alternativen gerade auch im Lichte des eigenen Anspruchs kritisiert wurde: Bezweifelt wurde, dass eine ‚Perlenkette' schwerer Verbände – lückenhaft und relativ leicht durch luftbewegliche Kräfte überspringbar sowie ohne substantiell stützende Struktur bzw. operative Reserven – sich ‚vorne' würde halten können.

4. Alle Konzepte einer alternativen Verteidigung legten besonders starkes Gewicht auf moderne Sperrmittel, also auch Minen. Ohne diese erschien eine sowohl wirksame als auch kosteneffektive Abwehr schwerlich möglich. Die „Asymmetrie" der Verteidigung, also der Verzicht darauf, mit gleicher Münze zurückzuzahlen und damit ein schrittweiser Ausstieg aus dem Rüstungswettlauf, erschien nur auf diese Weise möglich.

Vor allem im Rückblick erscheint es aber verantwortungslos, im Zeichen von Stabilität und Frieden ‚minenlastige' Rüstungsprogramme in die Diskussion zu bringen. Minen sind international zur menschenbedrohenden Seuche geworden. Doch ließen sich aus der Perspektive der Alternativen der humanitäre Gesichtspunkt und das Erfordernis eines möglichst wirksamen, nur wenig Ressourcen konsumierenden Territorialschutzes durchaus vereinen. Jedenfalls hätte die Position der damaligen Alternativen etwa folgendermaßen gelautet:

Die Lösung liegt *zum einen* in international zu vereinbarenden Restriktionen, was die taktische Funktion der Minen betrifft. Werden nur noch Minen produziert oder gehandelt, die sich gegen Fahrzeuge richten, also zum Aufhalten größer angelegter Invasionen geeignet sind, ist dem Schutz der Menschen, insbesondere der Zivilbevölkerung, schon in erheblichem Maße gedient (wesentlicher Punkt im Abkommen von Ottawa, welches Ende 1997 zustande kam, und das mittlerweile von vielen Nationen, allerdings nicht den größten Minenproduzenten, unterzeichnet wurde).

Zum anderen helfen neue, schon seit etlichen Jahren verfügbare Technologien. Immer mehr Länder halten in ihren Arsenalen ausschließlich solche Minen, die den jeweiligen taktischen Bedingungen entsprechend nur für eine bestimmte, relativ kurze Periode aktiv sind und die sich danach gefahrlos wieder räumen lassen.

Im Folgenden die ‚Klassen' der Alternativansätze mit ihren wesentlichen Merkmalen:

Feuer statt Bewegung

Für die hiermit bezeichnete Denkrichtung steht in der deutschen, aber auch internationalen Diskussion vor allem der Name Horst Afheldts. Sein Konzept der „Raumverteidigung", das Mitte der 1970er Jahre entwickelt und in der ersten Hälfte der 80er weiter konkretisiert wurde (Afheldt 1976; Afheldt 1983), lässt sich in dürren Worten etwa so beschreiben:[6]

Ein Netz von leichten Kräften („Technokommandos") überzieht nahezu die gesamte Bundesrepublik. Es handelt sich um ein recht zartes Gespinst: Nur jeweils ein Zug Infanterie mit 25 Soldaten ist für die Überwachung von 10 – 15 km² zuständig: Zum Vergleich: Eine Verteidigung traditioneller Dichte hätte einen um zwei Größenordnungen höher liegenden Kräftebedarf, wäre also ‚vor Ort' respektheischender – allerdings auch mit dem Nachteil behaftet, für eine lückenlose Raumdeckung besonderen Aufwand treiben zu müssen: entweder an Personal oder an Beweglichkeit oder an beidem.

Die Technokommandos sind eng an den zu schützenden Raum gebunden und kämpfen von gedeckten Wechselstellungen aus. Die Ausrüstung besteht aus Panzerabwehr-Lenkraketen (mit ca. 2 km Reichweite), schultergestützten Panzerabwehrmitteln („Panzerfäusten") sowie üblichen Infanteriewaffen. Zudem gibt es die Möglichkeit, mit leichten Salvenwerfern auf relativ kurze Distanz reaktionsschnell Minensperren zur Hemmung der Bewegung schwerer Verbände zu schaffen.

---

6 Es gab einen ideengeschichtlich unmittelbaren Vorläufer Horst Afheldts, der zu sehr ähnlichen Strukturüberlegungen gelangt war. Afheldt hat die entsprechende Arbeit, die nur ein kleines Publikum erreichen konnte, bei der Formulierung seines Modells wohl nicht gekannt (Tröller 1961).

Bei Horst Afheldt erfährt das leichte infanteristische Netz seine Rückversicherung dadurch, dass über den gesamten zu verteidigenden Raum verteilt, allerdings mit gewissem Abstand von der Ostgrenze, Werfer mit Raketen größerer Reichweite (die Modellstudien diskutieren 40 – 80 km) disloziert sind. Dabei handelt es sich um stationäre Anlagen, die jeweils nur ein Geschoss starten können. Es lohnt sich also nicht darauf zu schießen, nachdem ein Start die Stellung verraten hat.

Die Technokommandos sind mit diesem System unterstützender Raketenartillerie vernetzt. Wenn sie unter akute Bedrohung geraten, können sie maximal all jene Raketen abrufen und mit den erforderlichen Zielkoordinaten versehen, deren Kampfradius auch und gerade ihren Stellungsbereich abdeckt. Dies macht enorme Feuerkonzentrationen möglich, und zwar in sehr kurzer Zeit, ohne dass sich auch nur ein Truppenteil mit hohem logistischen Aufwand für Zwecke des Gegenangriffs bewegen müsste. Allerdings sind Vorkehrungen dagegen zu treffen, dass Technokommandos, die sich durch einen Angriff bedroht sehen, der aber nur eine Finte ist, nicht zu viel unterstützendes Raketenfeuer abrufen. Wenn sie das nämlich täten, bestünde die Gefahr, Raketen zu vergeuden, die dann bei einem echten, massierten Angriff fehlen würden. Vor allem auch deswegen bedarf es nach Afheldt eines zumindest in seinen Ansätzen hierarchisierten Kommunikations- und Befehlssystems, das sich übrigens den Austausch von Lage-Informationen im infanteristischen Netz zunutze machen kann.

Horst Afheldt glaubte, dass sich vermittels der dezentralen Reaktionsfähigkeit der Technokommandos, kombiniert mit der ebenfalls vorgesehenen regionalen und überregionalen Koordination der Mittel weitreichenden Feuers, so etwas wie ‚Vorneverteidigung' hätte bewerkstelligen lassen. Es sollte also möglich sein, gegnerische Angriffsverbände innerhalb der ersten 20 oder 30 km auf eigenem Gebiet zu stoppen und zu schlagen. Und es war sogar daran gedacht, mit dem Raketenfeuer so flexibel zu operieren, dass sich eingedrungene Verbände hätten ‚einkesseln', also von nachfolgender Unterstützung abtrennen, lassen.

Afheldt wollte den Aggressor mit einem Dilemma konfrontieren Entweder griff dieser in dichten, konzentrierten Formationen an. Dann hätte er der weitreichenden Raketenartillerie des Verteidigers mit ihrer Befähigung zu flexibler Gegenkonzentration geradezu in die Hände gespielt. Oder aber der Angriff erfolgte in aufgelockerter Form auf breiter Front, so dass die Raketenartillerie weniger lohnende Ziele gefunden hätte. Doch auch in einem solchen Falle wäre, so meinte der Autor, dem weitreichenden Feuer des

Verteidigers durchaus noch eine wichtige Funktion geblieben: nämlich die der Unterstützung zahlreicher einzelner Technokommandos. Gerade dadurch, dass durch einen Angriff auf breiter Front eine Vielzahl von Technokommandos berührt worden wären, hätte es für den Aggressor erhebliche Zeitverluste gegeben (womit dann ein Blitzkriegsszenario, das – wie wir wissen – für jene, die mit Angriffsgedanken spielen, einen ganz besonderen Reiz hat, nicht mehr sonderlich plausibel gewesen wäre).

Afheldt beanspruchte für sein Defensivsystem, dass es den Sicherheitspartner auf der anderen Seite des Zaunes nicht hätte bedrohen können, wäre es doch durch das bodenständige Infanterienetz und insbesondere durch die stationäre Dislozierung der Raketenartillerie eindeutig an den zu verteidigenden Raum gebunden gewesen. Zugleich hätte die Defensivstruktur durch die beträchtliche Auflockerung all ihrer Elemente keine gegnerischen Schläge eingeladen: weder mit Atomwaffen für Kriegführungszwecke noch mit konventionellem Feuer. Die Tiefe des Systems hätte Kalküle frustriert, die auf konzentrierten Durchbruch oder auf ein Überspringen durch Luftlandekräfte aus gewesen wären.

Die militärische Modellarbeit wurzelt bei Horst Afheldt in der mit anderen ‚Alternativdesignern' geteilten Überzeugung, dass asymmetrisch reagiert werden müsse – was für ihn eine doppelte Bedeutung hat. Zum einen geht es nämlich darum, einem potentiellen Angreifer, der aus der Position konventioneller Überlegenheit die *Entscheidungsschlacht* sucht, diese zu *verweigern*. An die Stelle der großen Schlacht mit gegeneinander manövrierenden, das Land verwüstenden schlagkräftigen Truppenkörpern sollen Tausende von Nadelstichen treten – ergänzt durch weitreichendes Präzisionsfeuer, welches (der Konzeption nach) jeglichen Angriffselan eines Gegner erstickt. Und zum anderen kommt es Afheldt darauf an, auf der Ebene der Ausrüstung die Bedrohung durch Kampfpanzer und ihre schweren Begleitelemente mittels in der Tendenz leichter, spezialisierter Abwehrwaffen zu neutralisieren, wobei der ‚Rakete' eine Schlüsselbedeutung zukommt. Dadurch soll es möglich werden, sich vom Rüstungswettlauf abzukoppeln und eine Verteidigung zu kleineren Preisen aufzubauen.

Die Kritik an diesem Ansatz macht sich zunächst an der militärischen Funktionsweise fest und schlägt dann den Bogen zu Stabilitätsrisiken.

Zum einen ist zu befürchten, dass die von Afheldt vorgeschlagene „Raumverteidigung" durch leichte, unkonventionelle Infanterieverbände ausgehebelt werden kann. Ein Infanterie-Angriff – denken wir etwa an die fluide operierenden Krad-Schützen der Wehrmacht im Zweiten Weltkrieg! – muss nämlich nicht, wie der Autor unterstellt, immer und notwendigerweise langsam vonstatten gehen: wohl gerade dann nicht, wenn die Verteidigung aus einem – allzu – zarten Netz besteht, das einzig durch eine Raketenartillerie geschützt ist, deren Feuer durch ein Angriffsverfahren ,rapider Infiltration' unterlaufen zu werden droht. Dies aber könnte bedeuten, dass dem Aggressor die Blitzkriegsprämie erhalten bliebe. Afheldts damaliger Hinweis, dass es dem Warschauer Pakt – systembedingt – an solch leichter, initiativenreicher und mobiler Infanterie mangele, war nachvollziehbar, konnte aber Restzweifel nicht ausräumen. Probleme ergeben sich jedenfalls dann, wenn eine solche Verteidigung einem potentiellen Angreifer konfrontiert ist, der vor dem Hintergrund einer anderen gesellschaftlichen Entwicklung sehr wohl in der Lage ist, Truppen fluider Operationsweise zu generieren.

Zum anderen ist gegenüber dem Modell kritisch anzumerken, dass die in einer Schlüsselrolle auftretende Raketenbewaffnung möglicherweise technologisch überfordert (gewesen) wäre – und zwar in doppelter Hinsicht: Da sind zunächst einmal die leichten Panzerabwehrwaffen der Technokommandos. Sie arbeiten mit dem Hohlladungsprinzip, das, wie angedeutet, seit Mitte der 1970er Jahre durch neuartige Technologien des Panzerschutzes graduell entwertet ist. Um die Wirkungssicherheit von Hohlladungen weiterhin zu gewährleisten, sind aufwendige Innovationen erforderlich: in Gestalt von beträchtlichen Kalibersteigerungen, ,Tandem'-Ladungen usw. Und dieser Prozess erscheint keineswegs abgeschlossen: So einfach, wie Afheldt sich das vorstellte, ist eine Abkopplung vom Wettrüsten wohl doch nicht. Kostensteigerungen, die in diesem Kontext pro Waffensystem anfallen, multiplizieren sich erheblich: Denn eine Raumverteidigung vor allem auch mit Lenkwaffen kurzer Reichweite (bei den Technokommandos) hat einen ,flächendeckenden Modernisierungsbedarf'.

Im Übrigen ist darauf hinzuweisen, dass die Artillerieraketen, die im System Afheldts eine Schlüsselrolle spielen, möglicherweise der von ihnen zu bewältigenden Herausforderung nicht, oder nicht ganz, gewachsen (gewesen) wären. Sowohl die prinzipiell nicht auszuschließende Möglichkeit eines Angriffes mit leicht-fluiden Infanterieverbänden als auch das eventuelle Eindringen konzentrierter Panzerformationen, die trotz aller Minensperren wohl nicht beliebig zu stoppen gewesen wären, hätte die Raketenartillerie mit dem Problem konfrontiert, *bewegliche* Ziele zu treffen – und zwar über größere Distanzen. So etwas erfordert aber eine beträchtliche, teure Eigenkomplexität der Lenkwaffen (denn während der Flugzeit hat sich das Ziel womöglich schon an einen anderen Ort bewegt): Anders als von Afheldt

angenommen, hätten die Geschosse wohl über teure ‚künstliche Intelligenz'
verfügen müssen, um sich selbst ins jeweilige, entfernte Ziel lenken zu
können.

Um die Kritik etwas genereller zu formulieren: Der Raumverteidigung nach
dem Vorschlag Horst Afheldts mangelt es sowohl auf der taktisch-organisa-
torischen als auch auf der Ebene der Technologie an Eigenkomplexität: mit
dem Resultat, dass es auf bestimmte Herausforderungen keine angemessene
bzw. nur eine sehr aufwendige Antwort gibt. Dies kann in denkbaren Konstellationen die Robustheit, die Abhaltewirkung, des Konstrukts in Frage
stellen.

Machen wir über diese Kritik hinaus aber noch ein Gedankenexperiment!
Nehmen wir an, dass in einer hypothetischen Konfrontation die Raumverteidigung dennoch funktioniert: etwa weil sie sehr aufwendig ausgestattet
wurde oder es dem Herausforderer an Truppen für leicht-fluide Angriffe
mangelt! Berücksichtigen wir darüber hinaus, dass die Defensive über eine
sehr üppige Ausstattung mit Artillerieraketen beträchtlicher Reichweite (40 –
80 km) verfügt! Welche Garantie hätte der einer solchen Verteidigung
Konfrontierte, dass er nicht von der stabilen Defensivbasis aus mit Terror-
schlägen in die Tiefe des eigenen Raumes hinein rechnen müsste? Könnten
die Artillerieraketen nicht, etwa durch Nachrüstung eines leichteren
Gefechtskopfes, in ihrer Reichweite gesteigert werden? Man ahnt es schon:
Es lässt sich ein Bezug zu dem erkennen, was sich im Libanonkrieg des
Sommers 2006 zwischen den Streitkräften Israels und der Hisbollah abspielte
(womit eine bewaffnete Auseinandersetzung angesprochen ist, die uns später
noch interessieren soll).

Noch stärker keimt der Argwohn, wenn der Blick auf den Entwurf Norbert
Hannigs fällt: In seinem Vorschlag, der bald nach Horst Afheldts Modell-
fortschreibung von 1983 erschien (Hannig 1984), gibt es nur Lenkwaffen-
feuer und keine netzartig dislozierte Infanterie. Dabei wird das Feuer von
kleinräumig beweglichen, geschützten Plattformen generiert, die entsprechend der Reichweite ihrer Lenkwaffen so tiefengestaffelt sind, dass
konzertiert und konzentriert auf einen schmalen Streifen entlang der
innerdeutschen Demarkationslinie hätte gewirkt werden können. Auch in
diesem Kontext bestand für die andere Seite keine Garantie, dass die Tiefe
ihres Raumes unberührt geblieben wäre. Hannig hat entsprechenden Besorgnissen mit dubiosen Ergänzungen seines Modells noch Vorschub geleistet
(ebd.: 114): durch den Vorschlag, die damals im Zuge der ‚Nachrüstung'
durch die NATO dislozierten Pershing 2-Raketen statt mit einem nuklearen

Gefechtskopf konventionell zu bestücken, um in der Tiefe des Warschauer Paktes Flugbasen und anderes militärisches Potential bekämpfen zu können (was wiederum die vorgeschlagene Grenzverteidigung erleichtern sollte).

Beide Autoren signalisierten, dass ihre Konzeptionen zu Lande weniger Soldaten brauchen würden als die Bundeswehr, und das für eine Abwehr, die auf die 1980er Jahre bezogen auch die Korpsstreifen der Alliierten mit zu übernehmen gehabt hätte. (Eine genuine Verbindung dieser Alternativansätze mit der terrestrischen Verteidigung der Alliierten wäre wohl ohnehin wenig ratsam gewesen. Erschienen sie denn doch zu ‚exotisch'.) *Anmerkung:* Die Bundeswehr war damals für die Deckung etwa der Hälfte der Demarkationslinie zuständig.

Spinne im Netz

Das unter dieser Überschrift zu diskutierende Konzept ist ab 1980 von der Studiengruppe Alternative Sicherheitspolitik (SAS) entwickelt worden (SAS 1984; SAS 1989). Wesentlichen Anknüpfungspunkt bildete die Netzkonzeption, wie sie von Horst Afheldt formuliert worden war. Diese wurde von der Studiengruppe modifiziert und dann systematisch weiterentwickelt. Leitlinie dieser Entwicklung war es, den Netzkräften mehr taktische und technische Komplexität zu geben, zugleich aber auf Robustheit und Kosteneffektivität zu achten. Die Lösung wurde in mehr kleinräumiger (aber durch eine stationär-dezentrale Depotorganisation immer noch netzgebundener!) Beweglichkeit sowie einem anderen Waffenmix gefunden: Dies bedeutete eine Akzentuierung der Reichweitenkategorie zwischen 10 und 20 km, womit eine Flexibilisierung des Feuers der Netzknotenpunkte möglich war, und zugleich das tendenzielle Aufgeben der aufwendigen Lenkwaffenausstattung aller einzelnen Infanteriekommandos.

Im Übrigen teilte die Studiengruppe die Einsicht Afheldts, dass die lockeren, raumkontrollierenden Netzstrukturen insbesondere für den Fall massierter Angriffe eines substantiellen Schutzes bedürften. Gerade in diesem Punkt gab es aber auch den wesentlichen Dissens: In der Studiengruppe kam man zu dem Schluss, dass im Hinblick auf die Rückversicherung des Netzes die Raketenartillerie nur ein Element unter anderen bilden könne. Sie sei als ‚Mädchen für alles' in mehrfacher Hinsicht zu problematisch. So wurde dieses Element im Hinblick auf taktisch-operative Bedeutung und Umfang auf deutlich kleinere Dimensionen zurückgestuft sowie durch robuste Rohrartillerie und bewegliche Eingreif-Verbände ergänzt. Beides, Eingreif-Verbände und ‚indirektes Feuer' (Rakete und Rohr), sollte zum Schutz der Infanterie-Teams im Netz eng miteinander kooperieren.

Für die beweglichen Eingreifelemente wurde vorgesehen, dass sie operieren sollten wie „Spinnen im Netz" – der Begriff stammt von Egbert Boeker, einem prominenten Amsterdamer Physiker und Politiker (Boeker 1996: 62) – , die den Eindringling meldende, hemmende, kanalisierende und mitunter auch fesselnde Wirkung des Gespinstes unmittelbar nutzend. Daher wurde von einem *Synergismus von Spinne und Netz* gesprochen: von wechselseitigem Schutz und gegenseitiger Unterstützung. Durch diesen Synergismus könnten, so lautete die Vermutung, der Gesamtumfang *und* die Verbandsstärke der Spinnenelemente relativ klein gehalten werden, was dem sicherheitspolitischen Gegenüber den Willen zur Nicht-Provokation anzeigen, aber auch jeweils kaum lohnende Ziele präsentieren würde. Im Übrigen sollten die beweglichen Eingreifkontingente durch die Informationsleistung und die logistische Unterstützung (in Gestalt der erwähnten Depotorganisation) so an das Netz gebunden werden, dass ein Operieren in ‚Feindesland' suboptimal gewesen wäre.

Das Netz sollte mit zunehmendem Abstand von der vordersten Linie dichter werden und dadurch Durchbruchskalküle in besonderem Maße frustrieren – allerdings sich nicht über die ganze Bundesrepublik erstrecken, was auf Kostenerwägungen zurückzuführen war. Für die eventuelle Deckung rückwärtiger Räume wäre ein objektbezogener Heimatschutz, unterstützt durch jene Eingreifkräfte, die am hinteren Rand des Netzes gestanden hätten, in Frage gekommen. Bemerkenswert, dass die Spinnenelemente durchaus nicht nur aus schweren, gepanzerten Gegenangriffsverbänden hätten bestehen sollen: Vorgesehen waren außerdem mechanisierte Formationen der „Kavallerie" (auf gepanzerten Radfahrzeugen) mit Spezialisierung auf Verzögerungsaufgaben sowie eine leichte, ebenfalls mechanisierte Infanterie, um an Krisenpunkten innerhalb des Netzes schnell eine dichtere Verteidigung aufbauen zu können – nicht nur gegen schwergepanzerte, sondern auch gegen fluide, schnelle Kräfte.

Wichtig auch, dass die Eingreifkräfte zur Verfügung höherer militärischer Ebenen (‚operative Reserven') vor allem aus Verzögerungsverbänden, also weniger aus schweren Gegenangriffselementen, hätten bestehen sollen. Wenn die Kräfte der höheren Ebenen vor allem darauf spezialisiert sind, zusätzliches Verzögerungs- und Defensivpotential ins Netz zu bringen, um im Sinne einer kurzfristigen Verdichtung zur Behebung etwaiger lokaler Krisen beizutragen, dann ist etwas Bemerkenswertes geschehen: Operative Beweglichkeit wird genutzt, um die Verteidigung zu optimieren, nicht aber, um den Angriff zu stärken, wie es etwa der Fall wäre, wenn – besonders für die Offensive geeignete – schwergepanzerte Verbände über größere Distanzen hinweg an einer vorgesehenen Einbruchstelle konzentriert würden.

Mit anderen Worten: Im SAS-Modell ist im Hinblick auf das Gros der Verstärkungskräfte das vorgesehen, was mit einer „Entkopplung" von operativer Bewegung (zum Zweck der Allokation von Truppen über größere Distanz) und taktischer Mobilität (insbesondere auch für Angriffszwecke) bezeichnet worden ist. Damit ergibt sich ein zweiter Aspekt der Neutralisierung potentieller Provokation im SAS-Modell, über die ‚Fesselung' der mobilen Eingreiftruppen an das versorgende, informierende und militärische ‚Vorarbeit' leistende Netz hinaus.

Unverkennbar zeigt sich die Arbeit der Studiengruppe von Anregungen beeinflusst, die der militärischen Konzeptionsgeschichte entnommen sind: dem Muster von *cheng* und *ch'i*, der Idee vom *schrumpfenden Rohr* und den Strukturüberlegungen von Bonins.[7]

Im Hinblick auf die militärische, an der Funktionsweise sich festmachende Kritik ist vor allem zu erwähnen, dass mitunter bezweifelt wurde, die für einen überlagernden Einsatz vorgesehenen mobilen Eingreifkräfte könnten mit dem Netz und seinen spezifischen Aktivitäten reibungsarm koordiniert werden. Die Antwort war (und ist), dass die Netzstruktur ein relativ stabiles Bezugsraster bietet, das den Ansatz, die Kooperation und die Operationen der Eingreiftruppen geradezu erleichtert (Grin 1990: 253-296). Und es ließ sich die Gegenfrage stellen (Unterseher 1987): Ist es nicht wesentlich schwieriger, um Größenordnungen komplexer und störanfälliger, wenn in einem ‚totalen Bewegungskrieg', in dem ‚jeder sich um jeden dreht', Truppenkontingente zielbezogen koordiniert werden sollen?

Wesentlicher war der Einwand, dass die im SAS-Modell vorgesehenen und für dessen Funktionsweise durchaus sehr relevanten Eingreifelemente grundsätzlich doch die Möglichkeit hätten, der anderen Seite einen unfreundlichen Besuch abzustatten. In der Antwort wurde auf die einer wirksamen Verteidigungsalternative inhärenten Zielkonflikte und das sich daraus ergebende Optimierungsproblem hingewiesen. Um eine stabile, gegnerischen Besuch nicht einladende Verteidigung vom Abhaltetyp zu bekommen, seien eben einige mobile Kräfte unverzichtbar. (Womit keineswegs konzediert wurde, dass eine durchgängig bewegliche Verteidigung leistungsstärker wäre.)

---

7 Mit Interesse wurden auch die Überlegungen Johannes Gerbers, Generalmajor a. D., wahrgenommen, in denen sich Anklänge an die Arbeiten Hannigs, aber auch der Studiengruppe, erkennen ließen (Gerber: 1989).

Solche mobilen Eingreifkräfte seien aber im Rahmen des Gesamtkonzeptes der Stabilitätsorientierung dann tolerierbar, wenn ihr grenzüberschreitendes Offensivpotential durch *strukturelle Maßnahmen* möglichst gemindert würde.

Es bleibt noch zu ergänzen, dass einzig die Studiengruppe Alternative Sicherheitspolitik durchgearbeitete Vorschläge auch für die Luft- und Seestreitkräfte in die Debatte einbrachte (Unterseher 1989; Bebermeyer/Unterseher 1989). Während Horst Afheldt und Norbert Hannig auf diesen Problemkreis eher nur kursorisch eingingen, übernahmen andere, die dem NATO-Mainstream näher standen, in ihren Konzeptionen eher das, was im Hinblick auf Luft- und Seestreitkräfte an Strukturen bereits existierte. Demgegenüber machte die Studiengruppe Alternative Sicherheitspolitik Vorschläge, die sich – zunächst in Bezug auf die Luftverteidigung – folgendermaßen zusammenfassen lassen:

Abbau des Potentials an weitreichenden Jagdbombern; Beschränkung der fliegenden Komponente auf Luftnahunterstützungs-Flugzeuge (kleinerer Anteil) und Maschinen, die auf Abfangjagd und defensive Patrouillen (größerer Anteil) spezialisiert sind; weitere Entschärfung eigenen Bedrohungspotentials durch relativ kurze Reichweiten; Minimierung des Problems lukrativer Ziele (große Flugbasen) durch Nutzung kleinerer Anlagen und auch improvisierter Start- und Landebahnen, was eine STOL-Befähigung der Kampfmaschinen erforderlich macht (STOL = Short Take-Off and Landing); enge Bindung der fliegenden Komponente an die das zu verteidigende Territorium abdeckende Sensororganisation; klare Aufgabenteilung mit einer starken, bodengebundenen Flugabwehr (Raketen); Entwicklung entsprechender Synergien.

Und für die maritime Dimension ergab sich dieser – ebenfalls stichwortartig zu skizzierende – Ansatz: *Stabilisierung der Küstenverteidigung gegen eine Bedrohung durch amphibische Kräfte mittels eines Verbundes von Elementen für die Minenkriegführung, schnellem taktischen Angriff begrenzter Reichweite (Schnellboote) sowie von Lenkwaffen auf Hubschraubern und Radfahrzeugen für Küstenpatrouillen; Abbau der maritimen Kräfte für Machtprojektion (die für direkte Angriffe auf Marinebasen des Ostens vorgesehen sind); verbesserte Kontrolle der ozeanischen Räume, durch die eigene Nachschublinien laufen, mittels einer optimierten Sensororganisation und kleinen, hochmobilen Eingreifkontingenten (z. B. U-Booten); defensive Sicherung der Nachschublinien nach dem traditionellen ‚Konvoi-System'.*

Um das Bild abzurunden: Die Vorschläge der Studiengruppe Alternative Sicherheitspolitik implizierten, dass sich die NATO-Verteidigung mehr an den Prinzipien der Spezialisierung und Aufgabenteilung orientieren müsse. So wurde nahegelegt, dass die Alliierten der Bundesrepublik sich mehr um die Verteidigung des Luftraums und den Schutz der hohen See zu kümmern hätten und dass die Bundeswehr ihre Rolle in der Verteidigung zu Lande erweitern müsse. Gleichwohl sollte, den Vorschlägen der Gruppe entsprechend, die Integration der Alliierten in die Verteidigung zu Lande, welcher damals ein Abschreckungseffekt per se zugesprochen wurde, erhalten bleiben und vor allem durch eine Beteiligung an den vorgeschlagenen Eingreifkräften manifest werden. In ihren alternativen Modellrechnungen für die zweite Hälfte der 80er Jahre des vorigen Jahrhunderts blieb die Studiengruppe, was die Umfänge der bundesdeutschen und alliierten Streitkräfte betraf (Thimann 1989), deutlich unter den von der NATO vorgesehenen Ansätzen.

Schwert und Schild

Als Vertreter dieses Ansatzes sind vor allem zu erwähnen: Jochen Löser (Löser 1981), Eckart Afheldt, der Vetter von Horst (Afheldt 1984) sowie Andreas von Bülow, Helmut Funk und Albrecht A. C. von Müller (Bülow et al. 1988). Diesen Autoren war gemeinsam, dass sie das schwere Element aus gepanzerten Großverbänden, das – einmal aus der Vorneverteidigung befreit – auch für weitreichende Angriffe auf das Gebiet des Gegenübers in Frage gekommen wäre, im damaligen Umfang akzeptierten: Typischerweise wollte man daran kaum Abstriche machen; eher schon wurde über einen kostengünstigen Ausbau nachgedacht. (Charakteristisch war für manche der Genannten, dass sie genaue Angaben zu diesem Komplex vermieden oder sich dazu widersprüchlich äußerten).

Den schweren Gegenangriffsverbänden, als dem „Schwert", sollte ein schützender „Schild" zur Verfügung stehen. Dieser hätte, überblickt man alle einschlägigen Vorschläge, geringere oder größere Tiefe besitzen können, sollte weitgehend homogen aus leichten mechanisierten Kräften bzw. einer Panzerabwehr-Infanterie für Verzögerungszwecke bestehen oder aber sich aus verschiedenen Zonen zusammensetzen: vorne etwa ein Gürtel mit Minensperren, die von indirektem Feuer mittlerer Reichweite hätten überwacht werden sollen, und unmittelbar dahinter eine Zone mit Leichtinfanterie.

Jenseits solcher Unterschiede ist für diese Konzeptionen typisch, dass die Defensivstruktur, der „Schild", von beweglichen Gegenangriffskräften freigehalten werden sollte. Diesen Kräften schrieb man vielmehr die Aufgabe zu, Truppen des Angreifers, die das grenznahe Defensiv-Arrangement durchstoßen und dabei eine Schwächung erleiden würden, abzufangen und in

konzentriertem Ansatz zu schlagen. Eine andere Variante wurde darin
gesehen, im Falle der erfolgreichen Abwehr eines Angriffes durch die
„Schildkräfte" mit den bis dato nicht verbrauchten eigenen schweren
Reserven zu einem weitreichenden Angriff gen Osten überzugehen. Albrecht
A. C. von Müller nannte dies „konditionale Vergeltungsfähigkeit", die er –
natürlich – nur wünschte, um Krieg zu verhindern. In diesem Sinne formulierte er (Müller 1985: 21):

*„In diesem Fall (nämlich dem eines Angriffes aus dem Osten, L. U.) müssen
erst die westlichen Verteidigungszonen überwunden werden. Und es besteht
eine hohe Wahrscheinlichkeit, dass die WVO-Kräfte 40 bis 70 Prozent ihrer
bereits eingedrungenen Kräfte verlieren. Wenn das geschieht, verändert sich
aber das Gewicht zu Ungunsten der WVO. Wenn – im schlimmsten Fall – der
WVO nur noch ungefähr 30 Prozent ihrer schweren, gepanzerten Kräfte
bleiben, erhalten die schweren, gepanzerten Kräfte der NATO eine echte
Chance für einen erfolgreichen Gegenschlag – wenigstens auf operativer
Ebene. Sollte dann politischer Aufruhr in den osteuropäischen Ländern
folgen, würde die Sowjetunion mit hoher Wahrscheinlichkeit nicht nur den
Krieg verlieren, sondern es dürfte sich auch ihr ganzes Imperium auflösen. "*
(Übersetzung aus dem Englischen: L. U.) Anklänge an Denkweise und
Vorschläge des Samuel P. Huntington sind unverkennbar.

Verständlich wäre gewesen, wenn der ‚Sicherheitspartner' auf der anderen
Seite des mitteleuropäischen Zaunes Kalküle solcher Art als veritable
Provokation wahrgenommen hätte; insbesondere dann, wenn dieser gar nicht
so übermächtig gewesen wäre, wie NATO-offiziell immer wieder behauptet
wurde. So gelangte ein aufmerksamer Beobachter der Debatte zu der
Einschätzung (Krause 1987: 23):

*„Wenn ... die grenznahe Verteidigung so stark ist, dass sie die Panzer-
verbände des Angreifers längere Zeit aufhalten kann, dann werden die
eigenen Panzerkräfte nicht mehr in der Verteidigung gebunden, sondern sind
für den Angriff frei verfügbar. Sie können sich im Schutze der Grenzverteidigung beliebig konzentrieren und an den Schwerpunkten des Angriffs
eine hohe örtliche Überlegenheit herstellen. Dem dürfte dann auch die
Grenzverteidigung des Gegners nicht mehr gewachsen sein, und es käme zum
Durchbruch. Fazit: Die Angriffsfähigkeit wird erhöht. ... Jedenfalls lässt sich
das Paradoxon nicht ausschließen, dass diese Art von Nichtangriffsfähigkeit
de facto die Angriffsfähigkeit erhöht und die militärische Lage nicht
stabilisiert, sondern labiler macht. "*

Einige der solchermaßen Kritisierten nahmen gleichwohl das damals gängige Etikett der „Strukturellen Nichtangriffsfähigkeit" für ihre Modellarbeiten in Anspruch. In Wahrheit nahm man aber weder die stabilitätsrelevante Problematik ernst, die mit der Verfügbarkeit einer starken Vergeltungsstreitmacht verknüpft ist, noch das militärische Dilemma, das entsteht, wenn durch bedrohliche Truppenkonzentrationen lohnende Ziele gebildet werden.

Um demgegenüber eine eher positive Nuance zu setzen: Das Team um Reiner K. Huber an der Bundeswehruniversität in München (Hofmann et al.: 1984), das ebenfalls konzeptionell zur Entwicklung von Schildkräften beitrug (der entsprechende Vorschlag erstrebte eine flexible, grenznahe Kette aus einfachen, feuerstarken Sperrverbänden), kaprizierte sich nicht sonderlich auf den Gedanken einer Absicherung durch schwere operative Reserven.

Die durch eine solche Sperrkette aus der Linearverteidigung befreiten Großverbände der NATO wurden in ihrer Qualität und mit ihrem Vergeltungspotential zunächst einfach nicht reflektiert. Später jedoch sah dieses Team eher eine Priorität in der Bildung von Eingreifverbänden (Huber 1990: 417), die über größere Entfernungen hinweg rasch etwaige Lücken im Sperrgürtel auf vorwiegend defensive Weise würden schließen können. (Wir erkennen darin Parallelen zu den Arbeiten der Studiengruppe Alternative Sicherheitspolitik, bei denen es ebenfalls darum ging, operativ bewegliche Verstärkungskräfte ‚vor Ort' strukturell auf die Abwehr festzulegen.)

Um nun auch die Diskussion im Zeichen von „Schwert und Schild" abzurunden: Aus dem bezeichneten Kreis gibt es keine durchgearbeiteten Skizzen zu Alternativkonzepten für Luft- und Seestreitkräfte. Viel von dem, was sich in der NATO entwickelt hatte, wurde – analog etwa zur Akzeptanz der Nuklearstrategie – kommentarlos übernommen.

Fast alle Autoren aus dieser Denkschule beanspruchten zusätzliche Ressourcen für die Verteidigung, wobei allerdings generell eine besonders effektive Nutzung vermehrter Mittel reklamiert wurde. Gewissermaßen nach dem Motto: Bereits eine unwesentliche Ausgabenerhöhung kann mit Hilfe der Einführung von Defensivstrukturen in die NATO-Konzeption in einer enormen Steigerung konventioneller Abschreckung resultieren.

Eine Ausnahme im Hinblick auf erforderliche Kostensteigerungen bildete wiederum das erwähnte Team der Bundeswehruniversität München: jedenfalls dann, wenn seinen konzeptionellen Überlegungen gemäß ein guter Teil der schweren, aufwendigen Großverbände durch leichtere, einfachere

und schnell marschierende Formationen für defensive Eingreifzwecke ersetzt
worden wäre.

Von Nuancen einmal abgesehen, lässt sich im Rückblick ein Generalnenner
dieses Ansatzes erkennen: *Maximierung konventioneller Stärke der NATO –
unter Ergänzung, aber nicht prinzipieller Veränderung etablierter Strukturen.*

Schachbrett oder Guerilla

Unter diesem Rubrum wurde eine Restkategorie oder, wenn man so will, eine
‚Mischklasse' gefasst (Levine et al. 1982): Versammelt finden sich darin zum
einen Vorschläge, die das Befestigen deutscher Dörfer an der Ostgrenze der
Bundesrepublik sowie den Kampf aus der Deckung suburbaner Bebauung
anregen (Bracken 1976), und zum anderen Konzepte für den Guerillakrieg
(Paxson et al. 1979; Uhle-Wettler 1980), entweder mit sehr einfachen oder
aber recht komplexen Waffen: Ansätze, die sich vor allem an der perzipierten
Notwendigkeit festmachen, auch in den ausgedehnten bewaldeten Gebieten
Deutschlands operieren zu können.

Gemeinsam ist all diesen Vorschlägen, dass sie sich besonders eng auf die
systematische Nutzung bestimmter Gelände- bzw. Siedlungsformationen
beziehen. Im Übrigen erscheinen sie oft als Versuche, die Verteidigung nur
in Teilelementen zu optimieren: ihr dort, wo es denn eine bestimmte Konstellation von Dörfern hergibt, schachbrettartige Tiefe zu verleihen, oder aber
– bis dato militärisch vernachlässigte – bewaldete Räume durch leichte,
fluide Kräfte zu decken. Wenn sich solche Konzepte im Rahmen – zumeist
nur vage definierter – Gesamtentwürfe sehen, sind diese meist vom Typ
„Schwert und Schild".

Von Ausnahmen abgesehen, stammen derartige Anregungen aus den Vereinigten Staaten. Dies mag mit zur Erklärung dafür dienen, dass
(vermeintliche) Effizienzgesichtspunkte eindeutig im Vordergrund stehen.
Wenn etwa befestigte Dörfer sich als systematische Ziele für gegnerisches
Feuer anbieten und damit der Schadensminimierung nicht gerade gedient ist,
rührt das im Allgemeinen wenig. *Als Kontrast*: In den Arbeiten Horst
Afheldts, Norbert Hannigs und auch der Studiengruppe Alternative
Sicherheitspolitik (SAS) sind Kämpfe in und um Ortschaften konzeptionell
nicht vorgesehen. Um zu verhindern, dass größere Siedlungen als für einen
Gegner ‚interessante Räume' faustpfandartig besetzt werden, wird vorgeschlagen, die umliegenden Gebiete durch Sperren und Feuer (Afheldt), durch
die Schaffung einer unüberwindlichen grenznahen Vernichtungszone (Han-

nig) oder auch durch die Operationen kleiner, netzgestützter Eingreifverbände (SAS) zu kontrollieren.

Und um schließlich noch das Guerilla-Konzept zu kritisieren: Dabei hätten sich wegen dezentraler Fluidität der Kräfte und demzufolge schwieriger Führbarkeit Kontrollprobleme durchaus politischer Dimension ergeben. Zur Verdeutlichung: Zumindest ein Autor schlägt vor (Canby 1980: 60 ff.), leichte Infiltrationskräfte offensiv einzusetzen, um die Loyalität der Bevölkerung im Osten zu testen.

Im Übrigen lässt sich konstatieren, dass die dieser Mischklasse zurechenbaren Vorschläge in der Regel nicht sonderlich detailliert sowie auch im Hinblick auf Angaben zu Umfängen und Aufwand nicht gerade sehr konkret sind. Alles in allem ergibt sich das Bild einer Denkrichtung, die im Hinblick auf Stabilitätskriterien sich jenen Einwänden ausgesetzt sieht, die bereits im Zusammenhang mit „Schwert und Schild" formuliert wurden.

3.2.3 Computeranalysen: Evaluation der Evaluation

In der Dekade vor dem Ende des Ost-West-Konflikts, als die verteidigungspolitische Diskussion um konventionelle Alternativen für Mitteleuropa ihren Höhepunkt erreichte, war vielen bewusst, dass den NATO-Mainstream kontrastierende Modelle bereits in der Wirklichkeit vorkamen – und zwar zum Teil schon seit vielen Jahren. Der Blick fiel dann auf die Verteidigungsorganisationen Finnlands, Schwedens (Ries 1989 b), in Nordnorwegen, zum Schutz der dänischen Inseln, der Schweiz, Österreichs (Spannocchi/Brossollet 1977: 17-91) und des damaligen Jugoslawiens (Roberts 1976).

Die Analyse der dortigen – mehr oder minder konsequenten – Spezialisierung auf die Defensive zeigte freilich bald, dass die gefundenen Lösungen nur schwer, oder eher gar nicht, auf die Bedingungen der NATO-Verteidigung Mitteleuropas übertragbar waren; jedenfalls dann nicht, wenn man die Transplantation eines Gesamtsystems mit seinen wesentlichen konkreten Ausprägungen hätte versuchen wollen. Als zu groß erwiesen sich die Unterschiede zwischen den einzelnen Konstellationen im Hinblick auf spezifische Bedrohungsszenarien, geografische Bedingungen oder zur Verfügung stehende Ressourcen.

Gleichwohl ließen sich in etlichen Einzelaspekten Strukturähnlichkeiten zwischen den real-existierenden Verteidigungsorganisationen und den vorgeschlagenen Alternativmodellen erkennen. Wobei die Vermutung nahe liegt, dass die konzeptionelle Arbeit der Alternativschule in mancherlei Hinsicht durch das inspiriert worden war, was in den ‚Musterländern' praktiziert wurde. Zu nennen sind in diesem Zusammenhang: feuerstarke Sperrverbände, aufgelockerte, netzartige Strukturen zur Raumdeckung und Eingreifkräfte zur Intervention im Netz.

Kurzum, die Perzeption der Erfahrungen solch anderer europäischer Länder mag heuristische Wirkungen gehabt haben. Eine Stützung der Behauptung besonderer Tauglichkeit des alternativen Angebots ließ sich dadurch aber kaum gewinnen. Gefragt waren solidere Argumente, wenn nicht gar Beweise: Dies konnte dem damaligen Stand der Wissenschaft und dem Zeitgeist gemäß nur bedeuten, dass die miteinander konkurrierenden Ansätze zur konventionellen Verteidigung Mitteleuropas mit Hilfe computergestützter Gefechtssimulationen, also mit Verfahren des Operations Research (OR), zu testen waren.

Für solche Untersuchungen werden wichtige Einflussgrößen wie etwa die relevanten Geländetypen, die Strukturen, Waffensysteme und die jeweilige Operationsweise der kämpfenden Parteien sowie z. B. auch die erwartbare Ausgangsrelation der Kräfte modellartig abgebildet. Diese Modellierung bedeutet zugleich auch eine Vereinfachung der Realität, was übrigens immer wieder zur Kritik an der Tragfähigkeit der Ergebnisse motiviert hat. Kurz zu skizzieren und kritisch einzuordnen sind im Folgenden zwei größere Untersuchungen des Operations Research, von denen die eine in der erste Hälfte der 80er und die zweite in den frühen 90er Jahren des letzten Jahrhunderts durchgeführt wurde.[8]

In einer computergestützten Simulation der *Bundeswehruniversität München* (Hofmann et al. 1984) wurden bataillonsstarke Konstrukte jeweils den Angriffen von drei unmittelbar aufeinander folgenden sowjetischen, motorisierten Schützenregimentern (und damit einer bis zu neunfachen Überlegenheit) ausgesetzt. Diese Regimenter bestanden aus feuerstarker, mechanisierter Infanterie – unmittelbar kooperierend mit einem beträchtlichen Element von Kampfpanzern – und genossen sehr starke Artillerie-Unterstützung.

An den vergleichenden Tests nahmen insgesamt 14 Konstrukte teil. Dazu gehörten auch vier relativ schwere und nicht ausschließlich für die „reaktive" Verteidigung zugeschnittene Verbände der Bundeswehr. Demgegenüber

---

8 Es ging um die Modellierung und Simulation taktischer Konfrontationen und nicht um die Abbildung von Vorgängen auf der strategischen Ebene (Epstein 1988; Posen 1989), in deren Rahmen freilich über Gefechtsverläufe auf der Mikro-Ebene pauschalisierte Annahmen gemacht werden müssen.

waren die übrigen zehn Konstrukte, dem Anspruch ihrer Konzeptoren gemäß, eindeutig auf die „Reaktion" hin strukturiert: also nicht in einer Zweitrolle zu Angriffsoperationen befähigt. Zwei der Verbandstypen kamen aus Österreich sowie der Schweiz, und aus dem bundesdeutschen Spektrum waren die wichtigsten Modellansätze vertreten. Zum Test wurde das hoch komplexe Programmpaket *BASIS* verwendet. Hier ein Blick auf einen Ausschnitt wichtiger Ergebnisse:

1. Die getesteten Verbandstypen aus dem Bereich der Bundeswehr, sie waren *auch* zu Angriffszwecken konzipiert worden, benötigen für Bewaffnung und Fahrzeuge erheblich höhere Investitionsmittel als die „reaktiven" Ansätze. Gleichwohl erfüllen nur zwei der vier Varianten das sehr hart gefasste Vorneverteidigungs-Kriterium: Abnutzen und Stoppen von bis zu drei angreifenden sowjetischen Regimentern innerhalb 3 bis 5 km Eindringtiefe.

2. Das harte Kriterium wird auch von zwei reaktiven Konstrukten erfüllt, die dafür aber nur einen Bruchteil der für die Bundeswehrverbände nötigen Investitionsmittel benötigen. Bei beiden handelt es sich um an das Gelände angelehnte Sperrverbände mit relativ einfachem Waffenmix und hoher Feuerdichte. (Aber: Einer davon ist ein Produkt des testenden Instituts.)

3. Wenn das Kriterium der Vorneverteidigung etwas gemildert wird und die Stoppwirkung erst innerhalb von 10 bis 15 km aufzutreten braucht, erscheint noch ein weiterer Verband sowohl befähigt als auch relativ kostengünstig (ebd.: 47) nämlich ein Konstrukt, das im SAS-Rahmen für schnelle Märsche zur defensiven Verstärkung des Netzes entworfen wurde.

4. Neben reaktiven Strukturlösungen, die eine besonders kosteneffektive Vorneverteidigung zu gewährleisten scheinen, gibt es auch solche, die ‚einfach nur billig' sind und dennoch einige Wirkung erzielen. So zeigt sich, dass die dem Test ausgesetzte Netzkomponente Horst Afheldts sehr viel weniger Investitionsmittel erfordert als alle anderen Defensivmodelle. Das Problem ist: Es bedarf relativ vieler solcher Netzelemente, die hintereinander wirksam werden müssen, um einen Standard-Angreifer abzunutzen. So etwa würde die gegnerische Eindringtiefe in einem Afheldt'schen Netz *90 bis 120 km* betragen. (Mit dieser Marge wird bezeichnet, dass die mangelnde Komplexität der Netzbewaffnung die eindringenden gegnerischen Verbände dazu einlädt, ihr Angriffsverfahren zu optimieren, um dadurch weiter vordringen zu können.)

5. Jene Defensivmodelle, die sich fast ausschließlich auf moderne Rake-
tentechnologie und nicht auch auf ein komplementäres Netz mit Infanterie-
kräften stützen, gemeint ist etwa auch das Konzept Hannigs, schneiden nicht
allzu überzeugend ab. Der Investitionsbedarf ist vergleichsweise hoch, und
dem Bewaffnungsmix mangelt es an Komplexität, was die Anpassungs-
fähigkeit an rasch wechselnde taktische Lagen und z. B. auch schlechte
Sichtbedingungen beeinträchtigt.

Vor allem drei Punkte der Kritik an der Analyse drängen sich auf:

A: Wie dies auch generell für entsprechende OR-Studien gilt, bei denen
es um die Analyse duellartiger Konfrontationen geht, orientiert sich das ver-
wendete Simulationsmodell prinzipiell an der Grundgleichung Lanchesters
(Lanchester 1916): Damit wird bewirkt, dass sich die relative Dichte des
direkt gerichteten Feuers in besonderem Maße auszahlt. Denn nach der
genannten Gleichung gilt, dass eine lineare Zunahme der Waffenzahl einer
Seite nur durch eine quadratische Steigerung der Waffenqualität (sprich:
Treffgenauigkeit und Vernichtungskraft) auf der anderen kompensiert
werden kann. Vor diesem Hintergrund hätten Konstrukte mit beträchtlicher
Waffendichte, bei im Durchschnitt nicht allzu aufwendigen Systemen, einen
besonderen Vorteil. Dieser entspringt unmittelbar der Modellgrundlage, muss
aber nicht notwendigerweise auch der Realität entsprechen.

B: Wenn vor allem solche Konstrukte für relativ kosteneffektiv erklärt
werden, die sich durch besonders hohe Waffendichte und eine enge Gelände-
fixierung auszeichnen, ist damit ein schwerwiegendes Stabilitätsproblem
impliziert: bieten doch derartig konzentrierte und auf Stellungen festgelegte
Defensivelemente lohnende Ziele für das Feuer atomarer Gefechtsfeldwaffen.
Und selbst wenn sich eine solche Gefahr ausschließen ließe: Stellt nicht die
leichte Erkennbarkeit dichtester Dislozierung eine Einladung zur Entwicklung von Gegenmitteln unterhalb der nuklearen Schwelle dar?

C: Weder das Netzkonstrukt von Afheldt noch das von SAS wurde
mitsamt der jeweiligen Rückversicherung getestet. Dies heißt: Im ersten Fall
blieb die weitreichende Raketenartillerie zum Schutz der je einzelnen
Netzmodule unberücksichtigt. Und im zweiten Fall hatten sowohl das
indirekte Feuer als auch die funktional differenzierten Spinnenelemente, die
für das Netz überlagernde Operationen vorgesehen sind, keine Entsprechung
in den Modellanalysen. Damit geriet der für die Kooperation solch unterschiedlicher Strukturen behauptete Synergismus gar nicht erst ins Blickfeld.

Wenden wir uns nun den Ergebnissen einer internationalen, breit angelegten OR-Untersuchung zu, die zwischen 1992 und 1994 durchgeführt wurde! Es handelt sich um eine Arbeit, die eine Untergruppe (RSG.18) eines NATO-Experten Panels, das sich systematisch mit den militärischen Implikationen neuerer Ansätze des Operations Research befasste, geleistet hat (Stable Defence 1994). Diese Untergruppe stellte sich die generelle Frage, was die Bedingungen einer „Stabilen Verteidigung" seien. Dabei machte man sich durchaus die Grundeinsicht zu eigen, dass der militärischen Stabilität dann gedient ist, wenn die Stärkung der Verteidigung eines bestimmten Landes nicht gleichzeitig auch in zusätzlicher Gefährdung seiner Nachbarn resultiert. Es ging also, anders formuliert, darum, ob es militärische Strukturen gibt, mit denen sich das *Sicherheitsdilemma* entschärfen lässt.

Im Zentrum der Arbeiten stand die Simulation von Gefechten zwischen jeweils einem divisionsstarken Angreifer und einem brigadestarken Verteidiger. Es ging also, verglichen mit der erstgenannten Untersuchung, um eine höhere taktische Ebene. Der Abschlussbericht enthält „generelle Schlussfolgerungen", in denen *verbale Paukenschläge* auffallen (ebd.: V f.),

Erstens: In der „voraussehbaren Zukunft" lassen sich „keine rein defensiven" Streitkräfte aufbauen.

Kommentar: Abgesehen von dem Ansatz Horst Afheldts, der ,reine Defensivität' für sich beansprucht, aber in der NATO-Untersuchung gar nicht getestet wurde, sprechen selbst jene Proponenten alternativer Modelle, die eine besondere Stabilitätsorientierung geltend machen, von Strukturkompromissen, die begrenzte Offensivität nicht ganz ausschlössen. Ihnen ist allerdings wichtig, dass der Gesamtaufzug einer militärischen Organisation eher Verteidigungs- als Angriffsorientierung verrät (Boeker 1986: 17). ,Gesamtaufzüge' wurden im NATO-Rahmen aber nicht studiert.

Zweitens: Weil es keine „rein defensiven" Streitkräfte gibt, ist es „unmöglich, dem Sicherheitsdilemma zu entkommen."

Kommentar: Diese Formulierung ist – in ihrer fast dramatischen Zuspitzung – nicht falsch. Doch versperrt sie den Weg zu der Überlegung, dass sich durch eine stärkere Defensivorientierung von Gesamtstruktur und Operationsweise der Streitkräfte das Sicherheitsdilemma *minimieren* lässt.

Drittens: Wenn alle Länder einer Region die „Mobilität ihrer Streitkräfte in gleichem Maße steigern," lässt sich darin „kein Stabilitätsrisiko" erkennen.

Kommentar: Es handelt sich um eine Annahme, die im Rahmen der den Schlussfolgerungen zugrunde liegenden Studien nicht überprüft wurde. Hinter dieser Annahme steht die Hypothese, dass die bewegliche Allokation von Kräften – etwa auf einen Krisenpunkt hin – durch eine Partei dann kein Risiko bedeutet, wenn der Nachbar dies bei gleicher Mobilität durch eine ‚Gegenallokation' völlig kompensieren kann. Hierin verrät sich eher ein unreflektierter Mobilitätsglaube als ein angemessenes Verständnis der Stabilitätsrisiken hoher Beweglichkeit. Mobilität, so uneingeschränkt postuliert wie in diesen generellen Schlussfolgerungen, kann nämlich durchaus auch zu Kalkülen ermutigen, die auf das überraschende Ausnutzen von Lücken im Dispositiv des jeweils anderen aus sind (und zwar möglicherweise bei präemptiver Hemmung der Bewegung von Kräften zur Gegenallokation).

Neben den *generellen* Schlussfolgerungen gibt es auch *spezifische*, wobei auffällig ist, dass letztere (und die dafür relevanten Studiendetails) – dem Tenor der ersteren zuwider – in wesentlichen Punkten die Annahme stützen, dass sich der *Gesamtaufzug* einer Verteidigung durchaus auf die Defensive festlegen lässt. Im Einzelnen (ebd.: XI ff.):

a) Feldbefestigungen und künstliche Hindernisse unterstützen die Verteidigung weit mehr als den Angriff, und zwar unter den verschiedensten Gelände- und Wetterbedingungen.

b) Attrappen, die gegnerisches Feuer auf falsche Ziele lenken, sowie Minensperren helfen der Verteidigung mehr als dem Angriff; allerdings nur, wenn es genug Vorbereitungszeit gibt. (Typischerweise hat der Verteidiger für entsprechende Maßnahmen aber mehr Zeit als der Angreifer!)

c) Ein (nicht für schnelle Infiltrationsangriffe vorbereiteter) infanteristischer Verband benötigt, um ein gegebenes Stellungssystem zu durchbrechen, drei- bis viermal mehr Zeit als eine mechanisierte Formation desselben Umfangs. Dies bedeutet, dass die Verteidigung gegen einen Infanterie-Angriff weit mehr Zeit hat, um unterstützende Kräfte heran zu transportieren. Die Infanterie-Operation ist also weniger gefährlich, das sich darin manifestierende Offensivpotential geringer als das einer entsprechenden mechanisierten Streitmacht.

d) Relativ starke Artillerie beschert der Verteidigung eher Vorteile als dem Angriff. Und zwar weil die Artillerie in der Verteidigung,

   -    einen relativ höheren Verfügbarkeitsgrad erreicht (durch gute Vorbereitung und vergleichsweise geringere Anforderungen an die eigene Mobilität),

- wegen der bekannten Umgebung über weitaus bessere Informationsgrundlagen verfügt

- die eigene Verwundbarkeit durch den Bau schützender Wechselstellungen wesentlich reduzieren kann.

e) Damit das Feuer der Artillerie, es wird kein Unterschied zwischen Geschützen und Raketen gemacht, die Verteidigung substanziell stabilisieren kann, sollte es über relativ große Distanzen wirksam werden können. Zudem sollten die Geschosse möglichst präzisionsgelenkt sein. Damit würden, so wird befunden, hochwirksame und flexible Gegenkonzentrationen möglich, mit denen sich Bewegungen von Truppen, deren Absicht als nicht „rein defensiv" interpretiert werden mag, vermeiden lassen. (Über die Kosten solcher Mittel der Hochtechnologie wird allerdings nichts gesagt.)

f) Wichtig ist es, die Bewegung gegnerischer Truppen zu antizipieren und dann zu verlangsamen. Dies hat deswegen einen stabilisierenden Effekt, weil dadurch die optimale Allokation der verteidigenden Truppen leichter fällt. (Die Autoren gehen allerdings nicht so weit zu schlussfolgern, dass sich die geforderte Funktion gut durch netzartige Defensivstrukturen realisieren ließe.)

g) Eine bodengestützte Flugabwehr ist dann stabilisierend, weil eindeutig nur die Verteidigung begünstigend, wenn sie nicht hochmobil, sondern an den zu schützenden Raum gebunden ist. (Die Autoren scheuen sich aber offenbar davor, diese Strukturüberlegung zu verallgemeinern: Die Möglichkeit bleibt unbeachtet, bewegliche Truppen schlechthin durch eine quasi-stationäre Logistik, ein weitgehend statisches Kommunikationsnetz und ähnliche Maßnahmen an den zu schützenden Raum zu fesseln.)

Wenn auch anklingt, dass durch ein Sperrsystem der Ansatz beweglicher Kräfte optimiert und durch weitreichendes Feuer die Mobilität von Truppen in gewissem Maße ersetzt werden kann, hat auch diese relativ breit angelegte Untersuchung es nicht vermocht, Ansätze zu testen, die den synergetischen Effekt der Kooperation komplementärer Strukturelemente für sich beanspruchen. Damit bleiben wir auf andere Arten der Evaluation verwiesen.

Zu erwähnen sind zum einen zwei Teams, das eine an der Österreichischen Landesverteidigungsakademie (Fernau/Palmisano 1987: 25 ff.), das andere einem bundesdeutschen Parlamentarier (Voigt 1988) zuarbeitend, die beide zu dem Schluss kamen, dass im ‚Überlagerungsprinzip' (*Spinne und Netz* im Sinne des SAS-Vorschlages) das relativ größte Potential für eine kosteneffektive, stabilitätswirksame Verteidigung läge. Zum anderen sei über die erwähnten Arbeiten hinaus, deren wesentliches Werkzeug die Plausibilitätsprüfung gewesen zu sein scheint, auf noch eine andere Evaluationsstrategie verwiesen. Auf den niederländischen Physiker und Sozialwissenschaftler John Grin geht die Idee einer systematisch-formalisierten Darstellung der Interaktion von Spinnenelementen und Netz zurück, um die grundsätzlichen Vorteile dieses Ansatzes besser explizieren und intersubjektiv nachvollziehbar machen zu können (siehe den ANHANG).

3.3 Stellenwert militärischer Strukturreform: Drei Dimensionen

Die Entwicklung von Strukturalternativen für die Verteidigung Mitteleuropas ist auf ihren Stellenwert abzuklopfen: und zwar in drei ganz unterschiedlichen Dimensionen. Da ist zum einen die Rolle, die das alternative Angebot in der sicherheits- und verteidigungspolitischen Debatte der 1980er Jahre in der Bundesrepublik Deutschland gespielt hat. Zum anderen muss über diese innenpolitische Bedeutung hinaus gefragt werden, in welchem Zusammenhang die Erarbeitung von Defensivmodellen, deren besonders stabilitätsorientierte Varianten immerhin die Möglichkeit einer selbständigen – nicht ausgehandelten – Truppenreduzierung versprachen, mit dem damaligen Abrüstungsprozess in Europa stand.

Schließlich bleibt zu reflektieren, ob das Muster einer Vertrauensbildenden Verteidigung, wie es in den 80er Jahren des vorigen Jahrhunderts entstand, auch auf andere Regionen potentiellen Konflikts übertragbar ist, und inwieweit seine Relevanz von der jeweiligen Kräftekonstellation abhängt. Letztere Fragestellung bedeutet zugleich eine Überleitung zu unserem dritten großen Komplex: der systematischen Sondierung der Bedeutung einer Spezialisierung auf die Defensive für die Zeit des Kriegsgeschehens nach dem Ende des Kalten Krieges.

3.3.1 Sicherheitspolitischer Diskurs: Formelkompromiss gesucht

Im Gefolge des sogenannten NATO-Doppelbeschlusses, eine „Nachrüstung" mit eurostrategischen Nuklearwaffen zu betreiben (die behauptete Notwendigkeit, eine Lücke zu schließen, erschien verwunderlich, da gewisse Vorteile der Sowjetunion bei den Mittelstreckenraketen durch eine gewaltige Überlegenheit des Westens bei weitreichenden, atomar bestückten Jagdbombern mehr als kompensiert wurden), kam es in der ersten Hälfte der 80er Jahre des vorigen Jahrhunderts in einer Teilöffentlichkeit der Bundesrepublik und anderer Stationierungsländer für die neuen Waffen zu einer lebhaften

Debatte (Møller 1991), die mitunter in Protestaktionen mündete. Träger dieser Debatte waren die Friedensbewegung, von in akademischer Ausbildung befindlichen AktivistInnen geprägt, aber nicht dominiert, Teile des Spektrums politischer Parteien und andere gesellschaftliche Organisationen.

In der Bundesrepublik Deutschland gab es damals drei Organisationen, die sich qua Institution sowie auch mit Teilen ihrer Mitgliedschaft aktiv an der Debatte beteiligten und die zugleich auch ein mehr oder minder entwickeltes Interesse an der Gedankenwelt der militärischen Alternativen bekundeten. Es handelte sich um die Evangelische Kirche, die Sozialdemokratische Partei sowie den Deutschen Gewerkschaftsbund.

Andere politische und gesellschaftliche Akteure der damaligen Zeit sind eher zu vernachlässigen: In der CDU/CSU sowie in der Katholischen Kirche gab es nur winzige Grüppchen von Abweichlern vom offiziellen NATO-Kurs. Und die FDP folgte nahezu geschlossen der samtpfötigen Außenpolitik Hans Dietrich Genschers, die letztlich freilich dieselbe Linie stützte.

Die Grünen schließlich taten sich in der ersten Hälfte der 1980er Jahre sehr schwer, als es darum ging, Antworten auf die Fragen zu finden, die in der damaligen Debatte um Frieden und Sicherheit aufgeworfen worden waren. Es galt, um des Zusammenhalts der Partei willen, drei Strömungen miteinander zu verbinden, deren Perspektiven deutlich divergierten (Unterseher 1999: 293 f.): Da gab es die fundamentalistisch gesinnten Pazifisten, die sich alle Waffen – nicht nur die atomaren – von heute auf morgen hinweg wünschten; meist ohne sich die Bürde des Nachdenkens darüber aufzulasten, was denn die Erfolgsbedingungen und die Konsequenzen einer solchen Forderung gewesen wären.

Und da gab es jene anderen, deren Protest sich fast ausschließlich an der Existenz von Atomwaffen in Ost und West festmachte; und die damit nicht nur Horrorvisionen nuklearer Verwüstung verbanden, sondern in diesem Zusammenhang auch schwerwiegende ethische Probleme erkannten. Schließlich artikulierte sich noch eine Gruppierung, deren Besorgnisse sich auf die besondere Dynamik der militärischen Konkurrenz zwischen Ost und West und die daraus sich ergebenden Stabilitätsrisiken bezogen (Die Grünen 1984). In diesem Kreis zeigte sich noch am ehesten Verständnis für die Vorschläge aus dem Lager der militärischen Alternativen. Doch letztlich erschien dieses Angebot denn doch zu ‚militaristisch‘, weil mitunter sehr konkret – und damit das Zartgefühl von Friedensaktivisten störend. Am Ende entwickelten die Grünen die Forderung nach radikalen Maßnahmen selbständiger Abrüstung als Formelkompromiss für die divergierenden Fraktionen: ohne irgendwelches Interesse an einer Vertrauensbildenden Verteidigung zu artikulieren.

Wenden wir uns nun aber der *Evangelischen Kirche in Deutschland* zu! Die Kirche sah sich im Gefolge der Nachrüstungsdebatte einer Polarisierungstendenz unter den aktiven Gläubigen ausgesetzt, die das Christenherz bluten machte. Es standen sich zwei Gruppen konfrontativ gegenüber (Unterseher 1999: 291 f.): Die eine hatte sich unter dem Motto *Ohne Rüstung leben* versammelt und zeigte eine nahezu fundamentalistisch anmutende pazifistische Orientierung. Die andere trat unter dem Etikett *Sicherung des Friedens* an. In dieser Gruppe sah man vor allem auch eine Aufgabe darin, das ethische Gerüst der offiziellen NATO-Politik tragfähiger zu machen und differenzierter zu gestalten.

Zwischen diesen auseinander strebenden Orientierungen siedelte sich alsbald ein dritter Zusammenschluss an, der eine sehr deutliche ökumenische Ausrichtung erkennen ließ und unter der Bezeichnung *Schritte zur Abrüstung* bekannt wurde. Diese Gruppierung fiel insbesondere durch ihr programmatisches Engagement auf. Die Kernforderungen waren: Keine Atomwaffen in Europa! Keine Rüstungsexporte in Länder außerhalb Europas! Und last, but not least: *Abrüstung durch Umrüstung!* Mit letzterer Forderung war das Abrüstungspotential eines defensiven Strukturwandels konventioneller Streitkräfte angesprochen, wobei angenommen wurde, dass sich ein entsprechender Veränderungsprozess nicht nur auf dem Wege bilateraler, institutionalisierter Verhandlungen, sondern vor allem auch durch unilaterale Initiativen auslösen lassen würde (wie es etliche Vertreter der militärischen Strukturalternativen vorgeschlagen hatten).

In dieser Lage hatte die Kirchenleitung bei einer Gruppe von prominenten Professoren, in der die Disziplinen Politik, Geschichtswissenschaft sowie Völkerrecht vertreten waren, ein „Friedensgutachten" in Auftrag gegeben, von dem wohl eine Kompromisslinie für die auseinander driftenden Fraktionen erwartet wurde. Zumindest im Rückblick will es so scheinen, dass die Gruppe *Schritte zur Abrüstung* durch eine Aussage des Friedensgutachtens im Sinne einer Festlegung auf die strikte Defensive in besonderem Maße legitimiert worden wäre, zwischen den extremen Positionen im kirchlichen Meinungsspektrum zu vermitteln und diese wieder stärker in eine gemeinsame Diskussion einzubinden. Hätte doch ein Votum für eine stabilitätsbewusste Alternative sowohl das Recht auf Verteidigung ernst genommen als auch die Sorgen angesichts der vermuteten, sich zuspitzenden Kriegsrisiken respektiert.

Doch das Friedensgutachten erschien erst nach langen, fruchtlosen Debatten (EKD 1985): ein wenig zu spät, um die durch die Friedensbewegung ausgelösten Diskussionen noch wesentlich beeinflussen zu können (!). Mit dem Gutachten erklärten die Professoren ihren Dissens und damit die Unfähigkeit der Gruppe, als Gruppe, der Kirche in ihrer Zerrissenheit zu helfen. Die Kirche überlebte freilich auch ohne dies: schlief doch das Interesse an Friedensfragen allmählich wieder ein – vielleicht auch, weil der Abrüstungsprozess in Europa ab Mitte der 1980er Jahre an Dynamik gewann.

Auch die deutschen *Sozialdemokraten* standen damals vor dem Problem, besondere Anstrengungen zur Vermittlung zwischen unterschiedlichen sicherheitspolitischen Orientierungen in ihrer Partei unternehmen zu müssen. Es ist die Annahme sicherlich nicht zu kühn, dass die aus den innerparteilichen Debatten um den NATO-Doppelbeschluss resultierende innere Zerrissenheit der Sozialdemokratie wesentlich mit dazu beitrug, dass die Partei auf Bundesebene die Regierungsbeteiligung verlor.

Die innerorganisatorischen Fraktionierungen, zwischen denen vermittelt werden musste, ähnelten jenen, die sich auch in der Evangelischen Kirche zeigten: Da waren zum einen die *ungebrochen NATO-Loyalen*, die übrigens die Mehrheit stellten. Und da gab es zum anderen die Kritiker der etablierten Sicherheits- und Verteidigungspolitik, ihr Kern bestand aus *Pazifisten*, die ‚normalerweise' mit etwa einem Drittel der Stimmen auf Parteitagen rechnen konnten, aber in speziellen Fragen und bestimmten Situationen auch absolute Mehrheiten zu erreichen vermochten.

Die Parteiführung vermutete schon frühzeitig, dass sich eine Konzeption à la Alternative Verteidigung als Kompromissformel zur Vermittlung zwischen den divergierenden Fraktionierungen eignen könnte. Den NATO-Loyalen gegenüber, so wurde wohl angenommen, ließe sich damit weiterhin bekräftigen, dass die militärische Verteidigung etwas prinzipiell Legitimes sei. Und im selben Atemzug würde man den Kritikern versichern können, dass es Aufgabe der Sozialdemokratie bleibe, das Militär zur Selbstbescheidung zu zwingen, Politik schrittweise zu ‚entmilitarisieren'.

Folgerichtig befasste sich schon im Jahre 1983 die *Kommission Sicherheitspolitik* beim Parteivorstand mit dem Komplex der Alternativen Verteidigung, wobei drei als typisch erachtete Vertreter dieser Denkrichtung selbst zu Wort kamen. Dabei wurde allerdings nicht verabsäumt, diesen durch einen Vertreter des Generalinspekteurs der Bundeswehr gleichsam amtlich über den Mund fahren zu lassen. Gleichwohl geriet der Gedanke, um den es hier geht, im Frühjahr 1984 unter dem Term „Strukturelle Nichtangriffsfähigkeit"

in die Beschlüsse des *Essener Parteitages* der Sozialdemokratie (Parteivorstand 1984). In demselben Dokument findet sich allerdings auch ein
Plädoyer für die Stärkung der konventionellen Verteidigung durch Anwendung von Mitteln der Hochtechnologie für Schläge in das Hinterland des
militärischen Kontrahenten (*Deep Strikes*), den man sich gerade erst ange-
wöhnt hatte, „Sicherheitspartner" zu nennen.

Das Plädoyer für militärisch destabilisierende Maßnahmen in Verknüpfung
mit dem Begriff „strukturelle Nichtangriffsfähigkeit", der allerdings nicht
erläutert wurde, deutet darauf hin, dass es in der Sozialdemokratie ein
schwerwiegendes kognitiv-konzeptionelles Defizit gab, was den Bereich der
Verteidigungspolitik betraf. Und als der Versuch gemacht wurde, die konzeptionelle Lücke zu schließen, ging dieses Unterfangen in eine problematische
Richtung: Unter der Ägide Andreas von Bülows, der ab 1987 für etwa zwei
Jahre Vorsitzender der Kommission war, kam es zu konkreten Arbeiten an
einer Alternative nach dem Muster „Schwert und Schild" (Bülow et al.
1988). Dies stieß auf die energische Kritik einer Minderheitsgruppe um den
Bundestagsabgeordneten Hermann Scheer und den damaligen Bremer
Senator Volker Kröning, die bereits zuvor ein ausgearbeitetes Konzept
Vertrauensbildender Verteidigung in die Debatte eingeführt hatten (Haeberlin
et al. 1985).

Nicht wenige Sozialdemokraten fühlten sich offenbar mit der „Strukturellen
Nichtangriffsfähigkeit", die sie immerhin zur Parteiplattform gemacht hatten,
recht unwohl. Letztlich befürchteten sie mit der Übernahme einer entsprechenden Konzeption die Schwächung westlicher Verteidigung. Stabilität
konnte man sich ohne Vergeltungsoption schlecht vorstellen. Deswegen wurden wiederholt konzeptionelle Versuche unternommen, vergeltungsfähige
Streitkräftekomponenten ‚draufzusatteln'.

Und deswegen auch konnte man den Anspruch wichtiger Vertreter der Alternativen letztlich nicht akzeptieren (Ausnahmepolitiker bestätigten die Regel),
dass eine wahrhaft Vertrauensbildende Verteidigung gerade auch bei selbständiger Entwicklung ihr volles Potential entfalten würde. Ohne ‚Gleichgewicht' und ‚Beidseitigkeit' schien größere Unsicherheit zu drohen. So
setzte man unverdrossen und geradezu zwanghaft auf bilaterales, institutiona-
lisiertes Aushandeln.

Alles in allem lässt sich feststellen, dass die Festlegung auf „Strukturelle
Nichtangriffsfähigkeit" den Sozialdemokraten als Formelkompromiss zur
Überbrückung beträchtlicher Meinungsdivergenzen in der Mitgliedschaft
diente. Sollten sich verschiedene Strömungen darin finden können, durften

Formelkompromisse allerdings nicht weiter ausgearbeitet und konkretisiert werden: Auch in diesem Sinne war die Entwicklung eines ‚Schwert-und-Schild-Modells' in der Zeit des Kommissionsvorsitzenden Andreas von Bülow kontraproduktiv. Unter Egon Bahr, dem nachfolgenden Vorsitzenden, wurden die Arbeiten denn auch gestoppt.

Und nun noch ein Blick auf den *Deutschen Gewerkschaftsbund*, in dessen Reihen die durch die Friedensbewegung ausgelösten Debatten ebenfalls hinein geschwappt waren. Dem Beispiel der SPD folgend beschloss der DGB-Vorstand, sich einer Friedensformel zu bedienen, die es ermöglichen würde, mit den Extremen des Meinungsspektrums aus einer Position relativer Mitte heraus reden zu können. Vor diesem Hintergrund wurde eine kurze Sichtung der militärischen Alternativkonzeptionen vorgenommen. Die Wahl fiel auf jene, deren Autoren sich als ziemlich gewerkschaftsaffin, wenn nicht gar als Mitglieder, ausgewiesen hatten. So bekam der damalige Vorsitzende der Studiengruppe Alternative Sicherheitspolitik (SAS) den Auftrag, für den DGB-Bundesvorstand eine Broschüre zu schreiben, welche dessen Position in der Debatte andeuten sollte: *nuklearkritisch*, *defensivorientiert* und *abrüstungsfreundlich*. Dieser in großer Auflage verbreitete Text mit dem Titel „Plädoyer für ein selbständiges Abkoppeln vom Rüstungswettlauf" (Unterseher 1985) blieb freilich ohne sonderliche Auswirkung auf die Meinungsentwicklung in den DGB-Gewerkschaften. Als das Werk erschien, war der Zenit der Friedensbewegung bereits überschritten.

Post Scriptum: Der Vollständigkeit halber sei noch hinzugefügt, dass auch die Bundeswehr sich damals in den Streit der Meinungen einmischte – zum einen, um ‚Flagge zu zeigen', und zum anderen wohl, um vermeintlich Schlimmeres zu verhüten. Das Bundesverteidigungsministerium sandte „Jugendoffiziere" aus, die bereit waren, an jedem noch so unmöglichen Ort zu noch so unmöglicher Zeit die amtliche Linie zu vertreten. Diese jungen Leute traten meist sehr flexibel und zuvorkommend auf. Die Streitkräfte bekamen durch sie – auch in den Augen der Friedensaktivisten – ein menschliches Gesicht.

Wenn es denn in Ansätzen ‚fachlich' wurde, betonten die Vertreter der NATO-Position meist geradezu drillmäßig, dass sie eine Kriegsverhinderungsstrategie verträten, die Alternativen aber an Optionen der Kriegführung arbeiteten. Und für den angenommenen Fall eines Versagens der Abschreckung wurde von den Vertretern der Bundeswehr postuliert, dass man für eine schadensmindernde Vorneverteidigung eintrete, während die Alternativen bereit wären, im Falle eines Falles Raum aufzugeben.

Angesichts des beträchtlichen Geschicks der Amtsvertreter gelang es durchaus nicht immer, mit Publikumseffekt zu argumentieren, dass gerade auch die NATO an Kriegführungsstrategien arbeite, die allerdings sehr viel schlimmere Folgen versprächen als die der Alternativen; und dass in Sachen „Vorneverteidigung" die Bundeswehr mindestens eine so große Bringschuld hätte wie ihre Herausforderer.

3.3.2 Abrüstungsverhandlungen: Überwindung ihres Dilemmas

Abrüstung bedeutet die „Verringerung oder Abschaffung von Waffen" (Bull 1961: IX). Um Missverständnisse zu vermeiden, sei hinzugefügt, dass es wesentlich darauf ankommt, die Ressourcen, die insgesamt für militärische Rüstung aufgebracht werden, zu reduzieren. Die so definierte ‚Abrüstung' wird immer wieder mit der *Rüstungskontrolle* in einen Topf geworfen, die uns allerdings in diesem Zusammenhang nicht interessieren soll. Bei der Rüstungskontrolle geht es darum, die Entwicklung der Bewaffnung von Nationen oder Bündnissen durch Abreden so zu steuern, dass die jeweils eigenen Sicherheitsbedürfnisse besser befriedigt werden (ebd.). Dies kann bedeuten, für bestimmte Kategorien von Waffensystemen quantitative Obergrenzen bzw. länderspezifische Quoten festzulegen – aber auch, dass auf anderen Feldern der Rüstung ein jeglicher machen darf, was er will.

Ein gutes Beispiel für herkömmliche Abrüstungsbemühungen – und das ihnen zugrunde liegende, zu diskutierende Dilemma – bieten die MBFR-Verhandlungen (*Mutually Balanced Force Reductions),* die von Mitte der 1970er bis zur Mitte der 80er Jahre mit dem Ziel geführt wurden, in Europa insbesondere auch die konventionellen Streitkräfte zu verringern. Diese Verhandlungen wurden ergebnislos aufgegeben. Warum? Die Art der Kräftekonstellation und die Struktur der Rüstungen ließen den damaligen Bemühungen um Abrüstung keine Chance (Unterseher 1999: 216):

- Zwei Mächte oder Gruppierungen von Staaten befanden sich in einem eindeutigen sozio-ökonomischen bzw. ideologischen Konfliktverhältnis.

- Dieses Konfliktverhältnis drückte sich vor allem auch in einer militärischen Konfrontation aus, hinter der relevante politisch-gesellschaftliche Interessengruppen standen.

- Beide Seiten unterhielten relativ große Offensivpotentiale. Der Aufbau solcher Potentiale ging zu Lasten des jeweiligen Eigenschutzes. Deswegen gab es hüben wie drüben starke Bedrohungsängste.

Unter solchen Bedingungen erschien jede Konzession am Verhandlungstisch prinzipiell als gefährlich. Beide Seiten befanden sich also in der Situation eines *Nullsummenspiels* (Møller 1995: 368). Deswegen war wechselseitiges Misstrauen gleichsam 'systemisch' – und nicht nur, wie manche behauptet haben, Ausfluss jener Psychodynamik, die sich oft an Verhandlungstischen entwickeln kann. Etwa nach dem Motto: Von mir weiß ich, dass ich nur das Beste will. Die Absichten des anderen erschließen sich mir aber nicht genügend. Deswegen ist es das Sicherste, vor allem auch die negativen Möglichkeiten in Betracht zu ziehen.

Nein, das Dilemma ist tiefer. Sind sich doch beide Seiten der Tatsache bewusst, dass vom jeweils anderen reale Bedrohungen ausgehen, die auf jeweils eigene tatsächliche Verwundbarkeiten zielen. Vor diesem Hintergrund lässt sich im Kontext des verhandelten Abrüstungsprozesses keine Meta-Ebene der Kommunikation etablieren: Es ist *prinzipiell* schwierig oder gar unmöglich, *common sense* zu entwickeln – also etwa Diskussionen zu führen, in denen man aus der Distanz über Ängste und Kommunikationsstörungen spricht. Um es auf den konkreten Fall zu beziehen: Diese Befürchtungen und Verständigungsprobleme wurden durch die politisch-gesellschaftlichen Nutznießer der damaligen Konfrontation noch verstärkt.

Das Einzige, worauf man sich einigen konnte, das war die Idee eines *Gleichgewichts* der Kräfte. Niemand sollte Vorteile erhalten oder Einbußen an militärischer Stärke erleiden. Das Problem dabei war nur, dass man sich wegen des Fehlens von Meta-Kommunikation nicht darauf zu einigen vermochte, wie denn 'Gleichgewicht' genau zu definieren gewesen wäre. Es erwies sich am Ende sogar als aussichtslos, über die einfachsten militärischen Grundbegriffe Verständigung zu erreichen. Um ein Beispiel zu nennen: In den MBFR-Verhandlungen tauchte, ohne dass jemand in schallendes Gelächter ausgebrochen wäre, auch die Frage auf, was denn ein Soldat sei. Waren also die uniformierten Politarbeiter in den Armeen des Warschauer Paktes Militärpersonal oder nicht? Und, wenn ja: Sollten die Feldgeistlichen in den westlichen Armeen als funktionales Äquivalent betrachtet werden?

Als Alternative zu solchen institutionalisierten Abrüstungsbemühungen entwickelten – meist US-amerikanische – Politikwissenschaftler schon frühzeitig eine Konzeption, die bald als *Gradualismus* bekannt wurde (Etzioni 1965; Osgood 1968). Dabei ging es darum, weniger mit Worten am Verhandlungstisch als vielmehr durch Taten zu kommunizieren. Und zwar auf der Annahme basierend, dass Aktionen – insbesondere wenn sie in die 'richtige' Richtung weisen – eindeutiger und deswegen leichter zu verstehen sind als verbale Äußerungen. Vorgeschlagen wurde, einen Prozess reziproker, einander *wechselweise verstärkender Abrüstungsmaßnahmen* (GRIT: Gradual Reciprocated Initiatives in Tension Reduction) durch einen eher symbolischen Verzicht auf ein bestimmtes Waffenprogramm einzuleiten. D. h., eine Seite gibt ein Rüstungsprogramm auf, das für die nationale oder Bündnis-Sicherheit als nicht sonderlich relevant gilt (oder es werden tendenziell obsolete Waffensysteme verschrottet), womit unmittelbar verknüpft der anderen Seite das Signal gesendet wird, man erwarte eine entsprechende Reaktion.

Wird diese Erwartung erfüllt und haben nun beide Seiten sich einiger eher unwesentlicher Bestandteile ihrer Arsenale entledigt, kann zu substantielleren Maßnahmen fortgeschritten werden. So mag sich einer der beiden Akteure durch den bislang erreichten Erfolg dazu ermutigt fühlen, *selbständig* eine einschneidendere Abrüstungsmaßnahme vorzunehmen: etwas, das in seiner Sicht die nationale oder Bündnis-Sicherheit durchaus tangiert. Das darauf in diesem Zusammenhang wiederum an die andere Seite gesendete Signal, doch – bitteschön – zu reagieren, muss dem Modell nach möglichst unverzüglich beantwortet werden, und zwar durch eine äquivalente Maßnahme, mit der auch der Reagierende eigene Risikobereitschaft zeigt. Andernfalls kommt der Prozess ins Stocken. Wird aber ‚richtig' reagiert, lässt sich – so die Gradualisten – eine Umkehrung der bisherigen Aufrüstungsspirale vorstellen.

Schon vor der Endphase des Kalten Krieges gab es – zwar nicht viele, aber immerhin doch einige – *selbständige Maßnahmen* dieser oder jener Seite, mit denen bestimmte Waffenprogramme gestoppt oder etwa auch Test-Moratorien erklärt wurden. Das Problem war nur, dass die entsprechenden Maßnahmen für die Sicherheit der jeweils anderen Seite nicht sonderlich relevant und im Übrigen auch meist in eigenem Interesse ohnehin geboten erschienen. Und ‚in Gang gesetzt' wurde dadurch auch nichts Wesentliches. Daran knüpften Beobachtungen an, die sich so zusammenfassen lassen (Thränert 1990: 101): „*Kritiker meinen, einseitige Vorleistungen unterlägen einem grundsätzlichen Dilemma: Entweder fallen sie zu gering aus und führen daher nicht zu Gegenleistungen, oder sie haben einen zu weitreichenden Charakter, würden evtl. zu Erwiderungen führen, jedoch unzumutbar viele Risiken mit sich bringen und deswegen innenpolitisch nicht legitimierbar sein.*"

Damit erschließt sich uns eine Einsicht: Nicht nur der Verhandlungsansatz hängt letztlich in der Luft, wenn er im Kontext einer unerbittlichen Systemkonfrontation und gegenseitiger militärischer Bedrohung gewählt wird, sondern auch der Gradualismus ‚alter Art'. Warum sollte jemand bereit sein, sich selbständig wesentlicher Bestandteile seiner Rüstung zu entledigen, wenn dadurch eine ‚Sicherheitslücke' entsteht? Genau an dieser Stelle zeigt sich die besondere Relevanz der Vertrauensbildenden Verteidigung, die sowohl den Abbau von Offensivpotential als auch die Behebung von Verwundbarkeiten ernst nimmt. Ihr kommt die Rolle einer Geburtshelferin der Abrüstung zu, da sie in doppelter Hinsicht positiv wirken kann:

- *Zum einen* verspricht sie symbolische Wirkung von beträchtlicher Bedeutung: werden doch ‚freundliche Signale' gesendet, die zu tendenzieller Entkrampfung des Konfliktes beitragen mögen.

- *Zum anderen* ist mit dem Begriff „Vertrauensbildende Verteidigung" ein Programm dafür bezeichnet, militärische Strukturen so umgestalten zu können, dass ein Verzicht auf Teile des jeweiligen Rüstungspotentials ‚von der Sache her' möglich wird. Offensive Elemente von Streitkräften können drastisch reduziert werden, und zwar deswegen, weil sie für die Sicherheit nicht mehr von Bedeutung sind.

Die sich aus der Natur einer leistungsfähigen Defensive herleitende Obsoleszenz aufwendiger Offensivpotentiale stellt sowohl für den Ansatz der Abrüstungsverhandlungen als auch die Konzeption des Gradualismus ein konstruktives Angebot dar. Damit wird es auf einmal möglich, am Tisch der Unterhändler größere ‚Konzessionen' zu machen: Zugeständnisse, die eigentlich keine sind. Zugleich kann das Dilemma des Gradualismus aufgelöst werden: lassen sich doch nun selbständige Abrüstungsmaßnahmen denken, die einerseits sehr substantiell sind, zugleich aber für die Seite, welche sie durchführt, keine Einbußen an Sicherheit mit sich bringen müssen. Der Eindruck, ‚Vorleistungen' zu erbringen, kann überwunden werden. Um dies noch einmal zu erläutern (Unterseher 1999: 218): „*Wenn die Partei A ihre Verteidigung stärkt sowie zugleich – etwa nach dem Prinzip von Spinne und Netz – Offensivpotential reduziert und vor allem weniger bedrohlich macht, dann ist damit automatisch auch die Partei B tendenziell ‚defensiviert': Ohne dass diese gleich an dem Umstrukturierungsprozess teilnimmt, hat ihr Offensivpotential an Bedeutung verloren und ist ihre Verteidigung nun unproblematischer geworden – kann sie doch gegenüber A weniger ausrichten und ist doch A zugleich weniger gefährlich.*"

Das Problem in den 80er Jahren des vorigen Jahrhunderts war ‚nur', dass die sicherheitspolitischen Eliten vor allem auch des Westens sich mit einer Selbstbefreiung von den Mustern alten Denkens sehr schwer taten und sich nicht bereit fanden, die etablierten militärischen Strukturen zur Disposition zu stellen – Strukturen, an denen mächtige Interessen aus Gesellschaft und Wirtschaft hingen. Eher schon erwies es sich vor dem Hintergrund wachsenden Risikobewusstseins in Ost und West als möglich, „Vertrauensbildende Maßnahmen" (wie z. B. die Anmeldepflicht für größere Truppenbewegungen) und die dabei erforderlichen Verifikationsverfahren vertraglich zu regeln (Møller 1995: 218 ff.). Wohl machte dies die Verhältnisse erträglicher, es änderte aber nichts an den problematischen Tatsachen.

An dieser Stelle betritt, systematisch gemeint, Michail Sergejewitsch Gorbatschow die Bühne des Geschehens. Um es zeitlich zu fassen: Er wurde im März 1985 Generalsekretär des ZK der KPdSU (und später auch Präsident der UdSSR). In seinem Amtsantritt drückt sich eine schwere Systemkrise aus, die kaum noch nur latent zu nennen war. Der zentralgelenkte, real-existierende Sozialismus war ökonomisch, gesellschaftlich und politisch erstarrt. Der Wettstreit mit dem Kapitalismus, welcher Spielart auch immer, schien verloren.

Gorbatschow trat an, um ,sein' System durch weitreichende Reformen zu retten, in deren Kontext vor allem auch die Befreiung unproduktiv in der Rüstung gebundener Ressourcen erforderlich war: personeller, gesell-schaftlicher und ökonomischer Art (Holden 1991). Eine solche Befreiung erschien auf Grundlage der Einsicht möglich, dass mit dem Wettrüsten der Sicherheit der Sowjetunion und ihres Lagers nicht gedient worden war und dass es darum gehen müsse, im Geiste *Gemeinsamer Sicherheit* ein „gemein-sames Haus" zu bauen – und zwar insbesondere in Europa mit seiner so brisanten militärischen Konfrontation (Gorbachev 1986). Dies ließ Maß-nahmen auf drei Ebenen geboten erscheinen:

a) Feindbilder sollten abgebaut und entsprechende Festlegungen aus der Militärdoktrin entfernt werden.

b) Die Streitkräfte sollten sich in ihrem Ressourcenbedarf daran orientieren, was als „vernünftigerweise hinlänglich" (*reasonably sufficient*) für die Verteidigung gelten könne.

c) Auch von der Struktur her wäre die Verteidigung so anzulegen, dass die Schutzwirkung optimiert, die von ihr ausgehende provokative Wirkung aber minimiert würde.

Vor allem die beiden letztgenannten Punkte bedeuteten eine klare Absage an das Denken in der Kategorie des Gleichgewichts auf der Basis gegenseitiger Bedrohung durch prinzipiell ähnliche Potentiale: ein Sich-Loslösen auch von der Verstrickung in das herkömmliche Nullsummenspiel zwischen Ost und West.

Um das Eis zu brechen, akzeptierte die sowjetische Führung alsbald die von der US-Administration vorgeschlagene Null-Lösung bei den atomaren Mittelstreckenraketen in Europa und radikalisierte diesen Ansatz sogar noch. So kam es 1987 zum „INF-Vertrag" (INF steht für Intermediate-range Nuclear Forces), der nicht nur, wie zunächst angestrebt, die Waffen mit Reichweiten von über 1.000 bis 5.500 km umfasste, sondern im Sinne einer „Doppel-Null-Lösung" auch die Raketen mit einem Aktionsradius von 500 bis 1.000 km einschloss. In der östlichen Führung hatte sich wohl die Einsicht durchgesetzt, dass Atomwaffen, die vor allem für Kriegführungszwecke und nicht als *ultima ratio* (Minimalabschreckung) vorgesehen waren, keinesfalls die Sicherheit garantieren oder gar erhöhen würden.

Im Übrigen verkündete der Generalsekretär bis Ende 1989 über ein Dutzend selbständiger Maßnahmen auf den Gebieten von Verteidigungspolitik und Rüstung, die offenbar ein positives Klima zwischen den Blöcken schaffen und zugleich auch der Sicherheit des eigenen Lagers dienen sollten (Bitzinger 1994: 78 f.). Unter diesen Maßnahmen waren: Mehrmalige Verlängerungen des Atomteststopps, die Ankündigung des Truppenabzuges aus Afghanistan oder auch einschneidende Reduzierungen der Verteidigungsausgaben. Von ganz besonderem Interesse ist freilich, was Gorbatschow am 7. Dezember 1988 mit einer Rede vor der Generalversammlung der Vereinten Nationen einleitete, einem veritablen öffentlichen Paukenschlag (Gorbachev 1988): Danach sollten die sowjetischen Streitkräfte um 500.000 aktive Soldaten schrumpfen. Das entsprach etwa zwölf Prozent der damaligen präsenten Personalstärke. Von den 500.000 sollten 240.000 auf den europäischen Teil der Sowjetunion und deren westliches Vorfeld entfallen, 200.000 auf Sibirien sowie 60.000 auf Zentralasien.

Es ging aber nicht nur um eine beträchtliche Verringerung der Kopfstärke, sondern auch um eine Reduzierung der Bewaffnung. So war vorgesehen, das Potential der Kräfte, die im europäischen Teil der UdSSR sowie im westlichen Vorfeld standen, um 10.000 Panzer, 8.500 Artilleriesysteme und 800 Kampfflugzeuge zu vermindern. Neben den quantitativ relevanten Schritten waren zugleich auch solche *qualitativen* Charakters vorgesehen (Karber 1989): Von den 30 Kampfdivisionen, welche die Sowjetunion bis 1988 in Polen, der DDR, der CSSR und Ungarn unterhalten hatte, waren 16 Panzerdivisionen und 14 motorisierte Schützendivisionen (nach westlichen Begriffen: Großverbände dominiert von mechanisierter Infanterie). In den darauf folgenden Jahren hätte es der veröffentlichten Planung zufolge wegen des Abzuges (bzw. der Auflösung) von sechs Panzerdivisionen aus Ungarn, der CSSR und der DDR im gesamten Vorfeld nur noch zehn Panzer-, aber weiterhin 14 mechanisierte Infanteriedivisionen der UdSSR gegeben. Allein darin hätte schon eine deutliche Strukturverschiebung gelegen: wäre der Westen doch künftig nicht nur absolut, sondern auch relativ mit weniger hauptsächlich für den Angriff spezialisierten Großverbänden konfrontiert gewesen.

Doch die Umstrukturierung sollte noch wesentlich tiefer gehen (Unterseher 1989 b: 250 f.; Karber 1989: 7). Der Planung nach hatten die verbleibenden Divisionen nämlich jeweils ein Panzerregiment abzugeben, um dafür ein motorisiertes Schützenregiment zu erhalten. Damit wäre pro Großverband die Panzerzahl gesenkt, die Kopfzahl aber erhöht worden. Verstärkt werden sollten nicht nur die infanteristischen Teile, für die übrigens eine üppigere Ausstattung mit Panzerabwehr-Lenkraketen vorgesehen war, sondern auch Artillerie und Pioniere, letztere eher für die Geländeverstärkung durch Feldbefestigungen und Sperren als für das gefechtsmäßige Überqueren ('Forcieren') von Gewässern ausgestattet. Wir sehen eine doppelte Strukturverschiebung sowohl auf Großverbandsebene als auch innerhalb der Formationen (Unterseher 1989 b: 251):

„Es entsteht das Bild einer Streitmacht, die mit Infanterie, Sperrtruppen und Artillerie auf Raumdeckung und Verteidigung spezialisiert ist. Ihre Stoßkräfte werden so abgemagert, dass sie sich weniger für grenzüberschreitende Abenteuer als für eine ‚Ausputzerfunktion' in der Abwehr eignen. Die Defensive wird gestärkt, der Gedanke einer Parität bei den Offensivkräften ... aufgegeben – wohl in der Einsicht, dass Stabilität aus wechselseitiger Bedrohung ohnehin nicht erwachsen kann."

Bereits während des Jahres 1989 gab es konkrete Hinweise dafür, dass die Sowjetarmee mit der Reform ernst zu machen begann. Die Umstrukturierung bzw. auch Auflösung von Divisionen lief an; einige Regimenter wurden aus dem bisherigen Dispositiv herausgezogen. Dass dies alles so schnell geschah, lag nicht nur daran, dass hinter dem Plan ein fester politischer Wille stand, sondern es wurde auch dadurch ermöglicht, dass die Strukturveränderungen vor allem ‚modularer' Natur waren. Will sagen: Angriffsoptimierte Elemente wurden entfernt oder durch Module ersetzt, die eher als multifunktional oder gar als auf die Defensive spezialisiert gelten mussten. Um zu den gewünschten Veränderungen zu gelangen, verfuhr man pragmatisch – in grober Orientierung am vorgegebenen Ziel – und nicht im Sinne von tiefen

Einschnitten in die Mikrostruktur der Streitkräfte. ‚Exotische' Lösungen, wie sie aus Entwürfen der westlichen Alternativschule bekannt waren, wurden vermieden. Freilich kam der Prozess der Umwandlung bald zum Erliegen, und zwar spätestens dann, als klar wurde, dass die sowjetischen Kräfte sich in toto auf ihre eigenen Landesgrenzen zurückziehen würden.

Es gab Anzeichen dafür, dass Gorbatschow es nicht vermochte (Schröder 1995), die Majorität des höheren sowjetischen Offizierkorps von der Reform der konventionellen Streitkräfte zu überzeugen. Zu tief verwurzelt war das Denken in den Kategorien der strategischen Offensive (die freilich als vom Gegner provoziert dargestellt wurde), wie es Generationen sowjetischer Soldaten vermittelt worden war (Sokolowski 1966). Gleichwohl gelang es, ein paar Dutzend militärischer Führer und Planer für das Neue zu gewinnen. Jedenfalls war es Gorbatschow in den entscheidenden Jahren zwischen 1986 und 1990 möglich, die Sowjetarmee ruhig zu halten und mehr oder weniger latenten Protest gegen seine Politik zu neutralisieren.

Mit dem Vorhaben eines auf die Defensive zielenden Strukturwandels war es den potentiellen Gegnern Gorbatschows in der Sowjetarmee wesentlich erschwert, die eingeleiteten Abrüstungsmaßnahmen als Gefährdung des Heimatlandes darzustellen. Die Ruhigstellung des Militärs war eine Voraussetzung dafür, dass die selbständigen Maßnahmen der Sowjetunion zur Abrüstung und Umrüstung im Westen ernst genommen wurden. Wenn dies auch nicht ausreichte, um einen gradualistischen Prozess in Gang zu setzen, so verbesserte sich dadurch doch das internationale politische Klima so sehr, dass schon bald der Eindruck entstand, die Wiener Verhandlungen über Konventionelle Streitkräfte in Europa, VKSE, (Møller 1995: 60-69) stünden unter einem guten Stern. Die wichtigste Voraussetzung für den Erfolg dieser Verhandlungen ist allerdings nicht im bloß Klimatischen zu suchen.

Wesentlich für die Bewegungsfreiheit der Sowjetunion war es nämlich, dass ein Modell gefunden worden war, mit dem ‚militärische Unterlegenheit' prinzipiell akzeptierbar wurde. Zur Erläuterung: In den Wiener Verhandlungen wurde in wesentlichen Kategorien von Hauptwaffensystemen quantitative Parität zwischen Ost und West vereinbart. Aus traditioneller östlicher Sicht wäre aber ein gewisses Maß an quantitativer Überlegenheit erforderlich gewesen, um die qualitativen Vorteile des Westens, sowohl das Personal als auch die Ausrüstung betreffend, zu kompensieren.

Quantitative Parität war nach bis dato geltendem sowjetischen Verständnis also gleichbedeutend mit *Unterlegenheit*. Diese konnte nun akzeptiert

werden, weil im Zuge einer Konzentration auf die Defensive Hauptwaffensysteme in relativ großer Zahl entbehrlich wurden. Ein Beispiel: Weder ein
Überhang an Kampfpanzern, noch auch nur ein Gleichstand, erschienen
fürderhin erforderlich, um stabilen Schutz zu gewährleisten.

3.3.3 Vertrauensbildende Verteidigung: Universalität

Bereits in der zweiten Hälfte der 80er Jahre des vorigen Jahrhunderts begann
eine Diskussion darüber, ob denn das, was im Rahmen der alternativen
Ansätze für eine Verteidigung Mitteleuropas entwickelt worden war, sich –
in der Essenz oder im Hinblick auf einzelne Lösungsvorschläge – auf andere
Gefilde rund um den Globus übertragen ließe. Eine sich alsbald zu Wort
meldende Kritik zog in Zweifel (Prins 1990), dass es eine solch universelle
Relevanz geben könnte.

Die alternativen Modelle wären doch sehr auf die Lage Mitteleuropas bezogen und entstammten einer für den Westen typischen Diskussionskultur. Weil
sie sich in ihrer Entwicklung am NATO-Mainstream abgearbeitet hätten,
wären sie auch von diesem mitgeprägt. Das zeige sich vor allem an der
Fixierung auf Hochtechnologie, die sogar noch stärker sei als beim
etablierten Militär. Schon von daher wäre eine Übertragung auf andere
Kulturen und geostrategische Kontexte problematisch. Wir haben es hier mit
einem ‚Interkulti-Lackmus-Test' zu tun, der von gewissen Kreisen offenbar
immer dann angewendet wird, wenn einem sonst nichts einfällt. Jedenfalls
ignoriert diese Kritik zumindest drei Aspekte:

1. Es gab eine breite Palette von Anregungen sowie auch durchgearbeiteten
   Konzeptionen zur militärischen Stabilisierung Mitteleuropas. Von diesen
   erschienen durchaus nicht alle auf Hochtechnologie fixiert. Etliche
   Lösungsvorschläge waren im Hinblick auf den Bewaffnungsmix sowie
   auch die Gliederungsformen recht pragmatisch. Dies gilt um so mehr,
   wenn der sowjetische Reformansatz mit berücksichtigt wird.

2. Wichtige Entwürfe alternativer Strukturen zeigten sich von einer
   außereuropäischen Kultur militärischer Reflexion entscheidend inspiriert:
   Man denke an das Alte China, dessen Philosophie und Militärtheorie
   insbesondere für die Studiengruppe Alternative Sicherheitspolitik von
   beträchtlicher Bedeutung war und ist. Und auch etwa Horst Afheldt sei in
   diesem Zusammenhang zu nennen: Er bezog Anregungen allerdings eher
   aus dem ‚Neuen' China, dessen Guerillatradition sich ihm durch die
   Arbeiten von Guy Brossollet erschloss, eines französischen Beobachters

und frühen Proponenten einer anderen Verteidigung (Brossollet 1977: 97-214).

3. Zu verzeichnen bleibt im Übrigen, dass nicht wenige Alternativentwürfe sich in gewisser Verwandtschaft zu dem sahen, was es bereits an real-existierenden Modellen einer Spezialisierung auf die Defensive gab (ohne diese 1:1 ‚abkupfern' zu wollen). Wobei es zum einen um die Palette von Entwicklungen in Europa ging, die es vor allem im Lager der „Block-freien" gab und die eine nicht unbeträchtliche Artenvielfalt – typischer-weise ohne High-Tech-Fixierung – erkennen ließ. Zum anderen aber auch um außereuropäische Muster und Geschehnisse: Man denke etwa an die Verteidigung Vietnams angesichts des chinesischen Überfalls! Oder auch den Schutz Israels durch gestaffelte Ketten von Grenzbefestigungen („Kibbuzim") – eine Struktur, die viele Jahre genuiner Bestandteil der Verteidigung des Landes war (Unterseher 1999: 243 f.), durch dessen Offensivstrategie aber obsolet wurde! *Anmerkung*: Israel mag in diesem Zusammenhang als ‚europäische' Militärmacht erscheinen, aber doch wohl im Hinblick auf seine hochmodernen Angriffskräfte und gerade nicht in Bezug auf die ländlich-improvisierten Elemente unmittelbaren Schutzes.

Es darf also zumindest vorsichtig angenommen werden, dass es auch außereuropäische Relevanz für eine Verteidigung gibt, die ‚nicht mit gleicher Münze zurückzahlt' (Unterseher 1995). Solche Relevanz, oder der tatsächliche Aufbau von Defensivstrukturen, mag freilich nicht immer auf den ersten Blick erkennbar sein. Hat doch die Sache, um die es hier geht, viele Namen, und scheinen doch die Militärs in einer Zeit, in der gerade aus den Streitkräften der Ersten Welt, mit ihrem hohen Prestige, betont offensive Konzeptionen kommen, wenig Lust zu verspüren, sich einer nicht gängigen Terminologie zu bedienen.

Dennoch: Es gab in den 1990er Jahren in von Europa weit entfernten Län-dern Ansätze eines Diskurses über eine nicht-provozierende Verteidigung, an der z. T. auch Militärs beteiligt waren. Darauf wird noch näher einzugehen sein. Ob die Kritik, die auf den vermeintlichen Eurozentrismus der Alterna-tiven Verteidigung abhob, dies bemerkte und darob verblüfft war, ist nicht bekannt.

4. Intervention und Defensive

4.1 Kriege der Gegenwart: Qualität und Quantität

Um uns die Problematik der Militärinterventionen unserer Tage erschließen und um die Möglichkeiten der Orientierung an den Standards einer strikten Defensive untersuchen zu können, ist es erforderlich, noch einmal einen Blick auf das Kriegs- und Konfliktgeschehen zu werfen: und zwar auf Kriege und Konfrontationen, die für die Gegenwart charakteristisch erscheinen.

4.1.1 Gängiger Diskurs: Die „Neuen Kriege"

Es hat sich seit etwa der Mitte der 90er Jahre des vorigen Jahrhunderts ein Diskurs entwickelt, der nicht nur in akademischen Kreisen gängig ist, sondern auch zum Standardrepertoire von Intellektuellenpartys zu gehören scheint und der seit der Jahrtausendwende mit dem Etikett „Neue Kriege" versehen ist (Kaldor 2000; Münkler 2002; Frech/Trummer 2005). Zum besseren Verständnis des Kriegs- und Konfliktgeschehens der Gegenwart soll dieser Diskurs in wesentlichen Aussagen vorgestellt werden, um dann im nächsten Abschnitt eine Überprüfung seines Realitätsgehaltes vornehmen zu können. Folgende Aussagen und Erklärungsansätze lassen sich – etwas holzschnittartig – notieren:

Zwischenstaatlicher Krieg als Auslaufmodell

Herkömmliche Kriege zwischen Staaten mit regulären Armeen und eindeutiger politischer Kontrolle (oder zwischen Bündnissen, die aus solchen Staaten bestehen) sind eine Ausnahme. Sie werden in langfristiger Tendenz noch mehr zur Ausnahme werden.

Charakteristisch für unsere Zeit, und wahrscheinlich für die Zukunft, sind bewaffnete Auseinandersetzungen unterhalb der staatlichen Ebene (Münkler 2002: 42 f.): Terror und Gegenterror, Bandenkämpfe sowie Bürgerkriege – wobei solche Konflikte durchaus über Ländergrenzen ,hinweg schwappen' können (was daraus aber noch keinen zwischenstaatlichen Krieg im traditionellen Sinne macht).

Im Hinblick auf die Wirkung der Waffen und die Operationsweise der in diesem Kontext Streitenden lässt sich zumeist von „low-intensity conflicts" sprechen: Was allerdings nicht bedeuten muss, dass die Schäden und Opferzahlen gering sind.

Defizite staatlicher Kontrollmacht

Bürgerkriegsähnliche Auseinandersetzungen sind vor allem auch deswegen möglich, weil es zahlreichen Staaten – insbesondere in Südostasien und weiten Teilen Afrikas – an Kontrollmacht fehlt und weil diese noch weiter erodiert. Zahlreiche Staaten genügen nicht (mehr) dem wesentlichen Kriterium von Staatlichkeit. Sie haben kein Gewaltmonopol (mehr) oder sind im Begriffe, es zu verlieren (Chojnacki 2005: 74 ff.).

Dies kann etwa heißen, dass die reguläre Armee aufgehört hat, ein verlässliches Instrument der Regierungspolitik zu sein: mit der Folge, dass sich das Territorium des jeweiligen Landes bzw. seine Grenzen nicht mehr hinreichend kontrollieren lassen und andere waffentragende Gruppierungen regionale Autonomie beanspruchen können oder gar nach der ‚Zentralgewalt' greifen (soweit davon überhaupt noch die Rede sein kann). Es kann aber auch heißen, dass es im Zuge des Aufbaus neuer Staatlichkeit, etwa nach einem Regimewechsel, gar nicht erst gelingt, eine leistungsfähige Armee zu schaffen.

Problematische Wirkungen der Globalisierung

Durch den Prozess der Globalisierung, die Vervielfachung und Verdichtung der weltwirtschaftlichen Verflechtungen, ist der Kontrollverlust von Staaten wesentlich mit bedingt (Lock 2005) – und zwar auf zweifache Weise. Zum einen ist zu verzeichnen, dass unter einem sich ausbreitenden Freihandelsregime die geballte wirtschaftliche Macht der großen Konzerne aus der Ersten Welt auf die virtuell ungeschützten lokalen Märkte von Staaten mit noch kaum entwickelter Ökonomie trifft. Das Kapital aus der Ersten Welt kann in der Dritten im Hinblick etwa auf Handelsbeziehungen und Investitionen seine Bedingungen durchsetzen, mit dem Effekt einer Schwächung staatlicher Autorität vor Ort. Den Extremfall bilden jene Konzerne, die – an der jeweiligen Zentralregierung vorbei – in bestimmten Regionen eines Landes die Ausbeutung von Rohstoffen durchsetzen und zu deren Absicherung mitunter auch Sezessionsbemühungen unterstützen.

Der andere Aspekt der Aushöhlung der Macht ökonomisch schwacher Staaten besteht darin, dass internationale, zur Regulierung von Entwicklungshilfe und -krediten eingesetzte Institutionen (wie etwa die Weltbank), von neoliberaler Ideologie geleitet, etlichen sich entwickelnden Ländern ‚Gesundungsprogramme' vor allem im Sinne öffentlicher Sparsamkeit verordnet haben, die sich auf die Autorität und Handlungsspielräume der jeweiligen Regierungen negativ auswirkten. Konkret: Es kam mitunter zum Abbau selbst rudimentärer Ansätze von Sozialstaatlichkeit und dadurch zu innenpolitischer Destabilisierung.

Ethnisierung von Konflikten

Bei zahlreichen, wenn nicht gar den allermeisten der als „Neue Kriege" bezeichneten Auseinandersetzungen spielt die ‚ethnische' Komponente eine verschärfende, wenn nicht gar mit auslösende Rolle (Kühne 2001). Gemeint ist die Tatsache, dass sich bestimmte Gruppen in Abgrenzung und Gegnerschaft zu anderen ihrer ‚ethnischen Identität' versichern – was ein kollektives Bewusstsein impliziert, in das verschiedene Komponenten eingehen mögen: etwa Gemeinsamkeiten von Geschichte, Herkunft, Sprache, Religion oder auch Siedlungsraum. Ein wesentlicher Hintergrund zahlreicher entlang solcher Linien verlaufender Konflikte ist die Tatsache, dass die Kolonialmächte ihre einstigen Besitzungen den neu entstandenen Staaten so hinterließen, wie sie ursprünglich zugeschnitten worden waren: ohne Rücksicht auf historische Zugehörigkeit, mit Grenzziehungen quer etwa zu überkommenen Sprachgebieten.

Dass aber in der Gegenwart vielerorts eine so prononcierte Rückbesinnung auf ‚Ethnizität' erfolgt ist, liegt vor allem am Verlust staatlicher Autorität, wodurch integrative Nationen- und Gesellschaftsbildung erschwert und regionale Interessenpolitik begünstigt wird. Sowie wesentlich auch an partikularen – zum Teil externen – ökonomischen Ansprüchen, die zum Zwecke ihrer Durchsetzung ‚ethnische' Divergenzen ausnutzen und verschärfen. Alles in allem erscheint ‚ethnische Identität', oder die Suche danach, eher als eine Veranstaltung, eine Konstruktion (Lentze 1998), und weniger als etwas genuin Selbstverständliches.

Sezession statt Staatenbildung

Die Kriege, um die es hier geht, sind in aller Regel keine Einigungskriege: in dem Sinne, dass im Laufe der Auseinandersetzungen – potentiell – abtrünnige Regionen oder Kräfte nieder geworfen werden, um sie dann in ein Gebäude gemeinsamer Staatlichkeit ‚heimzuführen'. Selbst wenn ein solcher Versuch der Einigung mit Waffengewalt gemacht werden sollte, resultiert er in der Regel doch in einer Stärkung zentrifugaler Tendenzen. Will sagen: Sezession (Münkler 2002: 18 ff.), als die Auflösung früherer Staatlichkeit, ist die allgemeine Orientierung und Tendenz.

Vielfalt und Profitinteresse der Akteure

Das Bild typischer bewaffneter Auseinandersetzungen der Gegenwart wird mehr von einem differenzierten Spektrum gewaltträchtiger Akteure geprägt, als dies früher der Fall war. Zu nennen sind insbesondere: Terroristische Gruppierungen, kriminelle Banden, revolutionäre Organisationen, ‚Warlords' mit ihren eigenen Milizen (bestehend aus ‚Teilzeit'-Kämpfern oder solchen, die nur wenig professionalisiert sind), abtrünnige Teile von Regierungsarmeen sowie private Sicherheitsunternehmen (Chojnacki 2005).

Plausibel ist, dass die Sicherheitsfirmen mit ihrem professionellen Personal, das nach Ende des Ost-West-Konfliktes vor allem auch aus freigesetzten Militärs rekrutiert werden konnte, in aller erster Linie Profit anstreben: im Dienst schwacher Regierungen, als entscheidende Stärkung der Milizen eines ehrgeizigen Warlords oder auch zur Absicherung der Aktivitäten eines Rohstoffe ausbeutenden Unternehmens. Aber auch die anderen genannten Gruppen von Akteuren kämpfen in genereller Tendenz aus Profitinteresse, meist für die Kontrolle über knappe natürliche Ressourcen. Revolutionäres Programm oder der Kampf um und für die ‚ethnische Identität' haben oft nur den Charakter von Vorwänden.

Tendenziell besteht ein zynisches Verhältnis zu dem in den Auseinandersetzungen eingesetzten Personal: Es wird eher manipuliert als integriert und dauerhaft motiviert. Vor diesem Hintergrund erklärt sich auch die Rekrutierung von ‚Kindersoldaten' (Russmann 2005), von zumeist sehr jungen Kämpfern, die oft durch Bürgerkriegsgeschehnisse entwurzelt sind und in bewaffneten Banden gleichsam eine neue Heimat finden, aber am Ende doch wie Wegwerfmaterial behandelt werden.

Verselbständigung von Gewalt

Typisch erscheint eine ‚Mischung aus Massaker und Bürgerkrieg'. D. h., die „Neuen Kriege" zeichnen sich durch eine große Gewaltintensität aus (obwohl doch die Wirkung der fast ausschließlich nur verwendeten Infanteriewaffen eher bescheiden ist). Diese außerordentliche Gewalttätigkeit erklärt sich durch die Normenlosigkeit der Auseinandersetzungen: Kaum jemand der Akteure fühlt sich an irgendwelche Regeln gebunden. Zumal die Verbreitung von Schrecken, etwa durch Massaker, selbst zum strategischen Mittel wird. Diese Entwicklung hebt sich krass von den jahrhundertelangen Bemühungen in der Ersten Welt ab, den Krieg normativ einzuhegen und zumindest in begrenztem Maße humanitären Standards zu unterwerfen (Kaldor 2000; Münkler 2002: 11, 28 ff.).

Kriege als Dauerbrenner

Es herrscht Chaos; es gibt keine stabile Autorität, keine zurechenbare Verantwortlichkeit. Jede involvierte Gruppierung verfolgt die konfliktorische
Durchsetzung ihrer Interessen nach eigenem Belieben. Die Kampfhandlungen mögen einschlafen oder sich eine Zeit lang auf niedrigem Niveau entwickeln, dann aber wieder Aufflackern oder gar zum lodernden Feuer
werden. Niemand ist oder fühlt sich für die Konfliktbeendigung zuständig. Es
sei denn, diese wird von außen oktroyiert. So haben solche bewaffneten Auseinandersetzungen meist ein recht langes Leben (Münkler 2002: 24 ff.), was
sich dann in einer Kumulation der Opferzahlen auswirkt.

Asymmetrie als neues Muster

Die thematisierten Konflikte verlaufen nach einer anderen „Grammatik", um
einen Begriff des Carl von Clausewitz zu gebrauchen, als die herkömmlichen
Kriege zwischen Staaten der Ersten Welt. Wegen dieses ‚Andersseins' können sie als asymmetrisch gekennzeichnet werden (ebd.: 11, 48 ff.). Diese
Asymmetrie der Kriegsform, das Irreguläre, Normenlose, Unkontrollierbare,
ist – neben der Ökonomisierung bzw. „Privatisierung" – ein wesentliches
Merkmal der „Neuen Kriege".

Zunahme der „Neuen Kriege"

Der mutmaßliche Fortschritt der Globalisierung legt die Vermutung nahe,
dass solche Kriege zunehmen könnten. Ein wachsender Teil der Staatenwelt
erfährt eine Erosion der Autorität der jeweiligen Zentralorgane. Staaten mit
Kontrolldefiziten oder sogar „failed states" wird es wahrscheinlich häufiger
geben: als günstiger Nährboden für die konfliktorische Entfaltung partiku-
larer, zentrifugaler Interessen.

4.1.2 Realität: Konfliktgeschehen und Hintergründe

„... die Kriegshäufigkeit (wies) trotz leichter Schwankungen von 1945 bis
1992 einen vergleichsweise kontinuierlichen Anstieg bis zum Höchststand
von 55 Kriegen auf. Bis 1997 halbierte sich diese Zahl innerhalb von fünf
Jahren ... auf 29. Danach stieg die Zahl der Kriege bis 2000 wieder auf 35 an
und ging seitdem auf ... 28 im Jahr 2005 zurück. Eine niedrigere Zahl an
jährlich geführten Kriegen registrierte die AKUF zuletzt für das Jahr 1964"
(Schreiber 2006: 13).

Aus der Sicht von Anfang 2010 ergibt sich zudem der Eindruck, dass seit
einigen Jahren eine Tendenz besteht: konstantes Kriegsgeschehen auf relativ
niedrigem Niveau (Strategie und Technik 2010: 6f.). Diese damit skizzierte

Langzeitentwicklung wird übrigens durch andere Quellen bestätigt. Hingewiesen sei an dieser Stelle nur auf die Arbeiten zweier Teams der University of Maryland: Armed Conflict and Intervention (ACI) und Polity IV (Marshall/Gurr 2005).

Eines ist angesichts dieser empirischen Grundlage klar: So bitter die immer noch geführten Kriege auch sein mögen, so ist doch die Annahme falsch, dass weite Teile der Welt von bewaffneten Auseinandersetzungen geprägt sind und für diese ein deutlicher Aufwärtstrend zu verzeichnen ist.

Die Verteilung der Kriege nach Regionen sah für das Jahr 2005 folgendermaßen aus (Schreiber 2006: 15 f.): Über zwei Fünftel fanden in Asien statt, rund ein Fünftel entfiel auf Afrika sowie weniger als ein Drittel auf den vorderen und mittleren Orient (der kleine Rest: Lateinamerika). Jeweils über zwei Fünftel der bewaffneten Konflikte waren zum einen Kriege um Autonomie oder Sezession und zum anderen Auseinandersetzungen mit dem Ziel des Regimewechsels. Damit bestand die große Mehrzahl der Kriege aus innerstaatlichen Auseinandersetzungen. In der – nur schwach besetzten – Restkategorie fanden sich Phänomene wie der ‚Antiterrorkrieg', in dessen Zusammenhang etwa die USA als staatlicher Akteur auf dem Gebiet anderer Staaten agierten (und 2010 immer noch agieren), um dort den Kampf gegen nichtstaatliche, bewaffnete Gruppierungen zu führen.

Für 2009/10 ist – innerhalb der Klammer weltweit tendenziell konstanter Kriegshäufigkeit – zu verzeichnen, dass Afrika gegenüber Asien aufholt (Strategie und Technik 2010: 6 f.)

Auf militärischer Ebene sind die meisten dieser Kriege durchaus ‚symmetrisch'. Die Asymmetrie lässt sich nur dann behaupten, wenn typische Streitkräfte der Ersten Welt bzw. deren Expeditionskontingente als Bezugsgröße gewählt werden. Vor allem auch wenn Kontingente einer (früheren) Regierungsarmee beteiligt sind, führen die streitenden Parteien typischerweise militärische oder paramilitärische Kontingente ins Feld, die sich folgendermaßen charakterisieren lassen (Unterseher 2004: 162):

- (Eine zumindest in Ansätzen) ... „zentralisierte Struktur, aber mit nur sehr lückenhafter Kontrolle über alle Elemente der Streitkräfte,

- amateurhafte Führung und geringe soziale Kohäsion,

- eher zufällig gemischte Verbände: Fußinfanterie, motorisierte, aber zum Teil auch mechanisierte – also bis zu einem gewissen Grad gepanzerte – Kräfte,

- gemischte, meist leichte Bewaffnung: ein Sammelsurium aus aller Herren Länder auf älterem Technologieniveau mit Einsprengseln von Hochleistungsgerät,

- bunteste Rekrutierung (Söldner, ehemalige reguläre Soldaten, örtliche Milizen, Kinder) und

- virtuelle Abwesenheit einer wirksamen logistischen Unterstützung (Versorgung aus dem Land)."

Geraten solche Kräfte über längere Zeiträume hinweg aneinander, sind die Verluste an Menschenleben in der Regel erschreckend hoch: weniger unter den ‚Soldaten', die mitunter sich auch gerne absentieren, als vielmehr unter der Zivilbevölkerung, die oft Opfer von Terrorkalkülen und Rachegelüsten wird, wobei auch militärische Inkompetenz samt deren brutaler Kompensation eine Rolle spielen mag. In der Tat widerspricht ein derartiges Muster der ehrwürdigen Tradition einer Einhegung des Krieges, wie sie sich in der nördlichen Hemisphäre entwickelt hat.

Doch gerade hier, man denke an die Gräueltaten der bewaffneten Kräfte des Dritten Reichs sowie Japans im Zweiten Weltkrieg und die Verbrechen der Roten Armee bei ihrem Siegeszug in dessen Schlussphase (!), wurden die Standards des *jus in bello* auf das Gröblichste verletzt. Auch die damals und seither insbesondere durch westliche Nationen geführten Luftkampagnen mit der Bombardierung gerade auch der Zivilbevölkerung sind an dieser Stelle zu erwähnen. Es besteht der Eindruck, dass jene, die – durchaus mit Berechtigung – anklagend auf das ‚Massakrieren in den Bürgerkriegen' verweisen, von einem gängigen Vorurteil der ‚zivilisierten' Welt zumindest beeinflusst sind: Danach ist der Horror dann größer, wenn Terror und Verstümmelungen gleichsam ‚in Handarbeit' ausgeführt werden, während sich bei maschinellen Aktionen aus der Distanz, die einen durchaus ähnlichen Effekt (oder gar schlimmeren) haben, der Schrecken eher in Grenzen hält.

Das Phänomen ist nun beschrieben, und wir suchen nach Erklärungen: nicht nur für die Hintergründe, die tieferen Ursachen der Konflikte, sondern auch für den Rückgang ihrer Häufigkeit. Einen Einstieg liefert der folgende Ansatz, mit dem gezielt versucht worden ist, den Anstieg der Kriegshäufigkeit bis 1992 und deren starken Rückgang unmittelbar danach zu verstehen – ein Ansatz, der im Rahmen des Diskurses über die „Neuen Kriege" nicht zu finden ist (Schreiber 2006: 13 f.).

Die Erklärung liegt, *erstens*, darin, dass es mit dem Ende des Ost-West-Konfliktes auf den Territorien der früheren UdSSR und insbesondere auch

Jugoslawiens Sezessionskriege gab, die danach mehr oder weniger schnell beendet wurden. Und, *zweitens* war der Anstieg der Kriegshäufigkeit dadurch mit bedingt, dass – vor allem in Afrika – einige Regimes unter Begleiterscheinungen der Gewalttätigkeit zusammenbrachen, die zuvor stark von Unterstützungen profitiert hatten, die ihnen von dieser oder jener Konfliktpartei des Kalten Krieges zugeflossen waren. Allerdings (ebd.: 14): „Das Ausbleiben von derartigen Unterstützungen hatte aber auch in nicht wenigen Fällen einen umgekehrten Effekt, indem es einigen Kriegen die materielle Grundlage entzog und somit zu deren Beendigung beitrug." Schließlich bleibt, *drittens*, zu erwähnen, dass die damalige Schwächung des Sozialismus als alternativem Gesellschaftsmodell etlichen Kriegen die ideologische Grundlage entzog. Dies war recht deutlich am Rückgang der bewaffneten Auseinandersetzungen in Süd- und insbesondere Mittelamerika zu erkennen.

Der geradezu dramatische Rückgang der Kriegshäufigkeit nach 1993 und die Verstetigung auf relativ niedrigem Niveau in der Gegenwart (nach dem vorübergehenden Aufflackern gegen Ende der Jahrtausendwende, das freilich den Denkern des „Neuen Krieges" wohl als Inspiration gedient hat) gibt Anlass zum Nachdenken (ebd.: 14 f.):

„Zwei Interpretationen des Kriegsgeschehens, die nach dem Ende des Ost-West-Konflikts prominent diskutiert wurden, haben sich damit als von recht kurzer Halbwertzeit erwiesen: In der ersten Hälfte der 1990er Jahre wurden Konflikte zunehmend mit dem Etikett ‚ethnisch' versehen. Insbesondere die Annahme, dass solche Konflikte um Identitäten schwieriger zu befrieden seien als Konflikte um (materielle) Interessen, kann angesichts des Rückgangs der Zahl der Kriege nicht als bestätigt angesehen werden. Die anschließende These, insbesondere auf Rohstoffen basierende Kriegsökonomien seien die eigentliche Triebfeder aktueller Konflikte, hat sich ebenfalls nicht unbedingt bestätigt: Gerade die häufig als Beispiele angeführten afrikanischen Kriege in Angola, Liberia und Sierra Leone wurden in den letzten Jahren beendet. Beide Versuche, das Kriegsgeschehen auf einen Hauptfaktor zu reduzieren, haben sich gegenüber der Realität als zu vereinfachend erwiesen." Diese empirisch gestützte Aussage verdient Zustimmung, aber auch Differenzierung.

A propos ‚ethnische Identität': Dass deren wie auch immer geartete Konstruktion zur Auslösung und vor allem zur Verschärfung bewaffneter Auseinandersetzungen beitragen kann, wird offenbar nicht bestritten. Worum es geht, ist aber, dass auch Konfliktlagen solcher Prägung im Rahmen von Bemühungen um einen Friedensschluss ‚in den Griff zu bekommen' sind

(Schreiber 2009). Ähnliches gilt für den – wohl wichtigeren – ökonomischen Aspekt: Wirtschafts- und Profitinteressen haben sicherlich das Potential, zur Austragung bewaffneter Konflikte motivieren zu können, sie können aber *unter bestimmten Umständen* auch zu relativ geringer Streitbereitschaft bzw. zur Konfliktbeilegung beitragen. Um dies zu erläutern:

Collier und Hoeffler kommen in einer empirisch-quantitativen Analyse zu einem bemerkenswerten Ergebnis (Collier/Hoeffler 2001: 16 f.): Danach haben Indikatoren, die mit guten Finanzierungsmöglichkeiten (z. B. Partizipation an den Profiten von Rohstoffexporten, preiswerte Kämpfer, Verfügbarkeit von Waffen) und günstigen Operationsbedingungen (z. B. unübersichtliches Gelände) in Zusammenhang stehen, einen relativ hohen Erklärungswert für den Ausbruch von Bürgerkriegen – deutlich höher als die herkömmlicherweise herangezogenen Indikatoren. Worunter rangieren: eine ungleiche Verteilung von Einkommen/Vermögen oder Land, fehlende politische Partizipation sowie gesellschaftliche Polarisierung. Gerade für Staaten, die wirtschaftlich von natürlichen Ressourcen abhängig sind und in denen etwa wegen öffentlicher Kontrolldefizite ein profitabler (privater) Zugriff darauf machbar erscheint, besteht demzufolge ein erhöhtes Kriegs- bzw. Rebellionsrisiko (ebd.: 16):

„Wir finden, dass ein Modell, das sich auf die Gelegenheiten für eine Rebellion fokussiert, eine zufriedenstellende Erklärungsleistung hat, während objektivierbare Indikatoren, mit denen politische Unzufriedenheit abgebildet wird, wenig Erklärungskraft hinzufügen.“ (Übersetzung aus dem Englischen: L. U.)

Damit sind wir, vor dem Hintergrund ökonomischer Interessen als Kriegsmotivation, wiederum bei den uns bereits bekannten ‚Machbarkeitskalkülen‘ angelangt: der Abschätzung von Nutzen und Kosten eines bewaffneten Konfliktes. In diesem Kontext wird verständlich, dass der Begriff ‚Warlord‘ (Kriegsherr) durchaus kein Synonym für unkontrollierte Kriegstreiberei ist. Ein Warlord, der sein ‚Zaunkönigsreich‘ einigermaßen stabilisiert hat und etwa vom Export von Rohopium gut lebt, der aber keine Chance sieht, sein kleines Imperium zu Lasten anderer bei erträglichen Kosten auszudehnen, bleibt zwar eine Herausforderung an die Adresse sich womöglich etablierender zentralstaatlicher Autorität, ist aber kein typischer Bürgerkriegsakteur mehr (Lock 2005: 69):

„Der ‚General-Unternehmer‘, oder Warlord, geht in der Regel mit der Ressource Gewalt zur Regulierung seiner Kriegsökonomie sparsam um, um zu

vermeiden, dass die sensiblen Tauschsphären, die ihn mit dem Weltmarkt verbinden, in das Fadenkreuz staatlicher Aufmerksamkeit geraten. "

Die in einer konkreten Konstellation vorfindlichen ökonomischen Interessen und Machbarkeitskalküle haben freilich nicht die Qualität eines a priori: Sie sind, wie auch die analytische Modellarbeit der beiden genannten Autoren, in einen weiteren Kontext zu stellen. Anzunehmen ist, dass es – nicht erst seit Anfang der 1990er Jahre, aber doch mit einer gewissen Intensivierung und Beschleunigung – weltweite Anpassungsprozesse gibt, die sich entwickelnde Staaten mit der ‚Moderne' konfrontieren: mit dem Imperativ weitreichender Strukturveränderungen auf politischem, gesellschaftlichem und ökonomischem Gebiet. Im Zuge dieser Anpassungen kommt es bei den schwachen Staaten und ärmeren Gesellschaften zu mitunter tief gehenden Verwerfungen (Siegelberg 1994), vor deren Hintergrund erst die Kalküle der einzelnen Akteure zu verstehen sind.

Dies, also die Schwierigkeit, die Begegnung mit der Komplexität der Moderne zu bewältigen, ist in Beziehung zu setzen zu einer vermutlich relevanten Entwicklung: Es hat sich nämlich gezeigt, dass in typischen bzw. potentiellen Krisenregionen – wie Süd- und Zentralasien, West- und Ostafrika sowie Nordafrika (definiert als bis zum Südrand der Sahara reichend) – die „Autokratien" in mehr oder minder starkem Maße abgenommen haben. Dieser sich über die letzten ein bis zwei Jahrzehnte erstreckende Trend war allerdings nicht begleitet von einer entsprechenden Zunahme der Länder mit demokratischer Regierungsform. Was eher zugenommen hat, das sind die sogenannten „Anocracies": also Regimes, die Elemente beider Systeme in je unterschiedlicher Mischung miteinander verknüpfen – von *democracy* und *autocracy* (Marshall/Gurr 2005).

Es lässt sich spekulieren, dass die *anocracies* zwar nicht so flexible und anpassungsfähige Systeme darstellen wie die Demokratien, aber doch gegenüber den Herausforderungen einer zusammenwachsenden Welt mit ihren Modernisierungszwängen eine bessere Antwort darstellen als die eher rigiden Autokratien. Auch in diesem Zusammenhang ließe sich der weltweite relative Rückgang der Kriegshäufigkeit diskutieren.

Kurzer Exkurs: Zwischenstaatliche Konfrontationen

Zwischenstaatliche Kriege im herkömmlichen Sinne tauchen in der Statistik nur sporadisch auf. Auch in der Zeit des Kalten Krieges, in der es sie etwas häufiger gab, bildeten sie eine Ausnahme. Und im Diskurs um die „Neuen

Kriege" stellt man, wie wir gesehen haben, diesem Phänomen eine düstere Prognose.

Wenn allerdings aus der Wahrnehmung, dass die zwischenstaatlichen Kriege selten sind oder gar auf dem Absterbe-Etat stehen, geschlossen wird, die Befassung mit ihnen sei eher unwichtig, haben wir ein Problem: war bzw. ist doch ein in jüngster Vergangenheit geführter zwischenstaatlicher Krieg, nämlich der von den USA und ihrer Koalition der Willigen gegen den Irak unternommene, von epochaler Bedeutung. War es doch der von der Führung der Vereinigten Staaten unternommene Versuch, der Weltgemeinschaft die Bereitschaft zu demonstrieren, für die Pax Americana, die Ausbreitung eines bestimmten Gesellschafts- und Politikmodells sowie auch den freien Zugang zu knappen Ressourcen ohne weitere ernsthafte Gründe in den Krieg zu ziehen. (Dass dieses Unternehmen dann in den Nachwehen im Zuge innerstaatlicher bewaffneter Auseinandersetzungen mit externer Beteiligung in eine sehr problematische Schieflage geriet, gehört freilich auch zum Bild.)

Gegenwärtig gibt es eine ganze Reihe in unterschiedlichen Stadien der Zuspitzung befindlicher Konfrontationen zwischen Staaten durchaus erheblichen militärischen Potentials und zentraler Führung mit zurechenbarer Verantwortlichkeit. Es sind damit also wesentliche Voraussetzungen dafür gegeben, dass auch größere zwischenstaatliche Zusammenstöße herkömmlicher Art zumindest nicht ausgeschlossen werden können. Und auch wenn sich solche Konflikte nur sehr vereinzelt, sporadisch ereigneten, wäre doch wahrscheinlich in nur kurzer Zeit mit großen Opferzahlen und Schäden zu rechnen. An entsprechenden Konfrontationen sind u. a. zu nennen: Südkorea/ USA – Nordkorea; Volksrepublik China – Taiwan; Volksrepublik China – Vietnam; Indien – Pakistan; USA/Israel – Iran; Israel – Syrien.

Ebenfalls zeichnet sich eine zunehmend angespannte Konfrontation zwischen den Vereinigten Staaten und der Volksrepublik China ab, welch letztere mit ihrer rasch wachsenden Macht vom Washingtoner Äquivalent des deutschen Verteidigungsweißbuches zur neuen großen Herausforderung – auch im militärischen Sinne – erklärt worden ist (Department of Defense 2006). Und eine gewisse Entfremdung, bei der ebenfalls militärpolitische Aspekte eine Rolle spielen, lässt sich auch für das Verhältnis USA – Russland feststellen. Zumindest vor der Weltfinanz- und -wirtschaftskrise von 2008 befand sich Russland auf der Grundlage der Profite aus der Nutzung seiner auf dem Weltmarkt knapper werdenden natürlichen Ressourcen auf ,Nachrüstungskurs' (Der Spiegel 2007).

Diese Konfrontationen, bei denen es meist um Konkurrenzen von Regionalmächten, aber auch um den Herrschaftsanspruch des ‚Welthegemons' geht, mögen in der Latenz bleiben – also nicht in einen heißen ‚Schießkrieg' ausarten. Machbarkeitskalküle stehen nämlich einer solchen Option entgegen: Zu unwägbar sind die Erfolgschancen bei Zusammenstößen größerer, differenzierter Potentiale. Zu wenig lohnend erscheint ein offener Konflikt. Was nicht bedeutet, dass die Möglichkeit eines Entgleisens in den Krieg ausgeschlossen werden kann. Denn in den meisten der genannten Fälle haben wir es auch mit Konfrontationen strategischer Offensivpotentiale und strukturellen Verwundbarkeiten zu tun, die bei krisenhafter Zuspitzung und de, damit einhergehenden Kommunikationsstörungen zu gefährlichen Präemptionskalkülen führen könnten.

Aber auch wenn es nicht zum Krieg kommen sollte: Die erwähnten Konfrontationen verpulvern mit dem Ziel der Kriegsvermeidung, wozu allerdings zumeist die falschen Mittel eingesetzt werden, gigantische Summen für die Rüstung. Die Konfrontationen begründen nicht nur Dauerängste, sie entziehen auch einer ausgewogenen, zukunftsträchtigen gesellschaftlich-ökonomischen Entwicklung große Teile des erforderlichen materiellen Substrats. Wer an einem positiven Frieden in allen Teilen dieser Welt interessiert ist, muss auch die bestehenden zwischenstaatlichen Konfrontationen ernsthaft in den Blick nehmen.

4.1.3 Konkretes Beispiel: Ein ‚wirklich neuartiger' Krieg

Es ist über einen ungewöhnlichen Krieg zu berichten, der wohl als „sonstiger" zu rubrizieren wäre. Jedenfalls handelt es sich nicht um eine innerstaatliche Auseinandersetzung: Nein, wir haben es mit der militärischen Offensive eines Staates gegen das Territorium eines souveränen Nachbarn zu tun – allerdings nicht um die dortigen regulären Streitkräfte, sondern eine als terroristisch etikettierte Organisation zu bekämpfen.

Dabei gibt es eine substanzielle Abweichung von dem Muster, das aus den jüngsten Kriegen gegen Afghanistan und den Irak bekannt ist: Also kein schneller Sieg der Invasoren, dessen Früchte dann anschließend in einem sich länger hinziehenden Guerillakrieg kaum noch leuchten wollen, sondern ein Zusammen-stoß, der für den Angreifer gleich nicht glücklich ausgeht.

Es ist die Rede von dem Krieg zwischen Israel und der Hisbollah (Hisbollah 2007; Unterseher 2007), der in den Monaten Juli und August des Jahres 2006 knapp fünf Wochen lang tobte (12. 7. – 14. 8.). Seine Opferbilanz: Fast 1.200 tote Zivilisten im Libanon sowie 250 bis 550 gefallene Kämpfer der Hisbollah und demgegenüber knapp 40 getötete Zivilisten in Israel sowie fast 120 gefallene Soldaten der dortigen Streitkräfte.

Verlauf

Nachdem die Hisbollah (die „Partei Gottes") israelische Soldaten als Geiseln genommen hatte, um in Gefangenschaft geratene eigene Leute freizupressen, antworteten die Streitkräfte Israels: erst mit schweren, kontinuierlichen Schlägen ihrer Luftwaffe, die Schrecken nicht nur für die gegnerischen Kämpfer, sondern vor allem auch die Zivilbevölkerung brachten, und dann – nach erheblicher Verzögerung – mit einer Bodenoffensive in den Südlibanon hinein. Diese Verzögerung resultierte daraus, dass der israelische Stabschef und Oberkommandierende dem Premierminister, der das Risiko des Verlustes kostbaren jüdischen Lebens durch eine Operation zu Lande scheute, fälschlicherweise verheißen hatte, die Hisbollah würde nach der kurzen Phase konzentrierter Schläge aus der Luft einknicken. (Israel hatte sich zum ersten Mal in seiner Geschichte einen Oberkommandierenden geleistet, der aus der Luftwaffe kam und der jener in seinen Kreisen verbreiteten, aber historischer Evidenz ermangelnden Ideologie anhing, nach der Kriege allein aus der Luft zu gewinnen sind.)

Die Kämpfer der Hisbollah hielten gegenüber dem israelischen Angriff stand. Dies ist um so bemerkenswerter, als die Bodenoffensive mit einer bis zu zehnfachen israelischen Übermacht geführt wurde: Und zwar mit massiver Luftunterstützung – einem Luxus, über den die arabische Defensive nicht verfügte. Während der gesamten Dauer des Konfliktes gelang es der Hisbollah, ihre Basen in einem Maße zu schützen und zu bewahren, dass ein fast ununterbrochener Raketenterror gegen die Zivilbevölkerung Nordisraels (hinunter bis etwa zur Linie von Haifa) möglich war.

Am Ende begann der Widerstand der Hisbollah zu erodieren, was angesichts des sehr krassen Ungleichgewichts der Kräfte kein Wunder war. So kam der Waffenstillstand für sie gerade rechtzeitig. In diesen konnte ihre Führung freilich durchaus selbstbewusst einwilligen, hatte man doch, wenn einmal von dem eher vorgeschobenen Motiv der Gefangenenbefreiung abgesehen wird, sehr wesentliche Erfolge zu verzeichnen: Das innenpolitische Gewicht der Hisbollah im Libanon hatte erheblich zugenommen, und als arabische Avantgarde im Kampf gegen Israel erschien man nun so heroisch wie konkurrenzlos. Und auch Israel hatte sehr triftige Gründe, die Kampagne abzubrechen: Trotz einer gewissen Erosion der Kampfkraft auf arabischer Seite war letztlich doch kein Ende abzusehen. Der Druck der internationalen Gemeinschaft wuchs von Tag zu Tag, und – mindestens so relevant – in der israelischen Bevölkerung bröckelte vor dem Hintergrund zunehmender Ängste und wiederholt nicht eingehaltener militärischer Versprechungen die Unterstützung für den Krieg.

Kontext

Als Israels Regierung auf die Geiselnahmen mit Luftangriffen antwortete, wurde spekuliert, dass eine solche als Überreaktion erscheinende Maßnahme mit der Bush-Administration abgestimmt gewesen sei (oder doch hätte sein müssen). Die US-Führung, die sich angeblich auf einen eventuellen Schlag gegen den atomrasselnden Iran vorbereitete, hätte großes Interesse (gehabt), dem Regime in Teheran für einen solchen Fall die Option zu nehmen, mit der von ihm beeinflussten Hisbollah gemeinsam eine zweite Front zu eröffnen. Und Israel hätte auf eine solche Konstellation – nämlich amerikanisches Interesse – nur gewartet und sich entsprechend vorbereitet, um zum Schutz seiner geplagten Bevölkerung mit der Bedrohung aus dem Libanon ein für alle mal aufzuräumen. Insofern sei die Hisbollah mit ihrer Provokation in eine Falle gelaufen (Unterseher 2007).

Aber auch im umgekehrten Sinn war vom Fallenstellen die Rede. Da wurde etwa gemunkelt, dass der hinter der Hisbollah stehende, sich von den USA bedroht sehende Iran seinen Gegner in Gestalt des Stellvertreters Israel einmal ‚so richtig vorführen' wollte. Weitere Spekulationen gingen dahin, dass die Führung des bewaffneten Arms der Hisbollah auf längere Sicht ihre Felle davon schwimmen sah – in dem Maße nämlich, in dem die Partei Gottes als Ganzes sich ‚zivilisierte', um im innerlibanesischen Kräftespiel zu einem wichtigen politischen Faktor, einer wesentlichen Interessenvertretung der Schi'iten, zu werden. Deswegen habe man nach gründlicher Vorbereitung auf einen Kampf asymmetrischer, mit Terrorwaffen verkoppelter Defensive – sowie mit Rückversicherung aus Teheran und auch Damaskus – die Provokation gewagt.

Israel

Die allgemeine Wehrpflicht verschafft den Streitkräften Israels einen qualitativ besseren Schnitt, als er bei typischen Freiwilligenarmeen zu verzeichnen ist, die oft nur die ‚*losers*' des Arbeitsmarktes bekommen. Und die lange Dienstzeit ermöglicht eine gründliche Ausbildung. Hinzu kommt – auf der Basis des qualitativ guten Grundpotentials – eine beträchtliche Rate an freiwilligen Längerverpflichtungen, die eine hohe Motivation des Personals anzeigen.

Die Luftwaffe ist durchgängig mit US-amerikanischem Gerät, z. T. dem modernsten, ausgestattet. Und die Landstreitkräfte verfügen über eine tauglichere Ausrüstung als etwa das, was die U.S. Army und die Marines im Irak gehabt haben. Die Invasion in den Libanon stützte sich hauptsächlich auf extrem gut geschützte Fahrzeuge, was freilich hoch bewegliche Einsätze der Infanterie, welche diese Transportmittel gleichsam als ‚Mutterschiffe' nutzt, keineswegs ausschloss. Manche dieser Fahrzeuge wurden zwar von der Hisbollah mit Hilfe moderner Panzerabwehrmittel und auch Minen geknackt, hätten die israelischen Streitkräfte jedoch mit der – leichteren – US-amerikanischen Ausstattung antreten müssen, wären ihre Verluste um ein Vielfaches höher gewesen.

Relevant für die Einschätzung dieses Konfliktes ist vor allem auch, dass die israelischen Streitkräfte traditionell ein besonderes Gewicht auf Lage- und Zielaufklärung gelegt haben: Ingeniös wurden und werden die Ergebnisse unterschiedlicher Quellen miteinander verknüpft, seien diese luft- oder sogar raumgestützt, Erkundungsorgane vorgeschobener Truppenteile oder geheimdienstlicher Natur. Zu erwähnen ist in diesem Zusammenhang, dass Israel das erste Land war, welches unbemanntes Fluggerät erfolgreich zur Zielaufklärung und -zuweisung einsetzte, und zwar schon 1982, im Ersten Libanon-Krieg (Schnell 1984).

Es bietet sich das Bild von Streitkräften mit High-Tech-Zügen, guter Personalqualität, großer Erfahrung und relativ flexiblen Einsatzverfahren.

Hisbollah

Die Hisbollah wurde 1982 gegründet: als Reaktion auf den Einmarsch israelischer Truppen im Ersten Libanon-Krieg (Hisbollah 2007). Wie manch andere Widerstands- oder Terrororganisation auch hat die Hisbollah eine politische Organisation und einen bewaffneten Arm. Erstere weist, was ebenfalls nichts Ungewöhnliches ist, einen gemäßigten sowie einen weniger gemäßigten Flügel auf. Dabei scheint sich der Grad der ‚Mäßigung' bei der Hisbollah danach zu bemessen, inwieweit diese Bewegung im Libanon eher regionalpolitische bzw. Gruppeninteressen oder aber religiös-puristische Orientierungen vertritt.

Einiges spricht dafür, dass der bewaffnete Arm von der Gesamtorganisation tendenziell entkoppelt ist und ein oberstes Aufsichtsgremium besitzt, welches sich aus zwölf islamischen Rechtsgelehrten (religiösen ‚Wächtern') zusammen setzt. Diese scheinen – im Einklang mit den Erfordernissen eines dezentral-asymmetrischen Kampfes – den nachgeordneten Ebenen relativ große

Entscheidungsfreiheit zu lassen und eher nur generelle Orientierung zu bieten.

Alles in allem ist die Struktur wenig hierarchisiert. So etwa gibt es drei unabhängige, aber miteinander kooperierende Regionalkommandos, die offenbar in der Lage sind, den Defensivkampf sowohl an der ,Front' als auch in der Tiefe des Raumes zu organisieren. Unterhalb dieser Ebene scheint sich das Konzept relativer Selbständigkeit, das nur auf gewisse Rahmenregelungen angewiesen ist, fortzusetzen, bis hin zu den kleinsten Teams bzw. komplexere Waffensysteme bedienenden Trupps von drei oder vier bis sieben Kämpfern. Den plausibelsten Schätzungen nach standen den israelischen Truppen im Sommer 2006 zwischen 3.000 und 5.000 Vollzeitkämpfer gegenüber. Diese konnten sich allerdings auf ein Mehrfaches an lokalen Teilzeit-Milizen stützen, die vor allem zu Zwecken der Versorgung und zum Stellungsbau herangezogen wurden.

Rüstung

Die Rüstungsplanung der Hisbollah ist konsequent aufgabenbezogen, was sich folgendermaßen exemplifizieren lässt:

Um in einer dezentralen Defensivstruktur unter Bedingungen der Störbarkeit durch einen übermächtigen Gegner gut kommunizieren und überdies den Heimvorteil der Kenntnis eigenen Geländes optimal nutzen zu können, wurden auf dem in dieser Hinsicht sehr ergiebigen Weltmarkt modernste Fernmeldemittel und etwa auch Nachtsichtgeräte erworben (Crooke/Perry 2006).

Die defensive Feuerkraft der taktischen Ebene stützt sich auf kompaktes Hochleistungsgerät, wie etwa Panzerabwehr-Lenkraketen neueren Typs vor allem aus russischer, seltener aus westlicher Produktion, die – als Artillerie-Ersatz – auch gegen statische Ziele besonderen militärischen Wertes, wie z. B. Befehlsstellen, eingesetzt wurden (McGregor 2006 a). Hinzu kommen an schwerem Gerät zahlreiche Mörser verschiedener Kaliber. All dies, dazu noch leichte russische Infanteriewaffen, ist offenbar vor allem aus Syrien bezogen worden.

Das offensive Element der Ausrüstung wird durch weitreichende Lenkflugkörper und etliche Typen von Artillerieraketen gebildet (McGregor 2006 b). Da sind zum einen Flugkörper mit Präzisionslenkung aus chinesischer Produktion, die sich zur Bekämpfung von Schiffen auch weit vor der Küste eignen. Diese Flugkörper sind technologisch durchaus anspruchsvoll und haben ihren Preis. Und da sind zum anderen ballistische Raketen, die

sich wegen ihrer Ungenauigkeit ‚nur' für den Terroreinsatz gegen Flächen-
ziele, wie etwa Städte, eignen. Anderes ist aber auch gar nicht beabsichtigt.
Vor allem die Raketen in der unteren Reichweitenkategorie (bis 20 oder 25
km), sie repräsentieren die Technologie des Zweiten Weltkrieges, sind einfach und sehr kostengünstig.

Auf jeden Fall waren und sind die einfachen Artillerieraketen in solchen
Mengen verfügbar, dass sich mit Massenstarts jedes auch noch so leistungsfähige Abwehrsystem durch ‚Sättigung' überwältigen ließe. Eine relativ gute
Verfügbarkeit dürfte übrigens auch noch für ballistische Raketen mit Reichweiten um 50 km gelten, sie sind technologisch nur etwas aufwendiger, die
gegen die Region um Haifa eingesetzt wurden.

Problematischer war und ist für die Hisbollah vermutlich der Zugriff auf
Raketen noch größerer Reichweite, die freilich wohl aus zwei Gründen sehr
gewünscht werden. Zum einen ließe sich damit der Terror noch weiter in den
Raum der anderen Seite tragen. Und zum anderen ergibt sich dadurch die
Option, bei einem Vordringen des Gegners immer noch gegen dessen
Territorium wirken zu können, und zwar aus der eigenen Tiefe. Doch die
iranische Führung, Iran ist für die Hisbollah wesentliches Herkunfts- oder
Transitland der Geschosse mit Reichweiten über 25 km, hat wahrscheinlich
die Nutzung besonders bedrohlicher Waffentechnik restringiert: nicht wegen
der in diesem Fall durchaus ins Gewicht fallenden Kosten, sondern um die
Kontrolle über die Situation behalten zu können.

Operation

Wie bereits angedeutet: Die Hisbollah bekämpft einen Gegner, der sich auf
Luftmacht und mechanisierte Truppen stützt, *asymmetrisch*, zahlt also nicht
in gleicher Münze zurück (McGregor 2006 c; Cordesman 2006; Crooke/
Perry 2006). Interessanterweise lässt man sich von iranischen Militärspezia-
listen und nicht etwa syrischen beraten. Das spiegelt nicht nur den besonderen politischen Einfluss des Iran wider, sondern ist auch für den Inhalt der
Anleitung relevant. Es wird also nicht der ursprünglich sowjetisch inspirierte
Schematismus der syrischen Armee übernommen, sondern von einem Land
gelernt, das experimentierfreudiger zu sein scheint: dessen Revolutionsgar-
den schon im Ersten Golfkrieg vorführten, wie ein gepanzerter Vorstoß, damals der Armee Saddam Husseins, durch leichte Truppen neutralisiert werden kann.

Die auf bodenständige Strukturen gestützte Operationsweise der Hisbollah, sie kann als systematische Nutzung des Heimvorteils verstanden werden, lässt sich in fünf Punkten charakterisieren:

Erstens: Der Verteidigungskampf setzt am vorderen Rand des eigenen Gebietes an und wird – den Gegner begleitend, verzögernd und abnutzend – in die Tiefe des Raumes hinein fortgeführt.

Zweitens: Auf der untersten taktischen Ebene ist der Kampf beweglich, nadelstichartig, wobei ein statisches Stellungssystem, dessen Gebiet möglichst nicht verlassen werden soll, Rahmen und Grundlage bildet.

Drittens: Das stützende Stellungssystem, das auch die für beweglichen Einsatz weniger geeigneten Waffenstationen beherbergt, ist netzartig-dezentral angelegt, umfasst also keine Schlüsselpositionen, deren Fall alles aus den Angeln heben würde.

Viertens: In einem verzweigten, von langer Hand vorbereiteten Tunnelgeflecht guter Schutzwirkung, aber auch in betonierten Feldbefestigungen und Bunkern, verschwindet die Truppe von der Erdoberfläche.

Fünftens: Tarnen und Täuschen sind – mit einfachsten Mitteln – so perfektioniert, dass selbst hochwertigste Aufklärungssensoren ausgetrickst werden können. Zur Tarnung gehört allerdings auch, dass Raketen aus Wohnhäusern gestartet werden.

Reminiszenzen

All dies ruft Erinnerungen an die Konzeptionen der Alternativen Verteidigung wach, die netzartige Defensivstrukturen vorsahen. Allerdings: Die von der Hisbollah implementierten Strukturen scheinen dichter zu sein, weniger aufgelockert. Offenbar meint man, der Problematik, lukrative Ziele zu bieten, dadurch entgehen zu können, dass besonders viel in Schutzbauten (,Härtung') und auch in das Tarnen und Täuschen (,Täuschziele') investiert wird. Wohl im Vertrauen darauf, dass der Angreifer vor den Augen der Weltöffentlichkeit, möglicherweise aus moralischen Erwägungen und auch weil die Herausforderung doch eher begrenzt erscheint, nicht zum Gebrauch von Massenvernichtungsmitteln greifen würde.

Und noch eine Reminiszenz: Auch in den Vorschlägen ,von dunnemals' fand sich das Muster der heiklen Kombination einer auf Abwehr spezialisierten Verteidigung mit weitreichenden Artillerieraketen, die legitimerweise als zumindest doppeldeutig kritisiert wurden: Hätten doch solche Raketen nicht nur zur Bekämpfung anrollender Panzermassen in der Tiefe dienen können, sondern auch zum Zweck des Terrors (welch letzterer im neuen Kontext wesentliches Anliegen der Hisbollah ist). Die Einsicht in diesen Sachverhalt sollte um ein Übriges dazu motivieren, militärische Konzeptionen, die – auch – Defensivstrukturen umfassen, genauer zu untersuchen. Man muss sich ihrer Machart vergewissern und darüber hinaus ihres politischen und geostrategischen Stellenwertes.

Relevanz

Zum einen ist zu verzeichnen, dass die stabile Abhaltung, wie sie von der Hisbollah vorgeführt wurde, die Situation eher destabilisiert als stabilisiert hat. Israel wird sich schwer damit abfinden können, dass potentieller Raketenterror eine relativ gesicherte Basis hat. Wenn dieses Problem struktureller Bedrohung nicht mit politischen Mitteln – etwa Druck der internationalen Gemeinschaft – ausgeräumt werden kann, ist anzunehmen, dass die israelischen Streitkräfte von ihren Aufsichtsgremien die Lizenz erhalten, Mittel und Wege zu explorieren, die einen Erfolg gegen das Abwehrsystem der Hisbollah versprechen. Dabei mag es sich um einen noch erheblich größeren Kräfteansatz handeln, aber auch – möglicherweise in Kombination damit – die Entwicklung von Angriffsverfahren für Bodentruppen gesteigerter Agilität (taktischer Beweglichkeit). Sollten entsprechende Kriegsspiele auf das Gelingen eines neuerlichen Angriffes hindeuten, wäre eine wesentliche Voraussetzung für einen weiteren Waffengang gegeben.

Zum anderen aber ist, und zwar falls der relative Erfolg der Hisbollah ‚in der nächsten Runde' nicht wieder hinweg gewischt wird, auf die generelle machtpolitische Relevanz des Geschehens hinzuweisen. Bislang hatten Bewegungen und Regimes, die meinten sich gegen tatsächliche oder empfundene Beeinträchtigungen ihrer Existenz durch die Erste Welt zur Wehr setzen zu müssen, nur Optionen, die äußerst problematisch erscheinen.

Da ist, *erstens*, der Terror durch Selbstmordattentate, *zweitens* die Entwicklung von Massenvernichtungsmitteln samt ihrer Trägermittel und, *drittens*, die Verheißung, dass nach Beseitigung des eigenen Regimes ein Guerillakrieg ausbrechen würde. Ersteres ist scheußlich, individualistisch, irrational, schwer planbar und führt zu bisweilen unwillkommener Gegenmobilisierung. Die zweite Option ist angesichts knapper Ressourcen von Entwicklungs- oder Schwellenländern mit ungeheuren wirtschaftlichen, gesellschaftlichen und politischen Kosten verbunden. Und, schließlich, die dritte Möglichkeit ist, abgesehen davon, dass sie ebenfalls schwer planbar sowie potentiell opferreich ist, deswegen besonders unattraktiv, weil der damit Drohende seine eigene Beseitigung immer schon mitdenken muss.

Die asymmetrische, mit Instrumenten des Terrors verknüpfte Defensive der Hisbollah steht für eine weitere, eine neue Option: Sie knüpft zwar an traditionelle Muster des Partisanenkrieges an, ist jedoch technisch *up to date*, ohne dem Technologiewahn zum Opfer zu fallen. Sie kann es mit überlegenen Gegnern aufnehmen und verschleudert dennoch keine knappen Ressourcen. Sie ist planbar und kalkulierbar, zwar gegenwärtig an eine bestimmte Region gebunden, aber doch prinzipiell nachahmbar – also mit einigem Anpassungsaufwand auf andere Konfliktkonstellationen übertragbar.

4.2   Militärintervention: Entwicklungen und Dilemmata

Zunächst eine Definition: *„Intervention: Einmischung von Staaten bzw. internationalen Organisationen in Angelegenheiten, die der alleinigen Kompetenz eines Nationalstaates unterliegen"* (Woyke 2000: 221).

Interventionen, speziell mit militärischen Mitteln, von Staaten der Ersten Welt, wie etwa der USA, oder der Zweiten Welt, wie etwa der UdSSR, in Regionen der Dritten Welt gab es bereits in der Zeit des Kalten Krieges. Man denke nur an Vietnam und Afghanistan! Und auch von den Vereinten Nationen legitimierte Entsendungen von Truppen in die Gefilde ärmerer Länder gab es zuhauf. Dabei handelte es sich zumeist um Peacekeeping-Einsätze. Doch wurde schon recht früh auch ein relativ großer Krieg zur Bestrafung eines Aggressors und zur Wiederherstellung von Recht und territorialer Integrität im Namen der Weltgemeinschaft geführt: Gemeint ist der Koreakrieg (1950 – 1953).

Doch beanspruchte die Dynamik der Konfrontation zwischen den beiden großen Militärblöcken die Aufmerksamkeit der Weltöffentlichkeit so sehr, dass zumindest die kleineren bewaffneten Konflikte in der Dritten Welt und entsprechende Truppenentsendungen aus der Ersten oft unter ‚ferner liefen' rangierten. Sicherlich, die größeren bewaffneten Konflikte, etwa die Kriege in Vietnam und Afghanistan, drangen durchaus ins Bewusstsein der Weltöffentlichkeit, wobei der Vietnamkrieg in zahlreichen Ländern des Atlantischen Bündnisses über Jahre hinweg im Zentrum politischer Kontroversen stand und zum Bezugspunkt einer Protestbewegung wurde.

Doch schien letztlich alles mit dem Ost-West-Konflikt zusammen zu hängen: So etwa war in diesem Kontext vom Phänomen des ‚Stellvertreterkrieges' die Rede. Seit Ende der Konfrontation der großen Militärblöcke scheint sich jedoch wesentliches geändert zu haben. Es gab ab Anfang der 90er Jahre des vorigen Jahrhunderts keinen Makrokonflikt mehr, auf den hin sich wie einst

Interessen bündelten sowie Ängste entwickelten und der den Blick von anderen Auseinandersetzungen ablenkte. Seither gelangen die Kriege außerhalb der Ersten Welt (bzw. an deren Peripherie) eher unmittelbar und gleichsam ‚ohne Konkurrenz' in das Bewusstsein der politischen Eliten und erregen überdies gar akademische Aufmerksamkeit (wie es der bereits behandelte einschlägige Diskurs belegt).

Angesichts der bewaffneten Auseinandersetzungen in der Dritten Welt kam es in der Ersten zur Zuspitzung von Interessen, zur Explikation von Besorgnissen und Verpflichtungen, die auf ein militärisches oder auch nichtmilitärisches Eingreifen in das Geschehen hinauslaufen. Mit der Problematik der Militärintervention wollen wir uns näher auseinandersetzen.

4.2.1 Reaktionskräfte: Institutionelles und Konzeptionelles

Bis Anfang der 1990er Jahre verfügte die NATO nur über eine Eingreifbrigade, die aus Heerestruppenteilen verschiedener Verbündeter zusammen gesetzt war. Ergänzend kamen einige Kontingente der Luft- und Seestreitkräfte hinzu. Mit diesem Gebilde, es wurde ACE Mobile Force genannt (ACE: Allied Commander Europe), schien das Bedürfnis der NATO an integrierten Interventionsmitteln offenbar befriedigt. Und dies zu einer Zeit, in der immer mehr die Rede davon war, dass die Sowjetunion gerade die Flanken der NATO im Norden und im Südosten Europas bedrohe, worauf im Falle eines Falles mit möglichst starken mobilen Reserven reagiert werden müsse.

Nach Ende des Kalten Krieges erhielt die ACE Mobile Force sehr bald einen Beinamen: Sie wurde nun auch „Immediate Reaction Force" genannt, womit die Absicht angezeigt werden sollte, den entsprechenden Einsatzmitteln ganz besondere Schnelligkeit und Flexibilität verleihen zu wollen. Zugleich begann man, die terrestrischen Kräfte dieses Eingreifverbandes, die – wie gesagt – zuvor Brigadestärke hatten, auf etwa den Umfang einer Division zu bringen (IISS 1991: 46).

Parallel zu dem skizzierten Vorhaben wurde der Aufbau einer „Rapid Reaction Force" in die Wege geleitet (IISS 1991: 46; IISS 1992: 30 f.); sie erhielt bald die Bezeichnung ARRC (ACE Rapid Reaction Corps). Schon Umfang und Zuschnitt des aus bereits vorhandenen Truppenteilen verschiedener Verbündeter gebildeten Korps machten deutlich, dass mit „Rapid" eine geringere Reaktionsschnelligkeit als mit „Immediate" gemeint war. Genauer: In seiner Gründungsphase war vorgesehen, dass im ARRC vier Großverbände integriert werden sollten – und zwar eine britische Panzerdivision, eine ebenfalls britische mechanisierte Division mit luftmobilem Anteil, eine luftbewegliche Division mit Anteilen aus dem Vereinigten Königreich, Deutschland, der Niederlande sowie auch Belgien und schließlich eine die Südflanke der NATO repräsentierende mechanisierte Division.

Dann – von 1991 auf 1992 – geschah etwas, das an das Wunderbare grenzt: Das ARRC wuchs nahezu explosionsartig; statt vier Divisionen hatte es auf einmal deren acht (wobei ein assoziierter, also nicht voll integrierter spanischer Eingreifverband von ungefähr Divisionsstärke noch nicht mitberücksichtigt ist). Repräsentiert waren dadurch nun auch noch die USA, die Türkei, Griechenland, Italien und Portugal. Ergänzt wurde diese Planung durch kongeniale Maßnahmen auf dem Gebiet von Luft- und Seestreitkräften. Wenn dieser Truppenmix, seine Kopfzahl ging über 150.000 Soldaten hinaus, auch einige leichte, zum Teil sogar luftbewegliche Großverbände umfasste, war er doch wesentlich von schweren Formationen, Panzer- und mechanisierten Divisionen, geprägt, so wie sie im Rahmen der NATO im Kontext des Ost-West-Konfliktes entwickelt worden waren. Die Anpassung an die ‚neue Zeit' geschah eher auf der Stabsebene als durch tiefgreifende Strukturreformen.

Schon in der Frühphase der NATO-Planungen für neue Interventionsinstrumente gab es allerdings noch eine andere Entwicklung. Im Mai 1992 erklärten Präsident Mitterand und Bundeskanzler Kohl ihre Absicht, eine gemeinsame französisch-deutsche Streitmacht aufzustellen (IISS 1992: 31 f.): als Kern einer künftigen europäischen Truppe. Eine Europa-Armee wurde daraus zwar nicht, sondern ‚nur' das ‚Euro-Korps', das in seiner Grundstruktur 1995/96 komplett war. Im Zuge des weiteren Aufbaus gab es auch Unterstellungen von Truppenteilen aus Luxemburg, Belgien und Spanien.

Es handelte sich um eine aus zumeist schweren Großverbänden bestehende Streitmacht der Landstreitkräfte, mit der Frankreich offenbar ein Gegengewicht zur Dominanz der Vereinigten Staaten in Europa schaffen wollte, die Bundesrepublik Deutschland aber Frankreich über eine NATO-Unterstellung des Korps näher an das Atlantische Bündnis zu binden beabsichtigte (ebd.: 32). Alles in allem lässt sich notieren, dass die forcierte, in sich widersprüchliche Planung von Interventionskräften zu Resultaten führte, die nur geringe Praxisrelevanz und eher ‚Papiertiger-Qualität' hatten. Die unter einer neuen Führungsorganisation versammelten Großverbände waren typischerweise ‚alter Art' und keineswegs auf flexible Auslandsoperationen vorbereitet.

Zudem gab es im deutschen Fall die Besonderheit, dass dem „Euro-Korps" Truppenteile zugeordnet wurden, die eigentlich unter *unmittelbarem* NATO-Zugriff standen. Hinzu kam die Problematik, dass deutsche Truppen, der damals noch geltenden Interpretation des Grundgesetzes entsprechend, bei Gründung der Interventionskontingente rechtlich gesehen noch gar nicht interventionsfähig waren.

Dass die Entwicklung sowohl in der NATO als auch mit exklusiv europäischem Etikett so holterdipolter ablief, mag unter anderen zwei wesentliche Gründe gehabt haben:

-   Zum einen stand die Welt Anfang der 1990er Jahre, es wurde bereits darauf hingewiesen, unter dem Eindruck einer Flut bewaffneter Auseinandersetzungen an der Peripherie Europas und in anderen Regionen.

-   Zum anderen war den Streitkräften des Westens irritierenderweise ‚der Feind abhanden' gekommen, und es wurde infolgedessen geradezu fieberhaft nach neuen plausiblen Missionen und Einsatzszenarien gesucht.

Die von großem Gremienaufwand begleitete Suche nach dem neuen Hauptzweck der Streitkräfte und die Tatsache, dass die Planung der entsprechenden Instrumente kräftezehrende politische Kontroversen über die jeweiligen nationalen Kompetenzen und die erforderlichen Anpassungen auf der Bündnis-Ebene mit sich brachte, macht Befürchtungen verständlich, die im Zuge solcher Anstrengungen eine zunehmende ‚Militarisierung' der Außen- und Sicherheitspolitik kommen sahen (und sehen).

Nachdem die erste Welle des Aufbaus von Interventionskräften in Europa vorüber war, sie erschien eher geprägt von symbolischer Politik und nationaler Profilierungssucht und kaum an Machbarkeitskriterien orientiert, kam eine zweite Welle, in der es eher um tatsächlich reaktionsfähige Eingreifelemente ging, in deren Kontext die genannten problematischen Aspekte aber auch noch eine gewisse – wenn auch geringere – Rolle spielten (bzw. noch spielen).

Da ist zum einen die Europäische Armee, deren Aufbau im Juni 1999 auf dem Kölner EU-Gipfel beschlossen wurde und deren Entwicklung auf der Basis des „Europäischen Streitkräfteziels" (European Headline Goal) geschieht, das der Europäische Rat Ende 1999 in Helsinki als gemeinsame Vorgabe für den Aufbau schnell verlegbarer militärischer Einsatzkräfte formulierte. Und da ist zum anderen die NATO Response Force (NRF), mit der das Atlantische Bündnis eine besonders leistungsfähige Eingreifstreitmacht anstrebt, die für die Entwicklung der übrigen militärischen Kräfte in Europa Modellcharakter beansprucht (BMVg 2006: 31 f.; 37 f.).

Den Vorgaben gemäß sollten die Mitgliedstaaten der Europäischen Union im Stande sein, innerhalb von 60 Tagen bis zu 60.000 Soldaten der Landstreitkräfte sowie lageabhängig See- und Luftstreitkräfte in Einsatzgebieten auch außerhalb Europas verfügbar zu machen (und zwar über einen Zeitraum von mindestens einem Jahr). Deutschland sollte hierzu ein Kontingent mit maximal 18.000 Soldaten stellen. Dieser Ansatz schien im Hinblick auf die Reaktionsschnelligkeit und auch die mögliche Einsatzentfernung aber noch nicht befriedigend. Und obwohl die Einsatzfähigkeit dieser Eurostreitkräfte bereits erklärt wurde, gibt es offenbar beträchtliche Zweifel, ob die Personaldecke hinreicht, um per Rotation die für Out-of-Area-Missionen geplante maximale Truppenstärke auf längere Dauer halten zu können.

So kam 2004 das Konzept zur Bildung einer Reihe schnell verlegbarer Gefechtsverbände (EU-Battle Groups) ergänzend (oder tendenziell ersetzend?) hinzu, das bis spätestens 2010 umgesetzt werden sollte (ebd. 38 f.). Dieses Konzept geht auf eine französisch-britisch-deutsche Initiative zurück und sieht für die einzelnen Battle Groups jeweils einen – multinationalen – Umfang von 1.500 Soldaten vor. Sie sollen in der Lage sein, bereits 15 Tage nach einer entsprechenden Entscheidung des Rates der Europäischen Union mit der Auftragserfüllung im Einsatzgebiet zu beginnen, wobei insbesondere an „schnelle und entschiedene" Aktionen gedacht ist. Zwei Battle Groups sollen ständig in höchster Verfügbarkeit gehalten werden. Als Richtwert für die Einsatzentfernung wurden 6.000 km vereinbart.

Das Pendant im Rahmen der NATO: Die NRF sollte ursprünglich insgesamt ca. 25.000 Soldaten umfassen, verteilt auf Landstreitkräfte bis zur Brigadestärke, Seestreitkräfte bis zur Stärke eines selbständig handlungsfähigen maritimen Einsatzverbandes sowie auf Luftstreitkräfte für 200 Einsätze pro Tag. Die uneingeschränkte Verfügbarkeit dieser Formation war bereits für 2006 vorgesehen (ebd.: 31): „Die NRF wird in einem halbjährlichen Rotationszyklus durch Zuordnung von fertig ausgebildeten Truppenteilen aus den Streitkräften der NATO-Mitgliedstaaten zusammengestellt und strahlt damit auf die gesamten Fähigkeiten des Bündnisses aus. Jedes NRF-Kontingent soll für begrenzte Zeit aus eigener Kraft das gesamte Aufgabenspektrum bis hin zu Kampfeinsätzen höchster Intensität decken." Die Planziele, 25.000 Soldaten ab 2006, ließen sich aber nicht realisieren, so dass man sich 2007 auf eine Halbierung des Umfanges verständigen musste.

Diese Entwicklung im EU- bzw. NATO-Rahmen – zwar holprig, aber doch mit Orientierung am intensiven Konflikt – hat dazu geführt, dass die Verantwortlichen im Bundesverteidigungsministerium den multinationalen Interventionsformationen „Eingreifkräfte" zugeordnet haben, die sich vor allem auch für den Krieg im engeren Sinne eignen, einschließlich offensiver Aspekte, und nicht „Stabilisierungskräfte", die für ruhestiftende Einsätze im Gefolge der eigentlichen bewaffneten Auseinandersetzung bzw. der initialen Kriegshandlungen optimiert sind (ebd.: 71 f.; 85 f.).

Ursprünglich, im Juni 1999, war wohl intendiert, mit der Entwicklung eigener europäischer Eingreiftruppen – etwa entlang der früheren französischen Perspektive – ein Gegengewicht zur US-amerikanischen Dominanz in Europa zu schaffen. Eine vollkommene Selbständigkeit der gemeinsamen Streitmacht der Europäischen Union hätte allerdings erfordert, der NATO wesentliche militärische Infrastruktur zu entziehen oder aber diese neu zu schaffen. Vor der dabei zu erwartenden Zuspitzung von Konflikten bzw. der Ressourcenproblematik scheute man aber zurück, so dass sich am Ende ein eher kooperatives Miteinander ergab: Gemeinsame Nutzung von Infrastruktur auf dem Gebiet von Logistik, Aufklärung und Führung sowie ein Sich-Abwechseln im Kommando von Einsätzen in Krisenregionen (ebd.: 75).

Diese notwendigerweise kurze Skizze der Entwicklung auf der Ebene von Institution und Organisation ist zu ergänzen um das, was sich unter den Aspekten Deklaration und Konzeption getan hat. Wir beginnen mit der NATO.

1991 einigten sich die damals 16 Mitgliedstaaten des Atlantischen Bündnisses in Rom auf ein „Neues Strategisches Konzept", in dem bereits die Überwindung der Festlegung auf die Verteidigung der eigenen Territorien angelegt war. Dies erfuhr dann 1999 beim Gipfeltreffen der mittlerweile 19 NATO-Regierungen in Washington seine Differenzierung und Ausformung (Rauch 2006: 76): „Neu ist allerdings die Betonung der offensiven militärischen Ausrichtung, die mit dem Terminus ‚Krisenbewältigung' umschrieben wird." Dem entspricht, dass in der Schlusspassage der Erklärung von Washington ein wichtiger Satz des Dokumentes aus dem Jahr 1991 fehlt – nämlich (ebd.: 76): „Dieses strategische Konzept bekräftigt erneut den defensiven Charakter des Bündnisses."

Für die Europäische Union gilt recht Ähnliches. Die entsprechende Entwicklung führte schon frühzeitig zu einer Festlegung im Sinne von Kompetenzen auf dem Gebiet von Out-of-Area-Missionen, lässt allerdings keinen plakativen Abschied vom Gedanken der Verteidigung erkennen.

Wichtig ist in diesem Zusammenhang die „Petersberg-Erklärung", die 1992 im Anschluss an eine Sitzung des Ministerrates der WEU erfolgte. (Die West-Europäische Union galt in den 1990er Jahren als institutioneller Rahmen der Entwicklung einer militärischen Komponente der Gemeinsamen Außen- und Sicherheitspolitik, GASP, der Europäischen Union, hat aber im neuen Jahrtausend an Bedeutung eingebüßt.)

In dieser Erklärung, deren Inhalt später in den Vertrag von Nizza (der Europäischen Union) Eingang fand, sind Orientierungen benannt, die als „Petersberg-Aufgaben" bekannt wurden (BMVg 2006: 38). Danach sind europäische Truppen befugt, humanitäre und Rettungseinsätze, friedenserhaltende Missionen sowie auch Kampfeinsätze bei der Krisenbewältigung einschließlich friedensschaffender Maßnahmen wahrzunehmen. In diesem Sinne kann die Europäische Union in einem Krisengebiet Ruhe und Ordnung auch mit Waffengewalt erzwingen – also notfalls in einen ‚echten Krieg' ziehen.

Dabei drängt sich die Frage nach der Legitimation auf. Bereits im „Vertrag über eine Verfassung für Europa", der bekanntlich nicht überall konsensfähig war (dessen Essenz sich gleichwohl im Vertrag von Lissabon wiederfindet), hieß es zwar, dass die Sicherheits- und Verteidigungspolitik der EU „in Übereinstimmung mit den Grundsätzen der Charta der Vereinten Nationen" zu gestalten sei (Europäische Union 2004: 48). Doch gehen die Befürchtungen dahin, dass die Europäische Union sich angesichts der mitunter gegebenen Entscheidungs-schwäche der VN in bestimmten Krisensituationen ‚selbst mandatieren' könnte, um militärisch einzugreifen. Jedenfalls hat dies die andere Institution kollektiver Verteidigung in Europa, nämlich die NATO, getan (Rauch 2006: 183 ff.; Heintze 2002: 162 ff.), als sie im Frühjahr 1999 eine strategische Luftkampagne gegen Rumpf-Jugoslawien führte, um den Rückzug der Streitkräfte, Sicherheitsorgane und Paramilitärs Belgrads aus dem Kosovo zu erzwingen.

An diesem von der NATO begonnenen und ohne eine Legitimation durch die Vereinten Nationen geführten Krieg nahmen auch einige Kampfflugzeuge der Bundeswehr teil. Diese Teilnahme ließ sich rechtlich auf das Urteil des Bundesverfassungsgerichts vom 12. Juli 1994 beziehen, in dem postuliert wird, dass „durch Artikel 87a GG der Einsatz ... im Rahmen eines Systems gegenseitiger kollektiver Sicherheit ... nicht ausgeschlossen" wird (ebd.: 66), wobei die NATO – abweichend von der etablierten Position des Völkerrechts – als ein solches System gegenseitiger kollektiver Sicherheit bezeichnet wird (ebd.: 66). Im Völkerrecht gilt die NATO aber traditionellerweise als ein

Bündnis kollektiver Selbstverteidigung und nicht als „System gegenseitiger kollektiver Sicherheit". Letztere Qualität kommt nur den Vereinten Nationen bzw. ihren Subregimes, wie etwa der OSZE, zu. Nur die VN können ein militärisches Eingreifen in die territoriale Integrität eines souveränen Staates legitimieren.

Das Bundesverfassungsgericht hat damals offenbar die Problematik gespürt, die damit entstand, dass die Handlungsfähigkeit Deutschlands im Rahmen des atlantischen Militärbündnisses erhöht werden sollte, und hat deswegen – entschärfend – den Parlamentsvorbehalt bei Auslandseinsätzen der Bundeswehr unabdingbar gemacht.

Ebenfalls als ein Moment der Mäßigung und Beschwichtigung könnte empfunden werden, dass im „Weißbuch zur Sicherheitspolitik Deutschlands und zur Zukunft der Bundeswehr" von 2006 mit einem ‚erweiterten Sicherheitsbegriff' operiert wird, der eigentlich eine Erfindung der Friedens- und Konfliktforschung ist. Will sagen: Dem Weißbuch gemäß sollen deutsche Streitkräfte – abgesehen davon, dass sie immer in Bündnisstrukturen und damit auch in komplexe politische Abstimmungsprozesse eingebunden sind – nur im Rahmen eines Konzertes nicht-militärischer Maßnahmen insbesondere auch entwicklungspolitischer Art eingesetzt werden können (BMVg 2006: 20). Das Beharren darauf, dass Militär genuiner Bestandteil eines breit angelegten, übergreifenden Instrumentariums sei, kann freilich auch bedeuten, dass es in der Perspektive der sicherheitspolitisch Verantwortlichen ‚immer mit von der Partie' sein muss. Dies aber verbaut den Zugang zu rein zivilen Strategien der Konfliktlösung und ihren Chancen.

Es klang bereits an: Wenn deutsche Streitkräfte eingesetzt werden sollen, dann nur im engen Verbund mit alliierten oder auch anderen Nationen (etwa als Teil einer ad-hoc-Kombination im Rahmen einer Mission der Vereinten Nationen). Dies macht verständlich, dass entsprechende Vorkehrungen bei der Führungsinfrastruktur mit großem Einsatz (weiter-)entwickelt werden. Es hat sich geradezu ein Kult der *Combinedness* herausgebildet.

Doch noch ein weiterer Kult ist in diesem Zusammenhang von besonderer Relevanz: Es handelt sich um die *Jointness* (Sabrautzki/Kopp 2005): Womit gemeint ist, dass mit Priorität die Teilstreitkräfte – zu Lande, in der Luft und zur See – systematisch so miteinander zu vernetzen sind, dass erfolgreiche „streitkräftegemeinsame" Operationen möglich werden. Dies vor dem Hintergrund der Annahme, dass typische Militärinterventionen eine solch enge Kooperation erfordern.

Es ist noch näher zu untersuchen, ob „Jointness" den Erfordernissen des militärischen Missionsalltags wirklich entspricht. An dieser Stelle lässt sich nur vermuten, dass es sich um eine Konzeption mit ideologischen Zügen handelt, die allen Teilstreitkräften, ob sie nun gebraucht werden oder nicht, eine Daseinsberechtigung verspricht. Um es auf den Punkt zu bringen: Wie ein böser Spötter meinte, kann ein Heeressoldat nicht einmal ein Pissoir aufsuchen, ohne dass ihm immer gleich auch ein Matrose (oder Flieger) für eine Handreichung zur Verfügung stünde.

4.2.2 Angemessenheit der Einmischung: Fünf Caveats[9]

Die Einmischung in die Angelegenheiten anderer, und dazu noch mit militärischen Mitteln, kann sehr problematisch sein. Die Erinnerung an den Vietnamkrieg, an die Interventionen der Sowjetunion und später der USA in Afghanistan sowie ein Blick auf die Folgen der US-geführten Invasion des Irak genügen, um diese Aussage zu unterstreichen.

Sogar humanitäre Interventionen durch zivile Organisationen, man denke etwa an Hilfslieferungen für Flüchtlingscamps in der Dritten Welt, mögen – wie sich mittlerweile herum spricht – gründlich schief gehen. Die Hilfslieferungen können nämlich in die falschen Hände fallen: z. B. in die von bewaffneten Banden, die solche Lager kontrollieren und die das gelieferte Gut dazu nutzen, ihren Kampf zu finanzieren (,Krieg lohnt sich'), womit dann am Ende Öl in das Feuer gegossen worden wäre (Götze 2005: 127). Vor diesem Hintergrund ist verständlich, dass auch aus der Gemeinde der zivilen Hilfsorganisationen gelegentlich Stimmen zu vernehmen sind, die eine militärische Begleitung und Kontrolle von humanitären Lieferungen nicht in allen Fällen für kontraproduktiv halten. Dabei könnte aber ein Dilemma entstehen: Hilfslieferungen mögen dann als nicht mehr neutral wahrgenommen werden, doch Neutralität gilt alles in allem als der beste Schutz der Helfer (ebd.: 124).

Wesentliche Voraussetzung dafür, dass eine militärische Intervention ihr Ziel erreicht, was in der Regel wohl die *Herstellung des Friedens auf der Grundlage des Rechts und die anschließende Stabilisierung der Lage* bedeutet, ist eine gründliche, differenzierte Kenntnis der Situation ,vor Ort'. Dies klingt trivial, ist es aber nicht. Systematisch zu nutzen sind alle denkbaren, relevanten Quellen: militärische Aufklärung, diplomatischer Dienst, Wirtschaftsexperten mit einschlägiger Erfahrung, akademische Forschung, in der Krisen-

---

9 Zum vertieften Verständnis des angesprochenen Komplexes: Die Studie über „Gewaltmonopol und Fremdherrschaft" von J. v. Schubert (2007).

region operierende Hilfsorganisationen und insbesondere auch örtliche
Akteure (man denke an Journalisten oder VertreterInnen von Nicht-Re-
gierungs-Organisationen!).

Aus solchen Quellen gewonnene Informationen sind zusammenzuführen, auf
ihre Validität hin zu prüfen und für den politischen Entscheidungsprozess
aufzubereiten. Dies ist eine komplexe organisatorische Aufgabe, der man
sich in den Führungen von Staaten und Bündnissen durchaus nicht immer
gewachsen gezeigt hat. Man denke in diesem Kontext etwa an die
Kalkulation der NATO im Frühjahr 1999, durch eine bloße Bombenkampagne kürzester Dauer die politisch Verantwortlichen in Rumpf-Jugoslawien auf die Knie zwingen zu können!

Sollte es gleichwohl gelingen, eine tragfähige Informationsbasis zu gewinnen, ließe sich im Sinne rationaler Strategiewahl entscheiden, *ob überhaupt
eine Intervention zweckmäßig* wäre. Und wenn man sich für eine Intervention
entschiede, müsste immer noch – informiert – zwischen den Optionen einer
Einwirkung mit eher zivilen oder eher militärischen Mitteln gewählt bzw. die
genaue Mischung beider Elemente bestimmt werden.

Vielleicht auch lässt die gründliche Kenntnis der Lage im Krisengebiet eine
Intervention ,von weit her' nicht als sinnvoll erscheinen – wohl aber die
Behandlung des anliegenden Problems durch ein regionales Sicherheitsregime (Collett 2005; Buzan 1997). Derartige Regimes existieren bereits in
etlichen Teilen der Welt oder befinden sich doch zumindest im Aufbau. Zu
denken ist an die sicherheitspolitische Komponente der Wirtschaftskoope-
ration südamerikanischer Staaten (MERCOSUR), an den entsprechenden
Zusammenschluss in Westafrika (ECOWAS) und ähnliche Entwicklungen im
Süden desselben Kontinents (SADC). Zugegeben: Alle diese Arrangements
haben ihre Schwierigkeiten und Krisen. Gleichwohl bieten sie interessante
Ansatzpunkte für neue Sicherheitsstrukturen.

Plausibel jedenfalls, dass die Hilfe ,aus der Region', was militärische
Interventionen einschließen mag, zumindest das Potential hat, kulturell und
der Sachproblematik angemessener zu sein als ein unvermittelter Beitrag von
,janz woandas'. Es könnte sich am Ende als durchaus wirkungsvoll und
aussichtsreich erweisen, solche regionalen Sicherheitsregimes in den sich
entwickelnden Ländern – im Sinne einer indirekten Intervention und in
Kooperation mit den Vereinten Nationen – mit Ressourcen der Ersten Welt
zu fördern. Wobei es vermutlich nicht nur um finanzielle Mittel, sondern
auch um militärischen und organisatorischen Sachverstand gehen müsste.

Es entsteht vor unseren Augen das unter dem Dach der Vereinten Nationen zu organisierende Modell eines multipolaren, interaktiven Sicherheitssystems, das in genereller Tendenz Interventionen aus der Ersten in die Dritte Welt überflüssig machen könnte. Europa würde sich im Rahmen eines solchen Ansatzes darauf beschränken, den „Stabilitätsraum", den es bildet (BMVg 2006: 4), zu kräftigen und eine Art ‚Stabilitätsexport' weniger durch militärische Mittel zu betreiben als durch seine Ausstrahlungskraft, durch die Vertiefung ökonomischer, politischer und kultureller Verbindungen: mit Priorität auf die Anrainer des Alten Kontinents bezogen, aber immer mehr auch in globaler Perspektive.

Ob militärische Interventionen von der Ersten Welt oder dem Sicherheitsregime einer ärmeren Region ausgehen: Es gibt dabei zumindest fünf *Caveats*, deren Missachtung den Erfolg einer Mission gefährden kann. Im Einzelnen:

Erstens: Breite Legitimation

Das militärische Eindringen in das Gebiet eines souveränen Staates erfordert eine solide völkerrechtliche Legitimation. Diese kann nach gültiger Rechtslage nur die Völkergemeinschaft, wie sie in den Vereinten Nationen vertreten ist, geben – und zwar durch einen Beschluss des VN-Sicherheitsrates (Heintze 2002: 132-158). Bislang ist es prinzipiell schwer gewesen, für das Tangieren territorialer Integrität eine Legitimation zu erhalten. Typischerweise war dies nur möglich, wenn es darum ging, einen Aggressor auf sein eigenes Staatsgebiet zurück zu treiben.

Allerdings (BMVg 2006: 46): „Es findet jedoch im Völkerrecht der Gedanke zunehmend Anerkennung, dass auch die Abwendung von humanitären Katastrophen, die Bekämpfung terroristischer Bedrohungen und der Schutz der Menschenrechte den Einsatz von Zwangsmaßnahmen erfordern können." (So ist die) „völkerrechtliche Lehre von der ‚*Responsibility to Protect*' entstanden. Auch wenn die Staaten, die sich diese Lehre zu eigen gemacht haben, ... noch nicht in der Mehrheit sind, prägt die Debatte um diesen Begriff doch zunehmend das Denken westlicher Länder. Dies wird langfristig Auswirkungen auf die Mandatierung internationaler Friedensmissionen durch den Sicherheitsrat der Vereinten Nationen haben."

Die Frage ist allerdings, ob jene „westlichen Länder", auf den Fortschritt der neuen Lehre bauend, deren Akzeptanz übrigens in den letzten Jahren merklich zugenommen hat, im Falle eines Falles (wieder) zur Selbstmandatierung schreiten werden. Dies erscheint problematisch, weil es die Vereinten

Nationen unter Druck setzt und konfliktträchtig ist. Man beginnt mit einer schmalen Legitimationsbasis und ist sich nicht sicher, ob diese sich in der Stabilisierungsphase, nach dem Eingreifen in den akuten Konflikt, angemessen erweitern lässt. Ohne breite Legitimation geht es aber nicht: Nicht nur weil sich dadurch mehr Ressourcen für den Friedensprozess erschließen lassen, sondern auch weil damit der betroffenen Krisenregion gezeigt wird, dass die Weltgemeinschaft sich zuständig sieht.

Gleichwohl: Der Einwand ist ernst zu nehmen, dass die Vereinten Nationen nicht immer in hinreichendem Maße handlungsfähig sind, in bestimmten extremen Fällen auf eine VN-Reform nicht gewartet werden kann und aus moralischen Gründen eine „humanitäre Intervention" geboten erscheint. Im völkerrechtlichen Diskurs wird die Lösung dieses Problems in der Entwicklung von Kriterien der Angemessenheit gesucht, die – wenn sie einmal positives Recht sein sollten – einem militärischen Eingreifen zur Verhinderung etwa von Massakern mehr Spielraum im Hinblick auf das Tangieren territorialer Integrität geben würden. Genannt werden die folgenden Prüfsteine, deren Beachtung übrigens eine Reihe militärischer Abenteuer der jüngsten Vergangenheit unmöglich gemacht hätte (Stein 2002: 32 f.):

a) Das Verfahren nach der VN-Charta muss versucht, d. h. der Sicherheitsrat und die Generalversammlung müssen angerufen worden sein.

b) Es handelt sich um schwere und systematische Menschenrechtsverletzungen.

c) Politische Konfliktlösungen und Repressalien sind versucht worden.

d) Die Operation ist auf das humanitäre Anliegen beschränkt und verhältnismäßig.

e) Sie muss geeignet sein, ihr Ziel zu erreichen, und die Regeln des Kriegsrechts respektieren.

f) Es handelt sich um eine kollektive Aktion und nicht um die einer Hegemonialmacht.

g) Weder der Sicherheitsrat, noch die Generalversammlung verurteilen die Aktion oder rufen zu ihrer Beendigung auf.

Zweitens: Neutrale Einmischung

Dieser Aspekt ist eng mit dem Erfordernis tragfähiger Legitimation verknüpft. Die in einer Krisenregion streitenden Partien müssen den Eindruck bekommen, dass sie sich auf einen – durch intervenierende Truppen – gestützten Vermittlungsprozess einlassen, der nicht von partikularen Interessen dominiert ist (Langan 2005: 9 f.). Nur so ist zu erwarten, dass sie am Ende das Ergebnis auch abnehmen können. Dieses Gebot hat freilich dann seine Grenze, wenn sich eine der streitenden Parteien der Weltgemeinschaft eindeutig als Rechtsverletzer darstellt. Allerdings kommt es auch in solchen Fällen darauf an, einer entsprechenden Militärintervention den Charakter eines reinen Bestrafungsaktes zu nehmen und zumindest den *Individuen*, die für eine illegale Partei streiten, Auswege in die Legalität zu eröffnen.

Ein schwieriges Problem ergibt sich, wenn – unter der Fahne der Vereinten Nationen und mit deren Legitimation – sich vor allem solche Truppen zu einer Intervention versammeln, die von früheren Kolonialmächten entsandt wurden, um in ein ehemaliges Kolonialgebiet einzugreifen. Dies scheint der Fall bei der Intervention in Sierra Leone, um die jüngste Jahrtausendwende, gewesen zu sein. Britische Truppen waren bei der Operation deutlich über-repräsentiert: beim Intervenieren in die inneren Konflikte eines Landes, an dessen Rohstoffreichtum gerade Unternehmen des Vereinigten Königreiches ein besonderes Interesse haben. Hier kam es darauf an, partikulare Orientierungen zu überwinden und nicht nur Wirtschaftsinteressen zu schützen, sondern zu einer weitergehenden Stabilisierung beizutragen: was wohl zumindest ansatzweise auch gelungen ist (AKUF 2005: 12, Schreiber 2009).

Drittens: Richtiges ‚Timing'

Es hat sich das Denkmuster etabliert, dass militärische Interventionsmittel zur positiven Beeinflussung von Krisen *ultima ratio* sein müssen, weil die Anwendung von Waffengewalt ein qualitativer Sprung und in seinen Aus-wirkungen letztlich nicht kalkulierbar sei. Dem ist zuzustimmen, wenn es darum geht, bei der strategisch-langfristigen Prävention gewalttätiger Konflikte *zivilen Präventionsmaßnahmen eindeutige Priorität* zu geben. Und ebenfalls ist dieser Orientierung zu folgen, wenn bei einem gegebenen Konflikt die Waffen (noch) schweigen und es tragfähige Aussichten auf ein brauchbares Verhandlungsergebnis gibt.

Es muss freilich auch auf die nicht wenigen bewaffneten Auseinander-setzungen hingewiesen werden, deren Niveau zunächst niedrig erscheinen mag, die aber trotz energischer Verhandlungsbemühungen weiterlaufen und gar zu eskalieren drohen. In solchen Fällen würde jeder Tag des Zuwartens, was eine militärische Intervention betrifft, das entstehende moralische Dilemma vertiefen. Und schlimmer noch: Würde erst am Ende einer längeren Eskalationskette interveniert, könnte es sein, dass jene obsiegen, die meinen, auf einen ‚groben Klotz' gehöre ein ‚grober Keil': jene also, die massive

Bestrafungsschläge befürworten (Unterseher 2005: 142 f.). Dies könnte in einer schweren Provokation einer der streitenden Parteien resultieren und den Grundstein für Revanchegelüste und andauernden Unfrieden legen.

Denkbar ist auch der Fall, er war 1995 für die „Frühere Jugoslawische Republik Makedonien" gegeben, dass ein Territorium unter akuten (para-) militärischen Druck gerät, der allerdings (noch) nicht in Kampfhandlungen ausgeartet ist, und nur eine rasche präventive Stationierung von Truppen durch die Weltgemeinschaft (Anfang 1996 – UNPREDEP) eine Stabilisierung ermöglicht, die dann erst dem Primat der Politik zur Geltung verhilft (IISS 1996: 299).

Anmerkung: Ein solch frühzeitiger Gebrauch von Militär, ein „vorbeugender Einsatz", war schon vorher, nämlich 1992, von der „AGENDA für den FRIEDEN" des damaligen VN-Generalsekretärs, Boutros Boutros Ghali, gefordert worden (Heintze 2002: XV). Eine entsprechende Verwendung, die unmittelbar Schlimmeres auf defensive Weise abzuwenden trachtet, hat nichts zu tun mit einem präventiven Angriff, der das *eventuelle* Entstehen einer Bedrohung schon deutlich vorher verhindern soll. So etwas widerspricht der Charta der Vereinten Nationen (Art. 2 (4)) und damit dem Völkerrecht.

Und um es nicht zu vergessen: Zum Aspekt des ‚Timing' gehört selbstverständlich auch, dass *vor* einer Intervention Vorstellungen darüber entwickelt werden, wie lange diese dauern muss und ab wann der Prozess der Stabilisierung von den militärischen Kontingenten in die Hände anderer Organisationen gelegt werden kann (Polizei, zivile Hilfsdienste, örtliche Behörden).

Viertens: Keine Arroganz

Truppen haben gute Chancen, einen Stabilisierungsauftrag zunichte zu machen, wenn sie in einem Krisengebiet arrogant und ohne Verständnis für die kulturellen Besonderheiten der dortigen Bevölkerung auftreten (Coady 2005: 26 f.). Verständnisvoller Respekt, Achtung vor dem kulturell Fremdartigen, ist eine wesentliche Erfolgsbedingung militärischer Intervention. Dementsprechend sind die zu entsendenden Truppenteile zu schulen und in realistischen Übungen vorzubereiten. Dies ist leichter gesagt als getan: rekrutieren sich doch die Soldaten, die von den Armeen der Ersten Welt typischerweise für Auslandseinsätze verwendet werden, oft aus den weniger gebildeten, benachteiligten und dadurch in überdurchschnittlichem Maße vorurteilsbehafteten Schichten ihrer jeweiligen Gesellschaft.

Das Prinzip reiner Freiwilligkeit bei der Rekrutierung ist etwa für die NATO-Länder, die größere Auslandskontingente entsenden, typisch (Malešič 2003). Deutschland bildete mit seinem Mischsystem aus Freiwilligkeit und Wehrpflicht sowie der Entsendung auch von Wehrdienstleistenden auf freiwilliger Basis eine Ausnahme. Das reine Freiwilligkeitsprinzip aber hat in Gesellschaften mit zunehmend ziviler – ja zivilistischer – Orientierung den Nachteil, dass es vorwiegend nur jene jungen Leute in die Streitkräfte ‚spült', die den erforderlichen Standards physischer Fitness, mentaler Stabilität und der Intelligenz nur eher am Rande entsprechen. Womit ein Syndrom bezeichnet ist, das unter den besonderen Belastungen eines Auslandseinsatzes die Entwicklung von Achtung für das Fremde deutlich erschweren dürfte.

Damit ist vorstellbar, dass Streitkräfte des westlichen Lagers, das Gros ihrer Bodentruppen betreffend, die doch wohl in der Hauptsache das Geschäft der Stabilisierung ‚vor Ort' betreiben müssen, für *Interventionseinsätze mit Friedensperspektive vollkommen ungeeignet* sind. Ein Fingerzeig: Im Krisengebiet ‚Kosovo' haben Soldaten eines großen Verbündeten der Bundesrepublik Deutschland auf ihre Fahrzeuge geschrieben: „We are here to kill". Will sagen: Es gibt Truppen, deren Entsendung, ganz gleich zu welchem Zweck, die Situation im Einsatzgebiet verschärfen würde. Ein Staat bzw. ein Bündnis, der oder das zu einer solchen Einschätzung gelangt, wäre damit *eigentlich* interventionsunfähig. Schwer vorstellbar nur, dass man in einer Welt, in der Militärinterventionen statusträchtig sind, sich zu so einem Eingeständnis durchringen könnte!

Fünftens: Militärische Adäquanz

Die zu entsendenden Expeditionstruppen müssen sowohl quantitativ als auch qualitativ ihren Aufgaben gewachsen sein. Unter dem quantitativen Aspekt lässt sich diskutieren, wie viele Soldaten nötig sind, um nach einem schnellen Eingreifen, das zunächst einmal Ruhe gestiftet hat, die Lage auch mittelfristig zu stabilisieren. Der Kräfteansatz für diese letztere Aufgabe mag durchaus höher ausfallen, als manch einer sich träumen lässt, der nur einen ‚schnellen Sieg' vor Augen hat.

Und unter qualitativem Aspekt ist zu untersuchen, ob die zu entsendenden Streitkräfte von der Struktur, Bewaffnung und Doktrin her ihrer Rolle der Befriedung wirklich genügen können: ob sie ‚vor Ort' Konfliktpotential kontrollieren, eindämmen und minimieren können, ohne zugleich – etwa durch Bestrafungsaktionen – so zu provozieren, dass später erneut Widerstand aufflackert. Dieser Fragestellung bleibt ein eigener thematischer Komplex vorbehalten. Zunächst ist aber zu untersuchen, welche Aufgaben typischerweise von modernen Interventionstruppen zu bewältigen sind und welche Mittel ihnen dafür zur Verfügung stehen.

4.2.3 Out of Area: Widerspruch zwischen Aufgaben und Mitteln

In Kenntnis der seit Ende des Ost-West-Konfliktes von Ländern bzw. Zusammenschlüssen der Ersten Welt durchgeführten Militärinterventionen lässt sich ein systematischer Überblick der dabei angepackten Aufgaben wagen. Nicht berücksichtigt wurden die an humanitärer Unterstützung orientierten Transport- und sonstigen Versorgungseinsätze des Militärs, die zahlreich waren bzw. sind und tendenziell zivilen Charakter haben. Die Streitkräfte spielen ihre Rolle in diesem Zusammenhang nur deswegen, weil sie über ein entsprechendes technisches Potential verfügen. Ausgeklammert bleiben auch jene Missionen, bei denen Soldaten mit Konsens der involvierten Konfliktparteien reine Überwachungsaufgaben wahrnehmen und ihre Waffen nur zum individuellen Schutz einsetzen dürfen (gemeint ist traditionelles *Peacekeeping*).

Über die ausgeklammerten Aspekte hinaus ging bzw. geht es um (Unterseher 2005: 147 f.)

a) die Überwachung von Wirtschaftssanktionen oder Waffenembargos,

b) die präventive, stabilisierende Stationierung von Truppen in einem Land oder einer Region unter akuter militärischer Bedrohung,

c) das Evakuieren von unbeteiligten Ausländern, von internationalen Beobachtern oder Opfern aus einem von Bürgerkrieg zerrissenem Gebiet,

d) das Schaffen und Verteidigen einer demilitarisierten Zone (bzw. eines Gebietsstreifens), um einander bekämpfende Gruppierungen zu trennen,

e) den bewaffneten Schutz humanitärer Konvois,

f) die Verteidigung von Sanktuarien (etwa solcher, die von der Weltgemeinschaft eingerichtet wurden),

g) die Besetzung eines Krisengebietes, um Widerstand zu ersticken und Konfliktparteien unter Kontrolle zu halten,

h) die Sicherung von Einrichtungen der militärischen oder zivilen Infrastruktur gegen terroristische Anschläge,

i) die Jagd auf terroristische Aktivisten bzw. Gruppierungen,

j) das Bestrafen von Rechtsbrechern, eines Staates oder auch einer Bürger-kriegsfraktion, mit massiven Schlägen, aber ohne Landnahme,

k) die Rückeroberung von Territorium, das von einem Aggressor besetzt wurde (auch: die ‚Befreiung' eines Landes oder Gebietes von einem ‚Unrechtsregime').

(Hinzu käme noch die Aufgabe, verbündete oder kooperierende militärische Kräfte bei einer der genannten Missionen logistisch, mit Fernmeldemitteln oder im Hinblick auf die Sanitätsversorgung zu unterstützen.)

Auffällig ist, dass es sich bei den unter a), b), c), d), e), f) g) und h) auf-geführten Aufgaben um solche handelt, die hauptsächlich mit Kontrolle und Schutz zu tun haben. Allerdings dürfte für den Fall g) gelten, dass in diesem Kontext auch begrenzte taktische Gegenangriffe (im Sinne kontrollierter Eskalation) erforderlich sein können. Zum Fall c), der Evakuierung von Ausländern oder anderen, bleibt anzumerken, dass hier ebenfalls offensive Maßnahmen, und zwar im Sinne von ‚forced entry', nicht auszuschließen sind, damit es möglich ist, die in Sicherheit zu Bringenden überhaupt erst einmal zu erreichen. Praktiken vom Typ ‚forced entry' (etwa: ‚gewaltsamer Zugang') dürften wohl auch im Hinblick auf einige der Missionen, bei denen es zuvörderst um Schutz und Kontrolle geht, nicht immer ausgeschlossen werden können. Derartige Aktionen sind aber typischerweise von kurzer Dauer, müssen als Türöffner für die eigentliche Mission gelten und machen diese trotz gewisser offensiver Züge keineswegs zu einer aggressiven Unternehmung.

Bleiben als genuine Offensivmissionen nur die unter i), j) und k) auf-geführten: Sie erscheinen im Gesamtspektrum militärischer Intervention von ihrer Charakteristik her als Sonderfälle. Dass sie auch empirisch Sonderfälle sind, ist zwar eine plausible Vermutung, bleibt aber noch näher zu prüfen.

Eine weitergehende Analyse zeigt, dass die Aufgaben der Kategorien b), c), d), e), f), g) und h) in erster Linie, oder oft gar ausschließlich, von Landstreitkräften (einschließlich Luftlandetruppen) wahrgenommen werden müssen. Auch die mitunter erforderlichen Operationen, um sich – als Vor-aussetzung der eigentlichen Friedensmission – gewaltsam Zugang zu ver-schaffen, sind wesentlich eine Angelegenheit von Landstreitkräften. Von Fall zu Fall können dabei allerdings auch Elemente von Luftwaffe und Marine erforderlich sein.

Im Hinblick auf die unter a) und k) aufgelisteten Aufgaben dürften zwar nicht immer, aber doch mit beträchtlicher Wahrscheinlichkeit Elemente aus allen drei Teilstreitkräften eine Rolle spielen: zu Lande, zur See und in der Luft. Die Jagd auf Terroristen, Mission i), kann ebenfalls alle Teilstreitkräfte involvieren, muss es aber nicht. Und schließlich: Die unter j) aufgeführten Bestrafungsaktionen ohne Landnahme haben zumeist die Luftstreitkräfte in der Hauptrolle gesehen, wobei unter entsprechenden geografischen Bedingungen auch maritime Elemente (Zweck: Küstenbeschießung) eine komplementäre Aufgabe übernehmen mögen.

Notieren wir also: *Bei den Militärinterventionen der Gegenwart scheint es, bei gelegentlicher Notwendigkeit, auf unterer taktischer Ebene offensiv zu werden, hauptsächlich um defensive Aufgaben der Kontrolle und des Schutzes zu gehen. Und deren Wahrnehmung geschieht zumeist und sinnvollerweise durch Landstreitkräfte.*

Um diesen Eindruck mit empirischer Substanz zu versehen, sei ein systematischer Blick auf die Out-of-Area-Einsätze der deutschen Streitkräfte geworfen, die zwischen dem Sommer 1994, nach dem solche Missionen unter bestimmten Bedingungen erlaubenden Urteil des Bundesverfassungsgerichtes, und Anfang 2007 durchgeführt wurden (Rauch 2006: 55 f.; Stockfisch 2007). Nicht berücksichtigt sind humanitäre Hilfslieferungen und -leistungen durch die Bundeswehr sowie auch Kontroll- und Überwachungsmissionen im Auftrag der internationalen Gemeinschaft, die in einem eher risikoarmen Umfeld stattfanden (und typischerweise auch nur von sehr wenig Personal wahrgenommen wurden).

Mit den genannten Einschränkungen hat die Bundeswehr für den angegebenen Zeitraum 20 Out-of-Area-Einsätze zu verzeichnen (eigene Auswertung – L. U.): Bei neun davon ging es um Aufgaben der Kontrolle und Überwachung. Acht waren der Stabilisierung der Lage in einer – früheren – Krisenregion gewidmet: wobei insbesondere Aufgaben der Typen g) und h) anfielen. Bei vier Missionen wurde sanitätsdienstliche oder logistische Unterstützung von Interventionskontingenten befreundeter Nationen geleistet. Zweimal ging es um die Evakuierung von Personal (internationalen Beobachtern bzw. Bürgerkriegsopfern) oder die Vorbereitung einer solchen Aktion. Und nur je einmal ist die Teilnahme an Strafmaßnahmen gegen einen mutmaßlichen Rechtsbrecher bzw. am aktiven Bandenkampf („Krieg gegen den Terror") zu verzeichnen. *Anmerkung:* Wir haben es hier mit einer ‚Mehrfach-Vercodung' zu tun. D. h., die Zuordnungen addieren auf eine Zahl höher als 20, weil für manche Missionen ein Doppelcharakter zu verzeichnen ist.

Zu notieren bleibt außerdem: Auch bei den Auslandseinsätzen der Bundeswehr waren (und sind) in der Hauptsache die Landstreitkräfte gefragt. Nur dreimal lässt sich von wesentlichen Beiträgen der Marine zur Krisen-bewältigung sprechen. Und die Luftstreitkräfte bestritten zwar 1999, bei der Luftkampagne gegen Rumpf-Jugoslawien, den ersten ‚echten' Kampfeinsatz der Bundeswehr seit deren Bestehen, doch sind sie in aller Regel mit ihren taktischen Einsatzflugzeugen überhaupt nicht gefragt. Die Entsendung von relativ wenigen Aufklärungsflugzeugen, einer Version des Jagdbombers Tornado, nach Afghanistan (Frühjahr 2007) muss wohl eher als symbolische Politik und nicht als Strategiewandel im Sinne einer Teilnahme an großen offensiven Luftkampagnen gewertet werden.

Das Bild rundet sich durch einen Blick auf Umfang und Zusammensetzung des deutschen Militärpersonals, das Anfang 2007 bei Out-of-Area-Einsätzen Dienst tat. Die Gesamtzahl lag bei über 8.300 (Stockfisch 2007: 53), wovon etwa 6.800 mit Aufgaben der Kontrolle und Stabilisierung betraut waren. Das Gros der entsprechenden Kontingente bestand naturgemäß aus Soldaten des Heeres. Demgegenüber befanden sich im angegebenen Zeitraum ‚nur' ca. 1.550 Angehörige der Marine auf Auslandseinsätzen: und zwar ausschließ-lich zu Zwecken der Überwachung und Kontrolle. *Anmerkung:* Letztere Zahl erscheint vor dem Hintergrund der Erfahrungen früherer Jahre als exzeptio-nell hoch und ist insbesondere durch eine temporäre Kontrollmission vor der Küste des Libanon (Zweck: Stopp über See gehender Waffenlieferungen an die Hisbollah) bedingt.

Die jüngste Entwicklung zeigt ein merkliches Schrumpfen der deutschen militärischen Personalstärke im Auslandseinsatz (Bundeswehr 2010): So waren zu Anfang des Jahres 2010, verglichen mit der früheren Bestands-angabe, 1.100 weniger Soldatinnen und Soldaten draußen (7.200). Die Schrumpfung geht insbesondere darauf zurück, dass weniger Marine-personal gefragt ist: und das trotz der deutschen Teilnahme an der EU-Mission gegen die Piraterie vor der Küste Ostafrikas, die Ende 2008 begann. Den Löwenanteil, mit noch stärkerem relativen Gewicht, stellen weiterhin die dem Heer Zugehörigen. Dabei zeigt sich – zu Lasten anderweitigen Engagements – eine signifikante Zunahme des Personals in Afghanistan: wobei die neuerliche Entwicklung dort eine gewisse Intensivierung der Kampfweise anzeigt, die aber weiterhin in ein Gesamtkonzept der Sta-bilisierung eingebettet bleibt.

Von den Aufgaben und den dazu herangezogenen Kräften, jedenfalls was Umfang und Grobstruktur betrifft, nun zu den zur Verfügung gestellten Mitteln! Um mit einem eklatanten Kontrast zu beginnen:

1999, als im Rahmen der alliierten Luftkampagne gegen Rumpf-Jugoslawien Platz für ganze 14 deutsche Jagdbomber war (Rollen: Aufklärung und Unterdrückung gegnerischer Luftabwehr) besaß die Luftwaffe ca. 450 taktische Kampfflugzeuge. Und die NATO-Länder diesseits des Atlantiks verfügten zu jener Zeit über mehr als 3.000 relativ moderne taktische Kampfflugzeuge aus westlicher Produktion (IISS 1999: 48-78; eigene Berechnung – L. U.). Das technologische Sowjet-Erbe, welches die damaligen Neumitglieder Polen, Tschechien und Ungarn mit in ihre NATO-Ehe eingebracht hatten, ist also nicht einmal mit berücksichtigt. Die Luftkampagne war zwar von US-Potential eindeutig dominiert (über 300 teilnehmende Kampfmaschinen aus den Vereinigten Staaten – unter 200 aus Europa). Doch auch wenn dies nicht so gewesen wäre, hätten die Europäer, und hätte rechnerisch sogar die Luftwaffe fast allein, die Operation in Gänze bestreiten können. Wobei für die Europäer eine immer noch gewaltige Redundanz an Luftstreitkräften zu verzeichnen gewesen wäre.

Will sagen: Es gab ein geradezu groteskes Überangebot an Einsatzmitteln, und dies gibt es wohl immer noch. Lassen sich doch im Hinblick auf Militärinterventionen der Ersten in die Dritte Welt, oder selbst gegen Schwellenländer, keinerlei Einsatzszenarien erkennen, die das vorhandene Potential plausibel machen könnten. Der Befund eines grotesken Überangebotes würde auch dann noch zutreffen, wenn der Umfang der europäischen Luftstreitkräfte – wie aktuelle Planungen nahe legen – um ein Drittel oder sogar noch mehr schrumpft oder wenn im Falle eines Falles sich einige der Verbündeten, etwa wegen völkerrechtlicher Bedenken, von der Teilnahme an einer größeren Luftoperation ausnehmen.

Warum ein solches Überangebot, das wir im Prinzip auch im Hinblick auf die maritimen Kräfte feststellen können, das aber in punkto Luftmacht ganz besonders groß zu sein scheint? Spekulationen, denen sich in diesem Kontext freilich nicht weiter nachgehen lässt, könnten sein:

-   Industriepolitische Interessen von transnationalem Gewicht knüpfen an den militärischen Strukturen des Kalten Krieges mit ihrer bereits damals sich entwickelnden Orientierung an Machtprojektion sowie Hochtechnologie an und spitzen diese zu.

-   Die ‚Europäer’, ob in der NATO oder in der EU organisiert, sehen sich in einer militärisch-technologischen Konkurrenz mit den Vereinigten Staaten. Und die Interessenten der Luftrüstung haben es verstanden, der Öffentlichkeit sowie der engeren sicherheitspolitischen Gemeinschaft zu suggerieren, dass ihrem Bereich dabei eine Schlüsselfunktion zukommt.

- Von einer Ideologie Gebrauch machend, in deren Licht Militärinterventionen vor allem auch als offensive Unternehmungen weitreichender Entfaltung von Macht, und zwar nach dem Muster der „Jointness", erscheinen, gewinnen die Luftstreitkräfte vor allem gegenüber den Landstreitkräften an organisatorischem Gewicht.

- Die Politik scheut, bei Out-of-Area-Missionen, deren Legitimität oft recht brüchig erscheint, das Leben ‚eigener' Soldaten in risikoreichen Operationen aufs Spiel zu setzen (Münkler 2002: 231 ff.). Deswegen vor allem auch der Schwerpunkt bei den aus relativer Distanz wirkenden Luftstreitkräften und das Bestreben, Kampfeinsätze von Bodentruppen möglichst zu vermeiden (Grin 1996). Und zwar vor dem Hintergrund der irrigen Annahme, dass Luftkampagnen allein ‚den Frieden bringen' könnten.

- Die aktuellen ‚Buschkriegsszenarien' werden in militärischen Führungskreisen weniger ernst genommen, als dies nach außen hin signalisiert wird. In Wahrheit bildet sich – noch verschwiegen, aber dennoch manifest – eine Orientierung an Mustern heraus, die eine Renaissance des Kalten Krieges implizieren: mit den Kontrahenten Russland *und* China.

Ergebnis: In der Bundeswehr wird für die Luftrüstung deutlich mehr ausgegeben als für die des Heeres, obwohl es früher – während des Kalten Krieges – doch umgekehrt war. Zugespitzt: Die mit Auslandsmissionen kaum befasste Luftwaffe beansprucht gegen die Hälfte der Investitionsmittel der drei traditionellen Teilstreitkräfte, während sich Heer und Marine in den Rest teilen dürfen (BMVg Fü H II 1: 2006). Nichts spricht dafür, dass sich dies mit der Mitte 2010 eingeleiteten (neuerlichen) Reform der Bundeswehr wesentlich ändern würde.

Um die These vom ‚Überangebot' auf die maritimen Kräfte zu beziehen (Weyers 2002/2004; eigene Berechnung – L. U.): Im Jahre 2004 gab es in den Marinen der NATO-Länder diesseits des Atlantiks mehr als 140 im aktiven Dienst stehende Fregatten und Zerstörer mit einer Einsatzverdrängung zwischen 2000 ts und etwas über 5.000 ts: in der Regel relativ moderne ‚Dickschiffe', die sich gut zur Kontrolle von Seewegen und auch von kritischen Küstengebieten (Stichwort: ‚Krieg gegen den Terror') eignen – für lang andauernde Missionen in allen Wetterlagen.

Das Angebot ist zum Bedarf in Beziehung zu setzen. Dabei lassen sich bisher ein bis zwei – in der Zukunft allenfalls zwei bis drei – Kontrollmissionen erkennen, die durch europäische maritime Kräfte in bestimmten Phasen gleichzeitig abzudecken sind. Vor diesem Hintergrund ist mit einem Bedarf an 10-15 simultan in See zu haltenden Dickschiffen der genannten Art zu rechnen. Zum Vergleich: Anfang 2007 dienten vor der libanesischen Küste 6-7 Fregatten, wobei dieser Einsatz als verhältnismäßig umfangreich galt.10 Bald danach wurde er denn auch merklich heruntergefahren.

Bei einem Rotationsfaktor von drei bis vier, die Schiffe können nicht ewig draußen sein, ergibt sich für bestimmte Zeitfenster eine durchschnittliche Nachfrage von maximal etwa 50 Einheiten: Wiederum eine Größe, die deutlich unter dem Angebot liegt. Ein Überangebot würde auch dann bestehen bleiben, wenn die beschlossenen Flottenplanungen realisiert wer-den. Die aus Kostengründen resultierenden Außerdienststellungen in der Royal Navy (der Irak- und Afghanistan-Einsatz britischer Truppen hat seinen Preis) und die vorgesehenen Schrumpfungen bei den Ersatzbauten der übrigen Partner werden zu einem guten Teil durch leistungsstärkere, größere Plattformen (Stockfisch 2005) sowie durch laufende Investitionen in Korvetten (kleiner als Fregatten, aber auch für Kontrollzwecke geeignet) kompensiert.

Leidtragende der offenkundigen Fixierung auf Szenarien des intensiven Krieges ‚am anderen Ende der Welt', oder auch maritimer Präsenz ‚an sich', sind die Landstreitkräfte: in Deutschland und vor allem auch in Frankreich (Unterseher 2000). Als mit dem Ende des Kalten Krieges eine Personal-reduzierung beim Militär möglich erschien, haben die Landstreitkräfte den Gang der Reduzierung mitgemacht. Dies geschah in Frankreich mit seinen Ambitionen sehr robuster Machtprojektion allerdings auf überproportionale Weise. Will sagen: Der Anteil der Landstreitkräfte am Militär insgesamt nahm drastisch ab.

In Deutschland konnte das Heer im Zuge der Schrumpfung der Streitkräfte seinen Anteil zwar einigermaßen behaupten, doch war und ist es im Hinblick auf die Ausstattung mit Investitionsmitteln, wie bereits angedeutet, einem Austrocknungsprozess ausgesetzt (Hubatschek 2006: 13). So sind es vor

---

10 Der Flotteneinsatz vor der Küste des Libanon ist wiederholt kritisch hinterfragt worden. Von vornherein schien es so, dass der – zu unterbindende – Waffennachschub für die Hisbollah kaum über den Seeweg zu erwarten war. Insofern spricht die Tatsache, dass die Kontrolle der Küstengewässer keinen nennenswerten ‚Fang' erbracht hat, nicht für die Abschreckungswirkung der Blockadekräfte. Diese sind/waren letztlich wohl nur aus symbolischen Gründen dort: Um bei vertretbarem Aufwand die Betroffenheit der internationalen Gemeinschaft anzuzeigen und um den beteiligten Marinen so etwas wie Daseinsberechtigung zu bescheinigen. Wie vermutet nahm bzw. nimmt der Waffennachschub, vor allem aus Syrien, den Landweg. Dabei hat sich die Unfähigkeit der libanesischen Armee und der VN-Kräfte (UNIFIL) erwiesen, die Transporte wirksam zu unterbrechen. Gründe: Mangelndes Engagement und fehlende Bodentruppen (Strategie und Technik 2007 b: 69).

allem die Kreise des Heeres, das bekanntlich die Hauptlast der Auslandseinsätze zu tragen hat, die der Öffentlichkeit den Eindruck einer ,unterfinanzierten Bundeswehr' vermitteln. Die Diskrepanz zwischen Mitteln und Anforderungen an das Heer ist allerdings hausgemacht. Auf der Ebene der Gesamtorganisation hängt dies mit der Verdrängungskonkurrenz unter den Teilstreitkräften zusammen. Aber auch innerhalb des Heeres selbst gibt es planerische und strukturelle Unstimmigkeiten.

Da ist etwa zum einen die Tatsache, dass – im Lichte der programmatischen Festlegungen auf der Ebene der NATO sowie der Europäischen Streitkräfte – die vor allem auch für den intensiven Kampf geeigneten Eingreifkräfte im Hinblick auf die Ausrüstungsplanung eine Priorität erhalten, die mit den Aufgabenstellungen der realen Welt kaum zu begründen ist. Folgende Feststellung eines sicherheitspolitischen Experten, der dem Atlantischen Bündnis in kritischer Sympathie verbunden ist, trifft ins Schwarze (Bertram 2006):

„Die NATO sollte sich nicht über Bündnispartner Sorgen machen, die der Entwicklung von Stabilisierungsfähigkeiten mehr Bedeutung beimessen wollen als der Entwicklung ihrer Gefechtsfähigkeit, sondern vielmehr über diejenigen, die beides gleichzeitig versuchen, aber beide Aufgaben nur unvollkommen erfüllen."

Zum anderen lässt sich konzeptionelles Kuddelmuddel, oder gar die Absenz jeglichen Bemühens um Konsistenz, diagnostizieren. Ein Beispiel: Die so wichtige Fahrzeugausstattung für jene Heereskräfte, die im Rahmen von Missionen der Stabilisierung ,vor Ort' die Aufgabe haben, zu erkunden, Konflikte einzudämmen und dabei die Präsenz der internationalen Gemeinschaft zu demonstrieren (Bauer 2005; Unterseher 2003). Das im Rahmen dieser Aufgabenstellung beschaffte Gerät ist durch eine Vielfalt jeweils in unzureichender Anzahl beschaffter Typen mit überlappenden Leistungsmerkmalen und unterschiedlichsten logistischen Anforderungen gekennzeichnet.

4.3   Vertrauensbildende Verteidigung: Neue Anwendungen

Wie sich zeigen lässt, ist das Strukturangebot jener Denkschule, die sich der Spezialisierung auf eine stabile Defensive gewidmet hat, auch und gerade für die Konfrontationen außerhalb der Ersten Welt von Belang. Zudem verspricht es einen besonderen Beitrag zur Optimierung der Einsatzmittel für Militärinterventionen. Nur sind, damit der Blick auf entsprechende neue

Anwendungen frei wird, zuvor einige Aspekte zu beleuchten, die dazu beigetragen haben, dass die Idee möglichst strikter Defensive in der ‚neuen Zeit' einen Bedeutungsverlust erlitt.

4.3.1 Defensive: Gründe für Bedeutungsschwund

Die Interventionskultur ließ den Defensivgedanken obsolet erscheinen, zugleich aber entwickelte sich fern von Europa ein Diskurs in Sachen „Alternative Verteidigung", der freilich nicht von allzu langer Dauer sein sollte. Wenden wir uns zunächst dem erstgenannten Phänomen zu!

Parallel zu jener Kritik, die der Idee einer Vertrauensbildenden Verteidigung universelle Geltung absprach, entwickelte sich – ebenfalls bereits in den 1980ern – noch ein weiterer kritischer Diskurs, der von den Vertretern einer Spezialisierung auf die Defensive zunächst nicht sonderlich ernst genommen wurde, der aber im Kontext der Entwicklung von Einsatzmitteln und -grundsätzen für Militärinterventionen dazu beitrug, wesentliche Alternativen auszublenden.

Gemeint ist die insbesondere in der Gemeinde der deutschen Friedensforscher von einer im engeren Beritt durchaus einflussreichen Fraktion vertretene Denkrichtung, der zufolge die Entwürfe der Alternativen Verteidigung der Kategorie ‚Statik' zu subsumieren wären. Man gab sich bereit, den Vertretern der Alternativen Verteidigung aufgrund der angeblichen Statik der vorgeschlagenen Strukturen zunächst einmal – nämlich wegen der daraus ableitbaren Angriffsunfähigkeit – ein Bemühen um mehr Stabilität zu kreditieren. Im nächsten Schritt wurde dann aber eingewandt, dass nur eine leistungsfähige Verteidigung letztlich zur Stabilität beitragen könne, was aber im Fall statisch geprägter Strukturen nicht zu erreichen wäre (Müller 1984: 146).

Mit anderen Worten, es wurde ein Mangel an – angeblich Effizienz versprechender – Beweglichkeit konstatiert bzw. konstruiert, und das zu einer Zeit, in der sich im Rahmen der NATO eine Ideologie offensiver Mobilität entfaltete. Ein Autor gebrauchte sogar die Formulierung „Anti-Effizienz-Effekt" im Hinblick auf das alternative Strukturangebot (Lutz 1987: 94), und man war sich in den entsprechenden Kreisen einig, dass es so etwas gäbe wie ein doppeltes Dilemma der neuen Ansätze: Entweder Beweglichkeit und damit Effizienz, aber auch Offensivität, oder aber Statik und damit ein Bemühen um Stabilität, das wegen mangelnder Effizienz aber nicht wirklich eingelöst werden könnte.

Ein so bizarres Missverständnis auch in seinem Interessenhintergrund nach-zuvollziehen, erscheint aus heutiger Sicht so schwierig wie müßig. Um es noch einmal zu wiederholen und auf den Punkt zu bringen: Den Vertretern der sicherheitspolitisch und im Hinblick auf die Operationsweise reflektierten Modelle einer alternativen Verteidigung ging und geht es wesentlich darum, die Allokation von Kampfpotential zu optimieren und zugleich mögliche Provokation zu minimieren. Deswegen der Gedanke statischer oder quasi-statischer Netzstrukturen (Mobilität tendenziell nur im Mikrobereich), um – im Sinne eines Bezugsrasters – Mittel weitreichenden Feuers oder aber auch Eingreifkräfte zum einen an den zu verteidigenden Raum zu binden und zum anderen zu extrem hoher Flexibilität, also auch Beweglichkeit, zu befähigen (siehe den ANHANG).

Hinzu kam noch der Gedanke, Kräfte, die für den Eingriff in einem raum-deckenden, netzartigen System bestimmt sind, in ihrer Flexibilität bzw. Mobilität nicht nur durch die logistische und informationelle Hilfe des Netzes zu unterstützen, sondern sie auch von der eigenen Struktur her für die Aufgabe schnellen Marschierens und defensiven Fechtens ‚vor Ort' zu zu schneiden. Wir denken in diesem Kontext an die ‚Entkopplung von opera-tiver und taktischer Beweglichkeit'. Will sagen: Die zügige Allokation über lange Strecken findet nicht ihr Ende in taktischen Angriffsbewegungen, wie sie insbesondere dem Talent schwer gepanzerter Formationen entsprechen, sondern in Operationen des Schutzes, die eng an das Gelände angelehnt sind.

All dies schien plötzlich überflüssig und unangemessen, als sich die Auf-merksamkeit der Fachöffentlichkeit der Entwicklung von militärischen Inter-ventionskräften zu wandte. Erschienen nicht Militärinterventionen als be-wegliche Operationen par excellence? Ging es nicht darum, mit Kräften, die nach Ende des Ost-West-Konfliktes schrumpften, möglichst viel Leistung zu erzielen? War nicht Beweglichkeit aller Art und auf allen Ebenen ein Garant der Effizienz? Waren Beweglichkeit und Angriffsfähigkeit nicht nahezu Synonyme?

Differenzierungen wurden nicht gemacht. Es ging zunächst einmal darum, wie es etwa der wundersame Aufbau des ARRC zeigt, im Interesse der Schärfung des jeweiligen nationalen Profils und um den Streitkräften neuen Sinn zu geben, möglichst schnell zu den Fahnen zu eilen. Und zwar mit militärischen Kontingenten, die sich in Struktur und Einsatzphilosophie wenig von dem unterschieden, was im Kalten Krieg entwickelt worden war: genuin schwere Elemente mit einer Eignung gerade auch für offensive Zwecke.

Diese Entwicklung ging aber an der Realität vorbei. Schickt die Bundeswehr Heeressoldaten auf eine Mission der Stabilisierung, was der für Deutschland bisher und wohl auch für die absehbare Zukunft besonders typische Auslandseinsatz ist (BMVg 2006: 86), verfährt man nämlich so, als wären Lektionen der Vertrauensbildenden Verteidigung bereits verarbeitet worden. Jedenfalls scheint die Sache zu gebieten, dass leichte, zügig und ohne allzu großen Aufwand über große Strecken zu transportierende Kontingente entsandt werden, die in der Einsatzregion ihre Kontroll- und Schutzaufgaben in betont defensiver Weise wahrnehmen (was den Waffengebrauch auf Teileinheits- oder Einheitsebene allerdings nicht ausschließen muss). Und wenn diese Formationen dann ‚dort draußen' operieren, geschieht dies in der Regel ‚an einen Raum gefesselt', im Rahmen eines Netzwerkes von Versorgungsstützpunkten, zwischen denen hin- und her gependelt wird. (Dieser Netz-Ansatz bedarf allerdings noch der Optimierung – siehe 4.3.3!)

Das Problem ist nur: Es gibt keinen entsprechenden Diskurs, keine angemessene Doktrinentwicklung. Letztere ist eher von den Perspektiven intensiver Kampfführung und der Ideologie der *Jointness* geprägt. Dementsprechend fallen dann die Ressourcenzuweisungen der Rüstungsplanung aus, entsprechend auch müssen die Einsatzmittel der Landstreitkräfte ‚zusammen gestoppelt' werden.

„Stabilisierung" erscheint zwar als wichtige Aufgabe, zugleich aber auch als eine Art von Restkategorie. Wählt man einerseits gleichsam instinktiv die dafür erforderlichen militärischen Strukturen, besteht andererseits in diesem Zusammenhang ein konzeptionelles Vakuum. Die Debatte um die sogenannte „Kundus-Affäre" des Jahres 2009 (Auslöser: der von einem deutschen Offizier auf ein sekundäres taktisches Ziel in Afghanistan befohlene und Zivilisten tötende *overkill*-Angriff aus der Luft) brachte es an den Tag: „Stabilisierung" erschien im Rückblick als ein Formelkompromiss zwischen Militär und Politik – einerseits das Mitmachen im Bündnis ermöglichend, andererseits das in der Öffentlichkeit unwillkommene Bild des „Schießkrieges" verdrängen helfend. Dies war und ist Augenwischerei. Stabilisierungsmissionen müssen – bei aller Defensivität des Grundansatzes – immer auch damit rechnen, dass ihr Auftrag mancherorts mit Waffengewalt in Frage gestellt wird, und darauf reagieren können, allerdings nach dem Maßstab der Verhältnismäßigkeit.

Nun zum zweitgenannten Aspekt! Wohl ist es so, dass in manchen Teilen der Welt nach wie vor auf militärische Strukturen gesetzt wird, die auf die Defensive spezialisiert sind. Man denke etwa an Vietnam gegenüber der

Volksrepublik China oder an Skandinavien (insbesondere Finnland) gegen-über Russland. Wobei im Hinblick auf Finnland darauf hinzuweisen ist, dass dort ein militärischer Großverband entwickelt wurde, der sich im Sinne einer ,Entkopplung von operativer und taktischer Beweglichkeit' sowohl für die Verstärkung der Raumverteidigung des eigenen Landes als auch für de-fensive Interventionen im Auftrag der Völkergemeinschaft eignet („Finland" 1996).

Doch muss verzeichnet werden, dass es weder in Europa, der ,Mutter der Alternativendiskussion', noch sonstwo auf der Welt einen übergreifenden Diskurs in dieser Sache gibt. Bis etwa gegen Mitte der 1990er Jahre sah das freilich anders aus. Es wurde nämlich in so verschiedenen Ländern wie Argentinien, Südafrika, der Republic of China (Taiwan) und Australien in militärischen und akademischen Expertenkreisen, zum Teil aber auch in der Politik, über den Gedanken einer Vertrauensbildenden Verteidigung disku-tiert (zumeist unter dem Rubrum der ,Nicht-Provokation'). Im Einzelnen:

In Australien wurde mit Bezug auf diesen Diskurs von Kreisen der Friedens-bewegung angestrebt, auf die sich entwickelnde militärische ,Interventionitis' dämpfend einzuwirken (Salla et al. 1995). Die politische Entwicklung sollte freilich anders verlaufen: Australien wurde in Südostasien bzw. am Westrand des Pazifiks zur wesentlichen Interventionsmacht, deren Probleme eher nur noch in akademischen Zirkeln kritisch reflektiert werden (Coady/O'Keefe 2005).

In Taiwan bestärkte der Diskurs um die Defensive eine ohnehin bestehende Entwicklungslinie der nationalen Streitkräfte (was freilich die Politik nicht davon abhielt, diesen auch provokative Mittel für *Deep Strikes* gegen das Festland zu geben). Der sich an betonter Defensive festmachende Diskurs blieb freilich wegen der besonderen geopolitischen Situation des Landes isoliert (Møller 1996).

In Südafrika war die ,Defensivität' der Streitkräfte, sie hat sogar Verfas-sungsrang erreicht, ein politisch-deklaratorisches Mittel, das nach Über-windung des Apartheid-Regimes den kleinen und an Potential relativ schwachen Nachbarstaaten (,little brothers') im Norden der Republik ver-sichern sollte, dass man nun aufhören wollte, dort – wie in der Vergangenheit geschehen – nach Belieben militärisch zu intervenieren. Wenn Intervention, dann nur noch im Rahmen eines kollektiven Arrangements für den südlichen Teil des Kontinents. Diese programmatische Festlegung hat allerdings keine wesentlichen Folgen für die Strukturplanung der südafrikanischen Streit-kräfte gehabt, obwohl es doch sehr konkrete und pragmatische Alternativentwürfe gab (Cawthra/Møller 1997). Zu stark waren offenbar die ‚vested interests' der Streitkräfte und ihrer in die neue Zeit übernommenen alten Garde sowie der modernen heimischen Rüstungsindustrie.

Und schließlich: In Argentinien war der Slogan von der Verteidigung ohne Provokation dem europäischen Diskurs entnommen worden, um Vorhaben der Professionalisierung und Modernisierung der Streitkräfte zu legitimieren, einem weiteren Publikum eingängiger zu machen (Cáceres/Scheetz 1995). Entsprechende Reformvorhaben waren vor dem Hintergrund der Tatsache, dass die argentinischen Streitkräfte lange Jahre sich ausschließlich innenpolitischer Unterdrückung gewidmet hatten, von besonderer Bedeutung für die sich wieder etablierende Demokratie. Nur wenige der an diesen Bestrebungen beteiligten Akteure hatten allerdings einen grundlegenden Strukturwandel der Streitkräfte im Sinn.

4.3.2 Territorialschutz: Muster und Konstellationen

Der Krieg zwischen verfassten Staaten, mit entsprechender Planung und bewusster politischer Entscheidung, ist schon seit langer Zeit eher die Ausnahme als die Regel. Gleichwohl muss dies keineswegs bedeuten, dass der „klassische Staatenkrieg ein historisches Auslaufmodell" (Münkler) sein dürfte. Gibt es doch rund um den Globus nach wie vor zwischenstaatliche Konfrontationen, bei denen bewaffnete Macht durchaus eine Rolle spielt und die zu beträchtlichem Wettrüsten geführt haben. Denken wir in diesem Kontext nur an die Konstellation Indien – Pakistan!

Ebenfalls erscheint relevant, dass viele der bewaffneten Auseinandersetzungen der Gegenwart Sezessionskriege sind, die zumindest potentiell zu neuer Staatlichkeit führen können (wie etwa die Entwicklung auf dem Balkan am Ende des vergangenen Jahrtausends gezeigt hat). Und dabei ist prinzipiell nicht auszuschließen, dass diese neue Staatlichkeit, die in oft blutigen Konflikten entstanden ist, auch zukünftig ein Moment des Unfriedens sein kann.

Spätestens an dieser Stelle wird typischerweise eingewandt, dass im Zuge der Globalisierung, der immer dichteren Mehrebenen-Vernetzung auch von Staaten, die sich untereinander in einem Konfliktverhältnis befinden, herkömmliche Kriege noch unwahrscheinlicher werden, als sie es bislang schon waren: Einfach deswegen, weil Kalküle, die auf Machbarkeit und Ertrag aus sind, tendenziell unsinnig erscheinen. Krieg solcher Art, so wird gesagt, ist, als ‚schösse man sich selbst in den Fuß'. Gleichwohl gibt es gute Gründe, das

Angebot der Vertrauensbildenden Verteidigung – auch – den konfligierenden Staaten unserer Tage näher zu bringen.

Zum einen: Eine Entwicklung hin zu offensiven Kriegführungsoptionen, im Sinne einer Abschreckung durch Androhung von Vergeltung, kann in einer Krise die Entscheidungszentren beider Seiten unter – selbst verschuldete – Handlungszwänge bringen, die eine Beilegung des akuten Konfliktes mit friedlichen Mitteln zumindest erheblich erschweren. Verteidigungskonzeptionen, die den jeweils anderen weder zu Angriffsoperationen provozieren noch solche einladen, könnten wesentlich zur Entschärfung der Situation beitragen.

Und zum anderen: Auch wenn die konfliktorischen Konstellationen, etwa wegen wechselweiser Verflechtungen und Abhängigkeiten, letztlich nicht zum ‚heißen Krieg' führen sollten, sind doch in der Regel die immensen Kosten des jeweils bestehenden *Kalten Krieges* zu bezahlen. Gemeint ist der Aufwand ökonomischer, gesellschaftlicher und politischer Art, der von manchen Staaten der Dritten Welt bzw. gerade auch von Schwellenländern betrieben wird, um – im Rahmen herkömmlicher Orientierungsmuster – den Rüstungsaufwand des jeweils anderen zu kompensieren. Diese so traditionelle wie unsinnige Gleichgewichtsorientierung können sich gerade solche Länder, wenn sie sich denn nachhaltig entwickeln wollen, auf keinen Fall leisten. Auch hier greift das Angebot einer anderen Verteidigung, das kognitiv den Weg zu einem Sich-Abkoppeln vom jeweiligen Rüstungswettlauf eröffnet.

Dies alles klingt recht abstrakt. Es kommt jedoch auf konkrete Lösungen an, durch die eine generelle Konzeption auf je spezifische Situationen angewendet wird. Durchgearbeitete Vorschläge solcher Art liegen bereits vor (Conetta et al. 1991; 1997). Einer davon, er stammt bereits aus den frühen 1990er Jahren, soll an dieser Stelle exemplarisch skizziert werden (Conetta et al. 1991). Es geht um den defensiven Schutz Saudi Arabiens – damals gegenüber dem Irak, aber auch im Hinblick auf künftige Konstellationen im Nahen Osten erwägenswert.

Zunächst zur Kritik als Ausgangspunkt der Alternative! Die Armee Saudi Arabiens war bereits vor dem Zweiten Golfkrieg zu einer Karikatur westlicher voll mechanisierter Streitkräfte verkommen. Und seit diesem Krieg ist das damit bezeichnete Rüstungsmuster ungebrochen: Es wird mit Priorität in schwere Formationen aus Kampfpanzern, mechanisierter Infanterie und unmittelbar integrierter Artillerie investiert, die sich für das ‚Gefecht der verbundenen Waffen' eignen. Parallel dazu werden Luftstreitkräfte aufgebaut, die – mit einem besonderen Akzent auf schweren Jagd-

bombern – dem offensiv orientierten Muster der Landstreitkräfte entsprechen, allerdings eher auf eigenständige Missionen und weniger auf eine
unmittelbare Luft-Boden-Kooperation vorbereitet werden. Derartige Elemente sind höchst aufwendig und naturgemäß nur in relativ begrenzter Zahl zu
beschaffen und zu unterhalten.

Damit ergibt sich für das flächenmäßig große Saudi Arabien eine höchst prekäre – gegnerische Operationen in gefährlicher Weise einladende – Relation
von Kräften zum Raum. Diese Situation erscheint noch dadurch verschärft,
dass die schweren gepanzerten Kräfte im Falle eines Falles vor allem wegen
ihres beträchtlichen Logistikbedarfs, aber auch wegen widriger Geländebedingungen, nur mit großen Schwierigkeiten ‚umdirigiert' werden könnten.
D. h., eine flexible Allokation von Kampfmitteln zum Zwecke der Verteidigung ist beinahe ausgeschlossen.

Die inhärente Anfälligkeit dieses Streitkräfte-Aufzuges macht einen solchen
Staat, wenn die Landnahme durch einen potentiellen Gegner verhindert werden soll, auf die verzugslose Hilfe von Verbündeten bzw. der Weltgemeinschaft notwendig angewiesen. D. h., man ist von Risikokalkülen anderer
Staaten, insbesondere der US-amerikanischen Administration, unmittelbar
abhängig.

Demgegenüber der Vorschlag: Grundlage der Verteidigung Saudi Arabiens
sollte eine selektive Raumkontrolle sein. D. h., man hat vorgeschlagen, die
ökonomisch (Ölfelder) und politisch bedeutsamsten Zentren des Landes
durch ein vernetztes System aus Sensoren, flexibel einsetzbaren Sperrmitteln
und weitreichendem indirekten Feuer zu schützen, das dann als Grundlage
für das wirkungsvolle Eingreifen relativ kleiner mechanisierter Komponenten
würde dienen können. Die Weiten des Landes hingegen sollten ‚nur' von
Schwärmen leicht mechanisierter Kavallerie – gewissermaßen ‚patrouillen-
artig' – überwacht werden. Dabei wurde zugleich eine enge Kooperation
solcher Kavallerieverbände mit einem zu stärkenden Element des *Close Air
Support* der Luftstreitkräfte angeregt (Einsatzmittel kürzerer Reichweite in
unmittelbarer Kooperation mit den Landstreitkräften).

Auf diese Weise, so die Argumentation, sollte es möglich sein, die typischerweise schweren Truppen eines Angreifers, denen sich wegen der erwähnten
widrigen Geländebedingungen nur wenige Invasionsrouten bieten würden, zu
kanalisieren, zu stoppen und schließlich zu zerschlagen. Dabei ist bemerkens-
werterweise der Anspruch erhoben worden, dass ein solch defensives
Arrangement Saudi Arabien von internationaler Unterstützung im Falle einer
militärischen Herausforderung weitgehend unabhängig machen könnte.

Eine solche Verteidigung, sie verspricht stabile Abhaltung und eine Schonung der auch in einem reichen Ölland knapper werdenden Ressourcen, hätte überdies den Vorteil, bodenständige Elemente, nämlich Beduinentruppen mit der Aufgabe raumkontrollierender Patrouillen, zu integrieren und vermiede dadurch den Eindruck eines Octrois fremder, westlicher Muster. Dieser Hinweis auf die besondere ‚Angemessenheit' lässt sich mit Bezug auf typische Streitkräfte der Dritten Welt noch genereller fassen (Unterseher 1995: 190).

„Die meisten ... haben einen ‚hybriden' Charakter, stellen also ein Gemisch von modernen, mobilen Elementen und Komponenten dar, die für eine offensiv orientierte Land-Luft-Kriegführung ... weniger geeignet sind. Das Etikett ‚hybride' bezieht sich auf zwei verschiedene Phänomene: Erstens, nur relativ wenige dieser Länder können sich hoch entwickelte Hauptwaffensysteme in Mengen leisten, die ausreichen würden, den Großteil ihrer Streitkräfte auszurüsten. Und, zweitens, ist es aus kulturellen Gründen oft recht schwierig, wenn nicht gar unmöglich, die Mehrheit des Militärpersonals so auszubilden und mental zu formen, dass es sich den Anforderungen einer westlichen Technostruktur gewachsen zeigt. Die Konsequenz ist, dass in vielen Armeen der Dritten Welt die modernen, offensivfähigen Elemente ziemlich isoliert sind. Dies ist einer der Gründe, warum diese Streitkräfte nicht über Reserven verfügen, die leistungsfähig genug sind, um groß angelegten Invasionen den erforderlichen Nachdruck zu verleihen (ein Beispiel bietet die Unfähigkeit Iraks, die relativ leichte Verteidigung des Iran im Jahre 1980 vollständig zu überrennen und tief auf dessen Gebiet vorzudringen).

In der ... Verteidigung jedoch kann für die ‚hybriden' Armeen eine weit bessere Aussicht auf Erfolg angenommen werden - insbesondere dann, wenn diese sich auf die Defensive spezialisieren. Streitkräfte, die westlichen Standards der Mechanisierung nicht genügen, können gleichwohl gut in der taktischen, raumkontrollierenden Verteidigung eingesetzt werden, die generell weniger anspruchsvoll erscheint als offensive Operationen. Eine Erhöhung der Sperrkapazität solcher Truppen, die typischerweise aus Infanterie begrenzter Beweglichkeit bestehen, durch eine – zusätzliche – Ausstattung mit Panzerabwehr-Lenkraketen und modernen Minen, würde normalerweise weit weniger kosten als ein Ausbau der Komponente moderner, schwergepanzerter Kräfte. Letzteres Element, das meist für wirklich machtvolle offensive Optionen zu klein ist, kann innerhalb eines defensiven Gesamtaufzuges der Verteidigung als Feuerwehr verwendet werden – wobei es mit den einfacher gestrickten Kräften ein synergetisches Verhältnis wechselweiser Unterstützung eingeht." (Übersetzung aus dem Englischen: L. U.)

Anders als im Fall der alten Konfrontation in Europa, bei der sich nur zwei Parteien mit – in der Ausgangslage – eher gleichgewichtigen Potentialen gegenüber standen, ist bei einem defensiven Strukturwandel in Ländern der Dritten Welt typischerweise mit Konstellationen zu rechnen, an denen Akteure unterschiedlich(st)er Stärke beteiligt sind – Konstellationen auch, bei denen es mehrere Parteien bzw. ‚Fronten' gibt. Dies gilt es zu reflektieren.

Nehmen wir zunächst den Fall, dass eine Macht ‚mittleren' Potentials sich einer anderen mit größerem konfrontiert sieht! Wenn denn die Argumentation der Vertrauensbildenden Verteidigung nur einigermaßen trägt, gibt es für die militärisch schwächere Seite nur eine rationale Option, will sie einen bewaffneten Konflikt ohne ihre Existenz bedrohende Schäden überstehen und zugleich künftige Herausforderungen unwahrscheinlicher machen: Spezialisierung auf die Defensive unter Verzicht auf die Entwicklung von Vergeltungsoptionen. Diese abstrakte Beschreibung scheint zur Konfrontation ‚China – Vietnam' zu passen.

Denkbar ist allerdings auch, dass sich die schwächere Partei durch die Entwicklung einer standfesten Abwehr nach alternativem Rezept eine Plattform sichert, von der aus sie Terror in das Hinterland des – eigentlich stärkeren – Herausforderers sendet. Dies ist der Fall ‚Hisbollah – Israel' (wobei sich in diesem Kontext auch ein Konflikt zweier staatlicher Akteure vorstellen ließe). Damit dürfte eine Konstellation bezeichnet sein, bei der die Aussichten für längerfristige Stabilität schlecht stehen. Folgen könnten mit beträchtlicher Wahrscheinlichkeit sein: Gegenterror, Wettrüsten, eine erneute Offensive des Stärkeren mit optimierten Verfahren oder Eskalation bis hin zum Gebrauch von Massenvernichtungsmitteln (etwa Giftgas).

Doch kommen wir noch einmal auf Vietnam zurück! Kurz bevor dieses Land die chinesische Strafaktion in improvisierter, aber konsistenter Abwehr abwies, hatte es Kambodscha von der Gewaltherrschaft der ‚steinzeitkommunistischen' Milizen Pol Pots befreit und zwar mit einer zügigen Invasion mechanisierter Großverbände. Defensive gegenüber dem Stärkeren – Offensive gegenüber dem Schwächeren: Vietnam konnte beides, weil seine Streitkräfte nicht durchgängig ‚defensiviert' waren (etwas, das auch gar nicht in der Absicht der dortigen Führung lag).

Diese Janusköpfigkeit lenkt freilich unsere Aufmerksamkeit auf ein prinzipielles Problem: Wenn die ‚Defensivierung' einer Streitmacht, wie bereits argumentiert, aus in der Sache wurzelnden Gründen immer nur annäherungsweise gelingen kann, ist stets mit einem ‚Rest' zu rechnen, der in bestimmten Szenarien die Bedrohung eines Nachbarn ermöglicht: insbesondere wenn

dieser über ein vergleichsweise sehr kleines Potential verfügt und wenn überdies auf die Optimierung seines Schutzes durch Spezialisierung auf die
Verteidigung verzichtet worden ist. Es bedarf sicherlich zusätzlicher, nicht-
militärischer Anstrengungen zur Stabilisierung der Situation, um eine derartige – strukturell bedingte – Schieflage irrelevant zu machen.

Um den Sachverhalt durch ein groteskes Beispiel zu verdeutlichen: Als
1992/93 in Johannesburg in einer Studiengruppe des ANC (African National
Congress) an einem den Nachbarn gegenüber vertrauensbildenden Defensiv-
konzept für die Streitkräfte Südafrikas nach Ende der Apartheid gearbeitet
wurde, meinte sarkastisch einer der Teilnehmer (eigenes Erleben: L. U.):
*„Kameraden, was immer wir uns ausdenken mögen, die Stadtpolizei Johan-
nesburgs allein dürfte genügen, Botswana zu erobern. "*

Die Wirksamkeit einer Vertrauensbildenden Verteidigung hat also etwas Relationales: Nicht unter allen Bedingungen kann diese ihrem Anspruch gerecht
werden.

4.3.3 Stabilisierung durch Eingreiftruppen: Lösungsansätze

Die deutsche Sicherheits- und Verteidigungspolitik hat sich, im Kontext von
Entwicklungen in der Europäischen Union und auch der NATO, auf der
konzeptionellen Ebene vor allem auch an Szenarien orientiert, die eine Befähigung zu intensiver Kriegführung und zur substantiellen Machtprojektion
über große Entfernungen verlangen. Diese Fixierung sollte aus zwei Gründen
nicht länger dominant sein.

Zum einen spricht das Spektrum der Aufgaben, die von deutschen Truppen
wahrgenommen werden, und damit die Realität, für die Notwendigkeit, sich
konzeptionell und planerisch stärker nach Szenarien zu richten, die
Aktivitäten der Kontrolle und Stabilisierung fordern (Bertram 2006). Militä-
rische Anforderungen, die auf die Teilnahme an Bestrafungsschlägen und
Operationen zur Rückeroberung von Territorien hinauslaufen, dürften seltene
Ausnahmen bleiben. (Im Übrigen: ‚Bestrafung' ist aus friedenspolitischer
Perspektive abzulehnen.)

Zum anderen: Es ist schwer vorstellbar, dass Deutschland, mit seinem Parlamentsvorbehalt, Truppen zu größeren Einsätzen entsendet, ohne dass eine
Legitimation durch den Sicherheitsrat der Vereinten Nationen vorliegt.
(Wenn es Ausnahmen geben sollte, dürfte es sich um solche handeln, welche
eher die Regel bestätigen, als diese zu relativieren.) Dies dürfte auch für die
in der Entstehung begriffenen europäischen Streitkräfte gelten. Zwar scheint
es in den politischen Kreisen Brüssels Tendenzen zu geben, unter Umständen

eine Selbstmandatierung anzustreben, doch steht dem entgegen, dass es nahezu unmöglich sein dürfte, im sich Schritt für Schritt erweiternden Kreis der EU-Mitgliedstaaten, oder auch in der europäischen NATO, einen Konsens für militärische Operationen zu finden, der sich nicht auf das – allerdings weiter zu entwickelnde – Völkerrecht gründet oder sonst größere politische Risiken mit sich bringt (Bertram 2006).

Vor diesem Hintergrund ergeben sich aus der Sicht der Vertrauensbildenden Verteidigung drei wesentliche Anforderungen an Interventionsmissionen und die entsprechende Streitkräfte-Entwicklung.

Das Erfordernis einer stimmigen Gesamtkonzeption

Einst, in den 1980er Jahren, suchten sich wesentliche Entwürfe einer Alternativen Verteidigung in den Gesamtrahmen einer Politik *Gemeinsamer Sicherheit* einzufügen. Entsprechendes sollte gegenwärtig mit Bezug auf die Militärinterventionen geschehen: Wenn deren primärer Zweck Kontrolle und Stabilisierung ist und wenn es darum geht, mit militärischen Mitteln dazu beizutragen, dass sich Chancen für eine friedliche Entwicklung ergeben, dann muss das, was die Streitkräfte an Maßnahmen ergreifen, gleichsam ‚aus einem Guss' sein und sich einer übergreifenden Konzeption einfügen.

Dies bedeutet zum einen: Stabilisierungskräfte dürfen nicht zur Dienstmagd einer offensiven Operationsplanung werden, die etwa nach dem Motto verfährt: Schaffen wir uns durch Kontroll- und Stabilisierungsbemühungen eine sichere Basis, von der aus sich dann Bestrafungseinsätze gegen Nachbarregionen ausführen lassen! Ein solcher Einbau der Defensive in die Offensive kompromittiert die Bemühungen um Stabilisierung.

Und zum anderen: Wenn militärische Mittel eingesetzt werden, sollte von vornherein durchdacht und festgelegt werden, wie mit zivilen Akteuren, seien es Ordnungskräfte, Behörden oder Hilfsorganisationen, zu kooperieren ist, in welcher zeitlichen Staffelung und in welchem Ausmaß Kompetenzen mit anderen zu teilen bzw. an andere abzugeben sind.

Gewichtsverschiebung zwischen den Teilstreitkräften

Im Rahmen der geforderten Gesamtkonzeption ist eine veränderte Relation zwischen den Teilstreitkräften anzustreben: und zwar sowohl im Hinblick auf die Umfänge als auch die zur Verfügung zu stellenden Investitionsmittel. Zu schrumpfen sind in erster Linie die Luftstreitkräfte, aber zum Teil auch die maritimen Einsatzmittel. Dabei würde es zuvörderst um die Ausmusterung von Jagdbomberverbänden für den weitreichenden Luftangriff sowie den

Abbau jener Marinestreitkräfte gehen, die ebenfalls für massive Machtprojektion stehen und sich vor allem auf Flugzeugträger, große Landungs-
schiffe und Zerstörer oder Fregatten der oberen Tonnageklasse stützen.
(Außer im Hinblick auf große Fregatten geriete die deutsche Marine hier
nicht ins kritische Visier, wohl aber die maritime Komponente europäischer
Streitkräfte.)

Im Zusammenhang der vorrangigen Reduzierung der Elemente für Machtprojektion und intensive Kriegführung ist auch die Doktrin der *Jointness* zu
relativieren. Das Zusammenwirken aller Teilstreitkräfte bliebe zwar weiterhin ein notwendiges Übungsziel. Einsätze, die nur von Landstreitkräften
alleine durchgeführt werden (Lufttransport in das Einsatzgebiet rechtfertigt
noch keine Ideologie der Gemeinsamkeit), würden aber konzeptionell zu
ihrem Recht kommen.

Auch wenn der Prozess der Reduzierung des Streitkräfte-Umfanges langfristig weitergehen sollte, die Legitimierung beträchtlicher Militärausgaben
ist nach dem Ausscheiden des traditionellen Gegners im Osten (und
angesichts der Folgen der Finanzkrise) problematisch, kann die vorrangige
Schrumpfung der Mittel für die Machtprojektion folgendes bewirken: Halten
der Landstreitkräfte auf bisherigem Niveau (oder doch nicht wesentlich
darunter), jene der Bundeswehr sind durch laufende Einsätze auf das
Äußerste angestrengt, und ihre verbesserte materielle Ausstattung.

Nachsatz: Das Plädoyer für eine drastische Schrumpfung bei den Elementen
massiver Machtprojektion muss sich allerdings dem berechtigten Einwand
stellen, dass Szenarien nicht ganz ausgeschlossen werden können, die einen
Einsatz ebensolcher Mittel erfordern – und zwar möglicherweise gar mit
einer Mandatierung durch die Vereinten Nationen. Man denke etwa an die
Rückeroberung eines Gebietes, das sich ein Staat, oder auch ein Warlord,
rechtswidrig angeeignet hat!

Zu entgegnen ist, dass selbst nach einer sehr erheblichen Verringerung der
Angriffsmittel bei einem kooperativen Vorgehen von im Auftrag der internationalen Gemeinschaft handelnden Staaten immer noch genügend Potential
zur Verfügung stehen würde, um mit den plausiblerweise anstehenden Aufgaben fertig werden zu können. Will sagen: Die Ausgangspotentiale sind so
groß, dass eine Zusammenführung ihrer ‚Reste' ein immer noch beträchtliches Kampfpotential ergäbe. Auch und gerade bei Operationen mit einer
gewissen Offensivität zeigen sich für kollektives Vorgehen keine Alternativen. Die Bundesrepublik Deutschland jedenfalls hat allen Alleingängen
abgeschworen.

Strukturoptimierung bei den Bodentruppen

Der vorgestellten Konzeption entsprechend haben sich die Bodentruppen vor allem auf *Stabilisierungs*missionen vorzubereiten: und zwar in Struktur, Einsatzgrundsätzen und im Hinblick auf die Ausbildung. Aufgaben der bloßen Überwachung und Kontrolle, die zumeist nach einer initialen Stabilisierung der Lage zu erfüllen sind, kommen wohl – wie wir gesehen haben – häufiger vor. Doch sind sie in aller Regel erheblich weniger personal- und materialaufwendig, können also von der Truppe gleichsam ‚nebenher' erledigt werden.

Die Erfüllung von Aufgaben der Stabilisierung in den Mittelpunkt zu stellen, heißt auch, dass die entsprechenden Kräfte, sie sind bereits gegenwärtig gegenüber jenen für intensive Kampfführung in der Überzahl, ein noch stärkeres Gewicht bekommen. Und: Über eine Erhöhung der Strukturflexibilität sollten die Eingreifkräfte, wo immer möglich und notwendig, den für die Stabilisierung vorgesehenen Elementen integriert und untergeordnet werden (können). Vor allem aber geht es darum, die Erfolgschancen von Stabilisierungsmissionen durch eine verbesserte Mittelzuweisung zu erhöhen (sinnvollerweise zu Lasten anderer Entwicklungslinien).

Wenn von Stabilisierung die Rede ist, sind vor allem auch die folgenden Aufgaben gemeint der Schutz von humanitären Konvois und Sanktuarien, das Trennen von Bürgerkriegsparteien durch Einrichtung kontrollierter Zonen, die flächendeckende Kontrolle eines Krisengebietes, um bewaffnete Auseinandersetzungen zu minimieren und – last, but not least – die präventive Stationierung von Truppen, um die akute Bedrohung eines Staatsgebietes oder einer Region zu kompensieren.

Diese Aufgaben sind unserer Leitidee entsprechend so zu bewältigen, dass gewaltsame Übergriffe nicht etwa durch die Schwäche der Interventionstruppen eingeladen werden, sondern dass – im Gegenteil – glaubwürdige Präsenz mit der Wirkung einer Neutralisierung von Widerstand gezeigt werden kann, zugleich aber Provokationen unterbleiben, die dazu beitragen könnten, den fraglichen Konflikt auf Dauer zu stellen.

Strukturell angemessen für die Lösung solcher Aufgaben erscheint ein Ansatz, dessen Grundlage ein System netzartig verbundener Stützpunkte bildet (wobei dieses System im Hinblick auf Dichte und räumliche Tiefe der jeweiligen Lage angepasst werden müsste). Gegenüber dem gegenwärtig von den deutschen Streitkräften praktizierten Stützpunktkonzept ist kritisch anzumerken, dass es an ‚Präsenz in der Fläche' mangelt. Das etablierte Konzept begünstigt Tendenzen, ein sich selbst genügendes Lagerleben zu führen und sich entsprechend weniger um die – fremdartige – Umwelt zu kümmern, wie es doch die eigentliche Aufgabe wäre (Bornefeld-Ettmann 2007). Statt dessen empfiehlt sich, z. B. nach dem Vorbild skandinavischer Interventionstruppen, eine größere Dezentralität des Systems: auch wenn dies mit mehr – allerdings kalkulierbaren – Risiken für das eingesetzte Personal verbunden sein sollte.

Stabilisieren heißt auch: unter die Leute gehen und kommunizieren, Verständnis zeigen. Wer das Risiko dabei scheut, verrät damit möglicherweise, dass ihm oder ihr die Mission, um die es geht, nicht hinreichend begründet erscheint. Ernste Zweifel an der Legitimität, und auch den Erfolgschancen, sollten allerdings zur Nicht-Einlassung oder zum Abbruch führen.

Doch zurück zum strukturellen Design! Innerhalb des skizzierten netzartigen Systems bewegen sich mit hoher Frequenz leichte mechanisierte Kräfte (sinnvoller Weise auf kompakten, gepanzerten Radfahrzeugen): um die Lage zu erkunden, ‚Flagge zu zeigen', wenn nötig kleinere Krisen zu bewältigen und um Dienste des (Begleit-)Schutzes zu leisten. Solche leichten, fluiden Kräfte, die sich allerdings auf das stabil-statische Referenzschema stützen können, mögen dann überfordert sein, wenn kleinere Krisen zu größeren zu eskalieren drohen. Situationsabhängig ist deswegen das *leichte, raumdeckende Netz* mit einer *Rückversicherung durch Eingreifkräfte* zu versehen, die aus drei unterschiedlichen Strukturelementen bestehen könnten (welche allerdings nicht alle immer in jeder Krisenregion benötigt werden dürften).

Da wäre zum eine weitreichende Artillerie, die über ihren Versorgungsstrang an die Stützpunkte gebunden wird, die ihre Zielinformationen von den im Netz operierenden Patrouillen sowie komplementären Aufklärungsmitteln (z. B. ‚Drohnen') erhält und die mit präzisionsgelenkten Geschossen unter Minimierung von Kollateralschäden gegen hartnäckigen Widerstand eingesetzt werden kann. Da ist zum anderen ein kleines Element schwergepanzerter (Ketten-)Fahrzeuge, die sowohl für Evakuierungsmaßnahmen unter besonders gutem Schutz als auch für taktische Angriffe auf *strongholds* (Widerstandsnester) von Insurgenten in Frage kämen.

Und schließlich das wichtigste Element: Über weite Strecken schnell verlegbare Kräfte leichter Mechanisierung mit hoher Feuerkraft, die sich vor allem für die flexible Verstärkung der Schutzfunktion überall dort eignen, wo die lokal engagierten Kräfte überfordert sind. Formationen solchen Typs dürften besonders gut zu Missionen der *präventiven Stationierung* passen.

Stichwort „präventive Stationierung" oder auch „vorbeugender Einsatz":
Letzterer Begriff taucht bekanntlich in der *Agenda for Peace* des früheren
VN-Generalsekretärs Boutros Boutros Ghali auf (Heintze 2002: XV). Der
Generalsekretär war zu der Einsicht gelangt, dass in manchen Krisensituationen ein schnelles militärisches Eingreifen Schlimmeres verhüten
könnte. Und in diesem Kontext forderte er denn auch die Aufstellung einer
stehenden, den Vereinten Nationen unmittelbar zugeordneten Truppe. Dieser
Vorschlag, der bisher noch keinen politischen Konsens fand, liegt immer
noch auf dem Tisch.

Ein Team aus Militäranalytikern des Commonwealth Institute in Cambridge,
Massachusetts, hat sich der Mühe unterzogen, ein Konzept für eine solche
schnelle Interventionstruppe zur vorbeugenden Abwendung akuter Gefahren
zu entwickeln: zur Verhütung von Massakern und Genozid, zur Sicherung
bedrohter Grenzen, zum Trennen von Streithähnen (Conetta/Knight 1998).

Dabei wurden Umfang, Organisation, Ausrüstung und Operationsweise der
sich als terrestrisches Element darstellenden Truppe präzise definiert, wobei
Bezüge zum Gedankengut der Vertrauensbildenden Verteidigung unverkennbar sind. Der Clou: Ein so detailliertes wie nachvollziehbares Kostenkalkül
ergab, dass ein solches militärisches Element einen Aufwand an initialen
Investitionsmitteln sowie für laufenden Betrieb und Modernisierung erfordert
hätte bzw. erfordern würde, der sich im Rahmen dessen bewegt, was die
Mitgliedsstaaten bei den Vereinten Nationen insgesamt an Schulden haben.

5. Resümee

Unter der Überschrift „Frieden schaffen mit anderen Waffen" wurde versucht, eine Argumentation aufzubauen: Alternative Verteidigung als alternativenlos, wenn es darum geht, auch mit militärischen Mitteln einem positiven Frieden mehr Chancen zu geben. Und dazu wurden vorgestellt: Begründungen, Strategien, Modelle sowie auch Kalküle der Übertragbarkeit. Gerade wenn solches einleuchtet, wird sich die Frage aufdrängen, warum dieses konzeptionelle Angebot zur rationalen Strategiewahl so selten angenommen wird: oft nur von Akteuren, die keine andere Wahl haben – etwa weil die Ressourcen für forschere Bemühungen nicht ausreichen.

Woher kommt jene systematische Verzerrung, die relevante Akteure in der Absicht, Krieg vermeiden zu wollen, die falschen Mittel wählen lässt? Damit deutet sich eine komplexe Fragestellung an, zu der bislang eher nur bruchstückhaft Erkenntnisse vorliegen und deren Bearbeitung erhebliche Anstrengungen erfordern würde. Dies hätte den gegebenen Rahmen gesprengt. Es ist einfach eine andere Baustelle. Mit der daraus resultierenden Einschränkung seien die Ergebnisse der Arbeit über den Primat der Defensive knapp resümiert.

5.1 Defensive: Die beste Verteidigung

Ein Gang durch die Ideen- und Konzeptionsgeschichte, auf die sich der Defensivgedanke stützt, legt nahe, dass die populäre Aussage, ,Angriff (sei) die beste Verteidigung', in ihrer Generalität als unsinnig gewertet werden muss. Eher ist ,Verteidigung die beste Verteidigung': eine Defensive, die dem Angriff einen klar nachrangigen Platz zuweist. Im Einzelnen:

- Der Gedanke militärischen Schutzes, der sich selbst genügt und niemanden bedroht, hat ehrwürdige geistige Wurzeln: im alten China, in der europäischen Aufklärung und späterer Reflexion über Krieg und Frieden.
- Die Militärtheorie ist zur Einsicht von der Überlegenheit der Defensive gelangt. Zwar erscheint die Verteidigung wichtigen Denkern als Voraussetzung des Angriffes, doch ist dieser Konnex keineswegs zwingend.
- Wenn von Bemühungen um militärischen Eigenschutz nicht zugleich auch eine Bedrohung anderer ausgeht, wie von der Hauptströmung der ,Realisten' angenommen, erschließt sich die Perspektive, das Sicherheitsdilemma überwinden zu können.
- Der Vorteil der Verteidigung lässt sich durch Studium historischer Konflikte erschließen. Die Aufarbeitung einer Vielzahl von Fällen zeigt, dass

Vorbereitungen für einen Angriff weniger abschrecken als den Bedrohten einladen, selbst anzugreifen.

- Kriege haben ‚tiefere' Ursachen. Ihr tatsächlicher Ausbruch ist aber nur durch Kalküle zu erklären, die von einer Aggression das – rasche – Erlangen von Vorteilen erwarten. Solche Kalküle können von einer glaubwürdigen Defensive durchkreuzt werden.
- Eine Verteidigung, die sowohl beim Gegenüber als auch zu Hause Vertrauen erweckt, kann auf dreifache Weise Stabilität befördern: durch Kriegsvermeidung, und wenn dies nicht gelingt: Schadensbegrenzung, sowie durch Abkopplung vom Wettrüsten. Sie sagt sich von falscher Symmetrie los – von einem Gleichgewichtsdenken, das Stabilität in der Konfrontation ähnlicher Offensivstrukturen sucht.

5.2   Strukturvielfalt: Lernanstöße und Zusammenhänge

In den 1980er Jahren kam es in Europa zu einer geistig anregenden Blüte der Arbeit an Alternativen konventioneller Verteidigung. Diese ist vor ihrem politisch-strategischen Hintergrund zu sehen. Ebenso geht es um den Stellenwert der Alternativen in unterschiedlichen Dimensionen:

- Das sich in den 1970er Jahren andeutende Patt bei den Massenvernichtungsmitteln und die Orientierung an atomaren Kriegführungsoptionen resultierten in einer Krise der Nuklearstrategie. Deswegen wurde zur Kriegsverhütung auf die Entwicklung konventioneller militärischer Optionen gesetzt. Ziel: Behebung der in diesem Bereich angeblich – aber nicht wirklich – bestehenden gefährlichen Schwäche des Westens.
- Dabei dominierten im Atlantischen Bündnis zwei Konzeptionen, offensiver Bewegungskrieg und „Deep Strike", die beide das Hinterland der anderen Seite unter Risiko stellen wollten: Abschreckung durch Androhung von Bestrafung.
- Die Kritik daran sah nicht in der vermeintlichen Schwäche, sondern in Struktur und sich entwickelnder Doktrin der NATO-Kräfte das eigentliche Problem: Zu viel Provokation und dazu noch Konzentrationen an Kampfpotential, die in Krisenzeiten Schläge des Kontrahenten einladen könnten!
- Die sich daran abarbeitenden Alternativentwürfe waren variantenreich: Unterschiede in den militärischen Strukturen, im Bewaffnungsmix und in der Operationsweise. Es ging um die Entwicklung einer Verteidigung, die wirksame Abhaltung mit der Unfähigkeit zu Angriffen über das eigene

Territorium hinaus verknüpfen und zudem noch Ressourcen schonen
sollte.

- Wie es scheint, gelang die Quadratur des Kreises: Verkleinerung potentiell angriffsfähiger Elemente und deren weitgehende – aus sachlichen
Gründen allerdings nicht völlige (!) – Bindung an den Rahmen einer
flexiblen, bodenständigen Abwehr („Spinne und Netz"). Über die konzeptionelle Perspektive eröffnete sich eine realistische Chance zwar nicht
restloser Überwindung, aber doch der Minimierung des Sicherheitsdilemmas. Es gab aber auch Vorschläge, die dem eigenen Anspruch entgegen
die Defensive zur Dienstmagd der Offensive machten – und damit nichts
als konzeptionelle Kräftemaximierung mit Bedrohungsqualität betrieben.
- In den innenpolitischen Auseinandersetzungen insbesondere der Bundesrepublik Deutschland hatte der Begriff „strukturelle Nichtangriffsfähigkeit" die Funktion einer Friedensformel für jene in Zeiten der Friedensbewegung innerlich zerrissenen Großorganisationen, die zwischen Pazifismus und NATO-Loyalität zu vermitteln hatten. Mit Abnahme des ‚Frie-
densdruckes' verlor auch die Formel an Bedeutung.
- Alternative Verteidigung hat(te) das Potential, den Abrüstungsprozess zu
stimulieren und zu unterstützen. Vor allem auch durch die Orientierung
am Muster einer stabilen, selbstgenügsamen Defensive konnte die Sowjetunion eine Eisbrecherfunktion bei den *Verhandlungen über Konventionelle Streitkräfte in Europa* übernehmen.
- Gegen Ende des Ost-West-Konfliktes wurde die Anwendbarkeit des Musters einer Vertrauensbildenden Verteidigung auf geopolitische Bedingungen außerhalb Europas diskutiert. Manches spricht dagegen, dass es
sich nur um einen ‚eurozentrischen' Ansatz handelt, und vieles für dessen
Universalität.

5.3   Die neue Zeit: Relevanz der Defensive

Als der Ost-West-Konflikt nicht mehr den Blick auf die meist innerstaatlichen bewaffneten Auseinandersetzungen in der Dritten Welt verdeckte,
rückten diese mehr ins Bild. Es entwickelte sich ein Diskurs über die „Neuen
Kriege". Zugleich entstanden in der Ersten Welt Instrumente weitreichender
Militärintervention, die Fragen nach Zweck und Mitteln aufwarfen:

- Der Diskurs über die „Neuen Kriege", der bewaffnete Auseinandersetzungen im Kontext der Globalisierung, der Ökonomisierung kollektiver Beziehungen, und einer Aushöhlung staatlicher Kontrollmacht sieht, vermittelt den Eindruck von Chaos in der Dritten Welt: von zunehmenden,

schwer zu beeinflussenden bzw. zu beendenden Konflikten. Herkömmliche zwischenstaatliche Konfrontationen erscheinen als irrelevant.

- Tatsächlich hat sich eine dramatische Abnahme der Kriege in der Dritten Welt und vermutlich eine Stabilisierung des Konfliktgeschehens auf relativ niedrigem Niveau ergeben. Es gibt offenbar gerade auch in Zeiten der „Ökonomisierung" Motive, Ansatzpunkte, für einen Ausstieg aus der Konfrontation oder für befriedendes Eingreifen. Und: Herkömmliche zwischenstaatliche Konflikte mögen zwar mit nur geringer Wahrscheinlichkeit in Krieg enden, sind aber zumindest dadurch relevant, dass sie friedlicher Entwicklung wertvolle Ressourcen entziehen.
- Ein ‚wirklich neuartiger' Krieg, der 2006 stattfand, fällt aus dem Rahmen, könnte aber längerfristig von Bedeutung sein: Eine in einem Schwellenland beheimatete Organisation weist die Invasion eines Staates der Ersten Welt ab und bedient sich dabei aus dem Werkzeugkasten der Alternativen Verteidigung. Da sie dies mit Raketenterror kombiniert, stellt sich verschärft die Frage nach dem Kontext der Defensive.
- Die Schaffung von Interventionskräften, mit denen auf die ‚neue Unordnung' reagiert werden soll(te), war zunächst durch symbolische Politik, das Schaffen von Institutionen mit unangemessener materieller Basis, charakterisiert, um später etwas realistischer zu werden. Parallel dazu gab es eine Doktrinentwicklung, die offensive Züge trägt und ein Spannungsverhältnis zum Völkerrecht erkennen lässt.
- Wenn Militärinterventionen ihr typischerweise erklärtes Ziel, nämlich Stabilität zu bringen, erreichen wollen, müssen sie sich auf solide Weise legitimieren, bei der Einmischung möglichst neutral sein, zur ‚richtigen' Zeit sowie ohne Arroganz gegenüber fremder Kultur und mit angemessenen Mitteln, was Truppenstärke und -struktur betrifft, durchgeführt werden. Es gibt Zweifel, ob dies gegenwärtig von wesentlichen Zusammenschlüssen der westlichen Welt erwartet werden kann.
- Die Entwicklung militärischer Interventions-Instrumente ist in Europa von der Orientierung an weitreichender Machtprojektion und der Befähigung zu intensiven Kampfhandlungen geprägt. Infolgedessen sind Luft- und Marinestreitkräfte in der Mittelzuweisung privilegiert. Kräfte, die für die empirisch gesehen ‚eigentlichen' Aufgaben vorgesehen sind, nämlich defensive Kontrolle und Stabilisierung, werden virtuell ausgetrocknet.
- Die Übertragung des Musters Vertrauensbildender Verteidigung auf die Problematik der Militärintervention stieß auf ‚zeitgeistige' kognitive Probleme, die sich allerdings schon früher angekündigt hatten. Zugleich kam es aber am Anfang der ‚neuen Zeit' außerhalb Europas zu einem Diskurs über alternative militärische Lösungen.

- Das konzeptionelle Angebot der Alternativen beansprucht nicht nur Gültigkeit für die Aufgabenstellung moderner Militärintervention, sondern weiterhin auch im Hinblick auf die Entschärfung zwischenstaatlicher Konfrontationen. Hierzu wird ein konkretes Modell vorgestellt – und zwar im Kontext der entsprechenden Voraussetzungen in weniger entwickelten Ländern. Schließlich der Versuch einer Antwort auf die Frage, welchen Stellenwert Konstrukte betonter Defensive in unterschiedlichen Kräftekonstellationen haben. ,Defensivität' ist relational: Einem stärkeren Kontrahenten gegenüber mag sie gegeben sein, einem schwächeren gegenüber aber nicht.

- Das Bündel von Vorschlägen, mit denen beabsichtigt ist, die Entwicklung militärisch angemessener Interventionskräfte anzuregen („angemessen" im Hinblick sowohl auf die Ressourcenzuteilung als auch die Struktur) legt vor allem zweierlei nahe: eine Verschiebung des relativen Gewichtes der Teilstreitkräfte zugunsten der terrestrischen Komponente und eine Orientierung solcher Truppen an einem Muster, das kontrollierende und konfliktdämpfende Präsenz in der Fläche mit einer Entschärfung potentieller Offensivität verknüpft (Netz und Spinne).

Literatur

Afheldt, H. 1976: Verteidigung und Frieden. Politik mit militärischen Mitteln, München.

Afheldt, E. 1984: Verteidigung ohne Selbstmord. Vorschlag für den Einsatz einer leichten Infanterie, in: Weizsäcker, C. F. von (Hg.), Die Praxis der defensiven Verteidigung, Hameln, S. 41-88.

Ders. 1983: Defensive Verteidigung, Reinbek b. Hamburg.

Ders. 1989: Der Konsens. Argumente für die Politik der Wiedervereinigung Europas, Baden-Baden.

Arbeitsgemeinschaft Kriegsursachenforschung (AKUF) 2005: Das Kriegsgeschehen 2004. Daten und Tendenzen der Kriege und bewaffneten Konflikte, hrsg. von Schreiber, W., Wiesbaden.

Dies. 2006: Das Kriegsgeschehen 2005, hrsg. von Schreiber, W., Wiesbaden.

Basic Writings of MO TZU, HSÜN TZU, and HAN FEI TZU 1964: Translated and with an introduction by Watson, B., New York.

Bauer, T. 2005: Armoured Fighting Vehicles in Deutschland und Europa, Strategie und Technik, Oktober, S. 18-23.

Bebermeyer, H./Unterseher, L. 1989: Wider die Großmannssucht zur See: Das Profil einer defensiven Marine, in: SAS (Hg.), Vertrauensbildende Verteidigung, Gerlingen, S. 165-187.

Belde, H.-J. 1985: Forward Defence 83. Umgliederung und Umdenken im I. Britischen Korps, Truppenpraxis, Heft 1, S. 76-80.

Bertram, C. 2006: Abschied vom Krieg, NATO Brief, Frühjahr. http://www.nato.int/docu/review/2006/issue1/german/military.html

Bitzinger, R. A. 1994: Gorbachev and GRIT, 1985-89: Did Arms Control Succeed because of Unilateral Actions or in Spite of Them? Contemporary Security Policy, Vol.15, No.1, pp. 68-79.

Bloch, J. 1889: La Guerre, Paris (deutsche Übersetzung des russischen Originaltitels: Der Krieg der Zukunft – unter den Gesichtspunkten von Technik, Ökonomie und Politik).

Boeker, E. 1996: Europese Veiligheid. Alternativen voor de huidige veiligheidspolitiek, Amsterdam.

Bonin, B. von 1989: „Juli-Studie", in: Brill, H. (Hg.), Bogislaw von Bonin im Spannungsfeld zwischen Wiederbewaffnung – Westintegration – Wiedervereinigung, Bd. 2, Dokumente und Materialien, Baden-Baden, S. 69-90.

Bornefeld-Ettmann, M. 2007: Breaking the Circle of Violence. Identifying and Countering Civil Disturbances in Areas of EU and NATO-led Operations, TU-Dresden.nb

Boserup, A. 1990: Krieg, Staat und Frieden. Eine Weiterführung der Gedanken von Clausewitz, in: Weizsäcker, C. F. von (Hg.), Die Zukunft des Friedens in Europa, München, S. 244-263.

Bracken, P. 1976: Urban Sprawl and NATO Defence, Survival, Vol. 18, No. 6, pp. 254-260.

Bredow, W. von 2006: Die Außenpolitik der Bundesrepublik Deutschland. Eine Einführung, Wiesbaden.

Brill, H. 1987: Bogislaw von Bonin im Spannungsfeld zwischen Wiederbewaffnung – Westintegration – Wiedervereinigung, Bd. 1: Ein Beitrag zur Entstehungsgeschichte der Bundeswehr, 1952-1955, Baden-Baden.

Brodie, B. (ed.) 1946: The Absolute Weapon, New York.

Brossollet, G. 1977: Das Ende der Schlacht, in: Spannocchi, E./Brossollet, Verteidigung ohne Schlacht, München, S. 97-214.

Brower, K. 1986: Das militärische Gleichgewicht im Nahen Osten, Internationale Wehrrevue, Bd. 19, Heft 7, S. 907-909.

Bull, H. 1961: The Control of the Arms Race, London.

Bülow, A. von/Funk, H./Müller, A. A. C. von 1988: Sicherheit für Europa, Koblenz.

Bundesministerium der Verteidigung (BMVg) 1979: Weißbuch zur Sicherheit der Bundesrepublik Deutschland und zur Entwicklung der Bundeswehr, Bonn.

Dass. 2006: Weißbuch zur Sicherheitspolitik Deutschlands und zur Zukunft der Bundeswehr 2006, Berlin – Bonn.

Dass. Fü H II 1 2006: MatInvest-Anteile nominal. Haushalt 1999-2005/Plan 2006-2010, Berlin – Bonn.

Bundeswehr 2010: www.Bundeswehr.de

Buzan, B. 1987: Common Security, Non-provocative Defence, and the Future of Western Europe, Review of International Studies, Vol. 13., pp. 265-279.

Ders. 1991: People, States and Fear: An Agenda for International Security Studies in the Post-Cold War Era, 2d ed., London – Boulder, Colorado.

Ders. 1997: Regions and Regionalism in a Global Perspective, in: Cawthra, G./Møller, B. (eds.), Defensive Restructuring of the Armed Forces in Southern Africa, Aldershot, pp. 21-31.

Cáceres, E./Scheetz, T. 1995: Defensa No Provocativa. Una propuesta de reforma militar para la Argentina, Buenos Aires.

Canby, Territorial Defense in Central Europe, Armed Forces and Society, Vol. 6, No. 3, pp. 51-67.

Cawthra, G./Møller, B. (eds.) 1997: Defensive Restructuring of the Armed Forces in Southern Africa, Aldershot.

Chalmers, M./Unterseher, L. 1988: Is there a Tank Gap? Comparing NATO and Warsaw

Chojnacki, S. 2005: Gewaltakteure und Gewaltmärkte: Wandel der Kriegsformen? in: Frech/Trummer (Hg.), Neue Kriege, Schwalbach/Ts., S. 73-99.

Clausewitz, C. von 2003: Vom Kriege, 4. Auflage, Neuausgabe von UB 34799, Berlin.

Coady, T. 2005: Intervention, Political Realism and the Ideal of Peace, in: Coady/O'Keefe, M., Righteous Violence, Carlton, Victoria, pp. 14-31.

Collett, M. 2005: Foreign Intervention in Côte d'Ivoire: The Question of Legitimacy, in: Coady, T./O'Keefe, M. (eds.), Righteous Violence: The Ethics and Politics of Military Intervention, Carlton, Victoria, pp. 160-182.

Collier, P./Hoeffler, A. 2001: Greed and Grievance in Civil War, World Bank.

Conetta, C./Knight, C. 1998: A UN Legion for the New Era, in: Kröning, V./Verheugen, G./Unterseher, L. (Hg.), Defensive und Intervention. Die Zukunft Vertrauensbildender Verteidigung, Bremen, S. 18-33.

Conetta, C./Knight, C./Unterseher, L. 1997: The Military Requisites of Regional Security Cooperation, in: Cawthra, G./Møller, B. (eds.), Defensive Restructuring of the Armed Forces in Southern Africa, Aldershot.

Congressional Budget Office (CBO) 1988: Ground Forces and the Conventional Balance in Europe, Washington, D C.

Cordesman, A. H. 1983: The NATO Central Front and the Balance of Uncertainty, Armed Forces Journal International, Vol. 20, July, pp. 18-58.

Ders. 2006: Preliminary „lessons" of the Israeli-Hezbollah War, Center for Strategic and International Studies, Washington, D C.

Crooke, A./Perry, M. 2006: How Hezbollah defeated Israel, Asia Times (online), www.atimes.com, October 11.

Dayan, M. (General) 1966: Diary of the Sinai Compaign, London.

Department of Defense 1986: Soviet Military Power, Washington, D C.

Dass. 2006: Quadrennial Defense Review Report, Washington, D C.

Der Spiegel 2007: Der geplatzte Traum, Nr. 8, S. 116-120.

Die Grünen im Bundestag 1984: Angriff als Verteidigung: AirLand Battle. AirLand Battle 2000. Rogersplan, Eine Dokumentation, Bonn.

Dupuy, T. N. 1993: International Military and Defense Encyclopedia (IMADE), Washington, D C.

EKD (Hg.) 1985: Frieden politisch fördern: Richtungsimpulse. Sechs Expertenbeiträge für die Evangelische Kirche in Deutschland, Gütersloh.

Epstein, J. M. 1988: Dynamic Analysis and the Conventional Balance in Europe, International Security, Vol. 12, No. 4, pp. 154-156.

Etzioni, A. 1965: Der harte Weg zum Frieden, Göttingen.

Europäische Union 2004: Vertrag über eine Verfassung für Europa, Paderborn.

European Security Study/ESECS I (ed.) 1983: Strengthening Conventional Deterrence in Europe, London.

European Security Study/ESECS II (ed.) 1985: Strengthening Conventional Deterrence in Europe. A Proposal for the 1980s. Report of the Special Panel, Boulder, Colorado.

Evera, S. W. Van 1984: Causes of War, University of Berkeley, California.

Ders. 1985: The Cult of the Offensive and the Origins of the First World War, in: Miller, S. E. (ed.), Military Strategy and the Origins of the First World War: An International Security Reader, Princeton, pp. 58-107.

Farwick, D. 1983: Zur Diskussion der NATO-Strategie. Dynamische Vorwärtsverteidigung statt statischer Vorneverteidigung, Österr. Milit. Zeitschrift, Heft 2, S. 117-120.

Fernau, H./Palmisano, S. 1987: KVAE: VSBM-Perspektiven, Arbeitspapier, Institut für Militärische Sicherheitspolitik an der Landesverteidigungsakademie, Wien.

„Finland" 1996: NOD & Conversion, No. 38, August, p. 11.

Frech, S./Trummer, P. I. (Hg.) 2005: Neue Kriege. Akteure, Gewaltmärkte, Ökonomie, Schwalbach/Ts..

Gerber, J. 1989: Beiträge zur Praxis der Alternativen Verteidigung, hrsg. von Meyers, R., Münster.

Gorbachev, M. S. 1986: Political Report of the CPSU Central Committee for the 27. Party Congress, Moscow.

Ders. 1988: Address to the 43rd Session of the U. N. General Assembly, TASS press release, December 7.

Görlitz, W. 1977: Kleine Geschichte des deutschen Generalstabes, Berlin.

Götze, C. 2005: Humanitäre Hilfe – Das Dilemma der Hilfsorganisationen, in: Frech/Trummer (Hg.), Neue Kriege, Schwalbach/Ts., S. 147-166.

Grin, J. 1990: Military-Technological Choices and Political Implications. Command and Control in Established Nato Posture and a Non-Provocative Defence, Amsterdam.

Ders. 1996: Technologie als toverwoord? In: Stichting Maatschappej en Krijgsmacht (ed.), Nooit meer vechten? Beschaving, technologie en toepassing van militair geweld, Den Haag..

Groebel, J./Hinde, R. 1989: Aggression and War, Cambridge.

Guderian, H. 1992: Achtung – Panzer! The Development of Armoured Forces, their Tactics and Operational Potential, London (englische Übersetzung der Erstausgabe von 1937).

Haeberlin, F./Hoffmann, H.-J./Kröning, V./Oertzen, P. von/Scheer, H./Unterseher, L. 1985: Konservative Verteidigungsplanung erhöht die Kriegsgefahr in Europa, Vorwärts (Reihe „Dokumentation"), Bd. 110, Heft 39.

Hannig, N. 1984: Abschreckung durch konventionelle Waffen: Das David-und-Goliath-Prinzip, Berlin.

Heintze, H.-J. 2002: Einführung in das Völkerrecht (Kurs), Institut Frieden und Demokratie, Fernuniversität Hagen.

Hisbollah 2007: http://de.wikipedia.org/wiki/Hisbollah.

Hobbes, T. 1980: Leviathan, Erster und zweiter Teil, Stuttgart.

Hofmann, H. W./Huber, R. K./Steiger, K 1984: On Reactive Defense Options, Institut für angewandte Systemforschung und Operations Research der Hochschule der Bundeswehr München, Bericht Nr. 5-8403, München.

Holden, G. 1991: Soviet Military Reform, Conventional Disarmament and the Crisis of Militarized Socialism, London.

Howard, M. 1986: The Causes of War (including discussions with Kenneth Waltz and Karl Deutsch, in: Østerud, Ø. (ed.), Studies of War and Peace, Oslo, pp. 17-43.

Hubatschek, G. 2006: Verteidigungshaushalt 2007: Mittelfristig kein Beitrag zur Problemlösung, Strategie und Technik, Oktober, S. 12-13.

Huber, R. K. 1990: Multipolare Sicherheitssysteme für Europa, Österr. Milit. Zeitschrift, Heft 5, S. 412-418.

Huntington, S. P. 1983-84: Conventional Deterrence and Conventional Retaliation in Europe, International Security, Vol. 8, No. 3, pp. 32-56.

International Institute for Strategic Studies (IISS) 1985: The Military Balance 1985-86, London.

Dass. 1991: The Military Balance 1991-1992, London.

Dass. 1992: The Military Balance 1992-1993, London.

Dass. 1996: The Military Balance 1996/97, London.

Dass. 1999: The Military Balance 1999-2000, London.

Jencks, H. 1985: Lessons of a ‚Lesson': China – Vietnam, 1979, in: Harkavy, R./Neuman, S. (eds.), The Lessons of Recent Wars in the Third World, Vol. 1: Approaches and Case Studies, Lexington Massachusetts.

Kaldor, M. 2000: Neue und alte Kriege. Organisierte Gewalt im Zeitalter der Globalisierung, Frankfurt/Main.

Kant, I. 1900 a: Zum ewigen Frieden, zitiert nach: Kants gesammelte(n) Schriften, hrsg. von der Königlich Preußischen Akademie der Wissenschaften (AA), Berlin, I, 8.

Ders. 1900 b: Grundlegung zur Metaphysik der Sitten, AA I, 4.

Karber, P. A. 1989: Soviet Implementation of the Gorbachev Unilateral Military Reductions: Implications for Conventional Arms Control in Europe, House Armed Services Committee, Washington, D C, March.

Kaufmann, W. W. 1956: The Requirements of Deterrence, in: Kaufmann (ed.), Military Policy and National Security, Princeton, pp. 12-28.

Kende, Istvan 1982: Über die Kriege seit 1945, DGFK-Hefte 16, Bonn-Bad Godesberg.

Kleemeier, U. 2005: Das Denken des Krieges. Überlegungen zu Clausewitz, in: Pattillo-Hess, J. D./Smole, R. (Hg.), Krieg. Die unentrinnbare Doppelmasse, Wien, S. 45-58.

Knight, C./Conetta, C./Unterseher, L. 1991: Toward Defensive Restructuring in the Middle East, Bulletin of Peace Proposals, Vol. 22, No., pp. 115-134.

Krause, C. 1987: Strukturelle Nichtangriffsfähigkeit im Rahmen europäischer Entspannungspolitik, Forschungsbericht der Friedrich-Ebert-Stiftung, Bonn.

Krockow, C. Graf von 1962: Soziologie des Friedens, Gütersloh.

Krüger, D. 2005: Das Amt Blank und die Planung der Bundewehr 1950-1955, Militärgeschichte: Zeitschrift für historische Bildung, Heft 1+2, S. 10-15.

Kühne, W. 2001: Kriege und Konflikte, in: Informationen zur politischen Bildung, Heft 264, S. 15-20.

Ladewig, B. 1995: Zum „Ewigen Frieden" von Immanuel Kant. Zur Aktualität des philosophischen Friedensentwurfes, Werkstattschriften: Frieden und Sicherheit in Europa, Wien.

Lanchester, F. W. 1916: Aircraft in Warfare: The Dawn of the Fourth Arm, London.

Langan, J., SJ 2005: Ethics and the International Politics of Rescue: Getting beyond an American Solution for an International Problem, in: Coady, T./O'Keefe, M. (eds.), Righteous Violence, Carlton, Victoria, pp. 3-13.

Lather, K.-H. 1982: Alternative Konzeptionen der Verteidigung, Teil III: „Raumverteidigung" und „Vorneverteidigung" als operative Konzeptionen, Truppenpraxis, Bd. 26, Heft 11, S. 787-794.

Lentze, M. 1998: Ethnizität in der Konfliktforschung. Eine Untersuchung zur theoretischen Fundierung und praktischen Anwendung des Begriffs „ethnischer Konflikt", Arbeitspapier Nr. 1, Forschungsstelle Kriege, Rüstung und Entwicklung, Universität Hamburg.

Levine, R./Connors, T. T./Weiner, M. G./Wise, R. A. 1982: A Survey of NATO Defense Concepts, RAND Note (N-1871-AF), Santa Monica, California.

Liddell Hart, B. H. 1944: Thoughts on War, Kapitel 17 „The Defence", London.

Ders. 1966: Lebenserinnerungen, Düsseldorf.

Ders. 1970: Geschichte des Zweiten Weltkrieges, Wiesbaden.

Lock, P.: Ökonomie der neuen Kriege, in: Frech/Trummer (Hg.), Neue Kriege, Schwalbach/Ts., S. 53-72.

Löser, J. 1981: Weder rot noch tot: Überleben ohne Atomkrieg, München.

Lutz, D. S. 1987: Zur Theorie struktureller Angriffsunfähigkeit. Genesis, Definition und Kriterien struktureller Angriffsunfähigkeit im Rahmen defensiver Abhaltung und Gemeinsamer Sicherheit, Hamburger Beiträge für Friedensforschung und Sicherheitspolitik, Heft 22.

Machiavelli, N. 1996: Politische Schriften, hrsg. von Münkler, H., Frankfurt am Main.

Mader, G. 2006: Schlaining steht vor neuen Herausforderungen, Friedensforum, September/Heft 5-6, S. 3-7.

Malešič, M. (ed.) 2003: Conscription vs. All-Volunteer Forces in Europe, Baden-Baden.

Mao Tse Tung 1966: Theorie des Guerillakrieges oder Strategie der Dritten Welt, mit einem einleitenden Essay von Sebastian Haffner, Reinbek b. Hamburg.

Marshall, M. G./Gurr, T. R. 2005: Peace and Conflict, Self-Determination Movements, and Democracy, University of Maryland, College Park, Maryland.

McGregor, A. 2006 a: Hezbollah's Creative Tactical Use of Anti-Tank Weaponry, Terrorism focus, Vol. 3, No. 32, August 15, pp. 3-4.

McGregor, A. 2006 b: Hezbollah's Rocket strategy, Terrorism Monitor, Vol. 4, No. 16, August 10, pp. 1-3.

McGregor, A. 2006 c: Hezbollah's Tactics and Capabilities in Southern Lebanon, Terrorism Focus, Vol. 3, No. 30, August 1, pp. 3-4.

MccGwire, M. 1987: Military Objectives in Soviet Foreign Policy, Washington, D C.

Mearsheimer, J. J. 1982: Why the Soviets Can't Win Quickly in Central Europe, International Security, Vol. 7, No. 1, pp. 5-39.

Ders. 1983: Conventional Deterrence, Ithaca, New York.

Ders. 1988 a: Liddell Hart and the Weight of History, Ithaca, New York.

Ders. 1988 b: Numbers, Strategy, and the European Balance, International Security, Vol. 12, No. 4, pp. 174-185.

Messenger, C. 1978: Blitzkrieg. Eine Strategie macht Geschichte, Bergisch Gladbach.

Møller, B. 1991: Resolving the Security Dilemma in Europe. The German Debate on Non-Offensive Defence, London.

Ders. 1992: Common Security and Non-Offensive Defense: A Neorealist Perspective, Boulder Colorado.

Ders. 1995: Dictionary of Alternative Defense, Boulder, Colorado.

Ders. 1996: The Unification of Divided States and Defensive Restructuring. China – Taiwan in a Comparative Perspective, Copenhagen Peace Research Institute (COPRI), Working Papers, No. 9.

Müller, A. A. C. von 1985: Integrated Forward Defense. Outline of a Modified Conventional Defence for Central Europe, unveröffentlichtes Arbeitspapier, Starnberg.

Müller, E. 1984: Dilemma Sicherheitspolitik. Tradierte Muster westdeutscher Sicherheitspolitik und Alternativoptionen: Ein Problem- und Leistungsvergleich, in: Müller (Hg.), Dilemma Sicherheit, Baden-Baden, S. 53-170.

Münkler, H. 2002: Die neuen Kriege, Reinbek b. Hamburg.

Mutz, R. 1986: Gemeinsame Sicherheit: Grundzüge einer Alternative zum Abschreckungsfrieden, in: Bahr, E./Lutz, D. S., Gemeinsame Sicherheit: Idee und Konzept, Bd. 1: Zu den Ausgangsüberlegungen, Grundlagen und Struktur merkmalen Gemeinsamer Sicherheit, Baden-Baden.

Nerlich, U. (Hg.) 1982: Die Einhegung sowjetischer Macht: Kontrolliertes militärisches Gleichgewicht als Bedingung europäischer Sicherheit, Baden-Baden.

Osgood, C. E. 1968: Wechselseitige Initiative, in: Krippendorf, E. (Hg.), Friedensforschung, Köln und Berlin, S. 357-392.

Palme Commission (Independent Commission on Disarmament and Security Issues) 1982: Common Security: A Blueprint for Survival. With a Prologue by Cyrus Vance, New York, New York.

Parteivorstand der SPD 1984: Für eine neue Strategie des Bündnisses, Bonn.

Paxson, E. W./Weiner, M. G./Wise, R. A. 1979: Interactions Between Tactics and Technology in Ground Warfare, RAND Report (R-2377-ARPA), Santa Monica, California.

Posen, B. R. 1984: The Sources of Military Doctrine: France, Britain, and Germany between the World Wars, Ithaca, New York.

Ders. 1989: Reassessing Net Assessment, International Security, Vol. 13, No. 4, pp. 144-160.

Prins, G. 1990: Military Restructuring and the Challenge of Europe, in: UNIDIR (ed.), Non-offensive Defense: A Global Perspective, New York, New York, pp. 52-105.

Rauch, A. M. 2006: Auslandseinsätze der Bundeswehr, Baden-Baden.

Rautenberg, H.-J./Wiggershaus 1977: Die „Himmeroder Denkschrift" vom Oktober 1950. Politische und militärische Überlegungen für einen Beitrag der Bundesrepublik Deutschland zur westeuropäischen Verteidigung, hrsg. vom Militärgeschichtlichen Forschungsamt, Karlsruhe.

Reid, B. H. 1990: J. F. C. Fuller and B. H. Liddell Hart – A Comparison, Military Review, Vol. 70, May, pp. 64-73.

Renner, K. 1965: Die Rechtsinstitute des Privatrechts und ihre soziale Funktion (Neuauflage), Stuttgart.

Ries, T. 1989 a: Cold Will: The Defence of Finland, London.

Ders. 1989 b: Swedish and Finnish Defence Policies: A Comparative Study, in: Kruzel, J./Haltzel, M. H. (eds.), Between the Blocs: Problems and Prospects for Europe's Neutrals and Non-Aligned States, Cambridge, pp. 200-221.

Roberts, A. 1976: Nations in Arms: The Theory and Practice of Territorial Defence, New York, New York.

Rogers, B. 1983: Sword and Shield: ACE Attack of Warsaw Pact Follow-On Forces; NATO's Sixteen Nations, Bd. 28, Heft 1, pp. 16-26.

Romjue, J. L. 1984: From Active Defense to AirLand Battle: The Development of Army Doctrine, 1973-82, Fort Monroe, Virginia.

Russmann, P. 2005: Kindersoldaten, in: Frech/Trummer (Hg.), Neue Kriege, Schwalbach/Ts., S. 53-99.

Sabrautzki, N./Kopp, M. 2005: Joint and Combined. Die Zukunft des deutschen Heeres, Strategie und Technik, Januar, S. 21-22.

Saint-Simon 1957: Ausgewählte Texte, hrsg. und mit einem Vorwort, Kommentaren und Anmerkungen von Dauty, J., Berlin (Ost).

Salla, M./Tonetto, W./Martinez, E. (eds.) 1995: Essays on Peace: Paradigms for Global Order, Rockhampton, Queensland.

Schnell, K. 1984: Libanon-Feldzug 1982, Wehrtechnik, Bd. 16, Heft 6, S. XV-XVI.

Schrader, L. 2004: Frieden und Demokratie, Kurseinheit 1 bis 3, Fernuniversität Hagen.

Schreiber, W. 2006: Daten und Tendenzen des Kriegsgeschehens 2005, in: Arbeitsgemeinschaft Kriegsursachenforschung (AKUF), Das Kriegsgeschehen 2005, hrsg. von Schreiber, Wiesbaden, S. 11-36.

Ders. 2009: Kriegsbeendende Faktoren, in: Verregelung von Gewalt, hrsg. von Gerdes, F., Arbeitspapier, Universität Hamburg-IPW, Nr. 6, S. 53-68.

Schröder, H.-H. 1995: Sowjetische Rüstungs- und Sicherheitspolitik zwischen „Stagnation" und „Perestroika". Eine Untersuchung der Wechselbeziehung von auswärtiger Politik und innerem Wandel in der UdSSR (1979-1991), Baden-Baden.

Schubert, J. v. 2007: Gewaltmonopol und Fremdherrschaft. Die militärische Intervention und Okkupation im Falle innerstaatlicher Gewalteskalation, Arbeitspapier, Universität Hamburg-IPW, Nr. 1.

Schumpeter, J. 1918/19: Zur Soziologie des Imperialismus, in: Archiv für Sozialwissenschaft und Sozialpolitik, Bd. 46.

Senghaas, D. 1969: Abschreckung und Frieden: Studien zur Kritik der organisierten Friedlosigkeit, Frankfurt a. M..

Ders. 1987: Conventional Forces in Europe: Dismantle Offense, Strengthen Defense, Bulletin of the Atomic Scientists, Vol. 43, No. 10 (December), p. 911.

Siegelberg, J. 1994: Kapitalismus und Krieg: Eine Theorie des Krieges in der Weltgesellschaft, Münster.

Singer, J. D./Small, M. 1982: Resort to Arms. International and Civil Wars, 1816-1980 (revised edition of „The Wages of War"), Beverly Hills.

Sokolowski, W. D. (Red.) 1966: Militärstrategie (2. Auflage), Berlin (Ost).

Spannocchi, E. 1977: Verteidigung ohne Selbstzerstörung, in: Spannocchi-Brossollet, G., Verteidigung ohne Schlacht, München, S. 17-91.

Stable Defence (Final Report) 1994: Panel 7 on: The Defence Applications of OR, RSG. 18 on Stable Defence (AC/243 TR5), NATO, Brussels.

Stefanick, T. 1987: Strategie Antisubmarine Warfare and Naval Strategy, Lexington, Massachusetts.

Stein, T. 2002: Welche Lehren sind aus dem Eingriff der NATO im Kosovo zu ziehen? Rechtsstaat in der Bewährung, Heidelberg, S. 21-38.

Steinaecker, E. von 1980: Möglichkeiten, Konsequenzen und Gefahren einer Übernahme der Ideen der Raumverteidigung auf der Grundlage der Veröffentlichungen von Afheldt und Löster in eine militärstrategische Konzeption der NATO, Führungsakademie der Bundeswehr, unveröffentl. Jahresarbeit, Hamburg.

Stockfisch, D. 2005: Fregatte 125. Innovative Konzeption, Strategie und Technik, November, S. 61-62.

Ders. 2007: Auslandseinsätze der Bundeswehr, Strategie und Technik, Januar, S. 52-53.

Strategie und Technik 2007 a: Brennpunkte 2006/2007, Februar, S. 8-9.

Dies. 2007 b: Libanon, Juni, S. 69.

Dies. 2010: Brennpunkte 2009/10, Januar, S. 6-7.

Stratmann, K.-P. 1981: NATO-Strategie in der Krise? Baden-Baden.

Ders. 1984: AirLand Battle – Zerrbild und Wirklichkeit! Stiftung Wissenschaft und Politik (SWP-AP 2397), September.

Stromseth, J. E. 1988: The Origins of Flexible Response: NATO's Debate over Strategy in the 1960s, New York, New York.

Studiengruppe Alternative Sicherheitspolitik (SAS) 1984: Strukturwandel der Verteidigung, Opladen.

Dies. (Hg.) 1989: Vertrauensbildende Verteidigung. Reform deutscher Sicherheitspolitik, Gerlingen.

Sun Tze 1972: Die dreizehn Gebote der Kriegskunst. Einleitung: Maschke, G., München.

Sun Tzu 1971: The Art of War. Translated and with an introduction by: Griffith, S. B., New York, New York.

Teveth, S. 1973: Moshe Dayan. Politiker, Soldat, Legende, Hamburg.

Thimann, C. 1989: Das Personalmodell einer alternativen Verteidigung, in: SAS (Hg.), Vertrauensbildende Verteidigung, Gerlingen, S. 204-211.

Thränert, O. 1990: Frieden durch einseitige Abrüstung? Das Konzept des Gradualismus und die bisherigen Erfahrungen mit einseitigen Vorleistungen, in: Vogt, W. R. (Hg.), Mut zum Frieden. Über die Möglichkeiten einer Friedensentwicklung für das Jahr 2000, Darmstadt, S. 97-106.

Tröller, A. 1961: Vom Krieg zur Staatsnotwehr, Neckargemünd.

U.S. Army (Concepts Analysis Agency) 1974: Weapon Effectiveness Indices/Weighted Unit Values (WEI/WUV), Study Report CAA-SR-73-18, Bethesda, Maryland.

Uhle-Wettler, F. 1980: Gefechtsfeld Mitteleuropa: Gefahr der Übertechnisierung von Streitkräften, Gütersloh.

Union of Concerned Scientists (UCS) 1983: No-First-Use, Washington, D C.

Unterseher, L. 1985: Nie wieder Krieg: Plädoyer für ein selbständiges Abkoppeln vom Rüstungswettlauf, hrsg. vom DGB-Bundesvorstand, Düsseldorf.

Ders. 1987: Bewegung, Bewegung! Zur Kritik eingefahrener Vorstellungen von Krieg, Sicherheit und Frieden, Bd. 5, Heft 2, S. 90-97.

Ders. 1989 a: Umrisse einer stabilen Luftverteidigung, in: SAS (Hg.), Vertrauensbildende Verteidigung, Gerlingen, S. 188-203.

Ders. 1989 b: Der Osten macht ernst. Über die militärische und politische Bedeutung der einseitigen Truppenreduzierungen der UdSSR und ihrer Verbündeten, Sicherheit und Frieden, Bd. 7, Heft 4, 248-251.

Ders. 1990: A Note on the Intricacies of Military Force Assessment, in: Brauch, H. G./Kennedy, R. (eds.), Alternative Conventional Defense Postures in the European Theater, Vol. 1: The Military Balance and Domestic Constraints, New York, New York, pp. 69-75.

Ders. 1992: Stabile militärische Sicherheitsstrukturen in Europa. Programm für die Jahrtausendwende, ÖSFK, Arbeitspapier Nr. 3, Burg Schlaining, Juni/Juli.

Ders. 1995: Confidence-Building Defense as a Universal Principle, in: Salla, M./Tonetto, W./Martinez, E. (eds.), Essays on Peace, Rockhampton, Queensland, pp.185-195.

Ders. 1999: Defensive ohne Alternative. Kategorischer Imperativ und militärische Macht, Wiesbaden.

Ders. 2000: Europe's Armed Forces at the Millennium: A Case Study of Change in France, the United Kingdom, and Germany, Project on Defense Alternatives Briefing Report, No. 11, Cambridge, Massachusetts.

Ders. 2003: Gepanzerte Fahrzeuge – Wohin geht die Reise ? Soldat und Technik, November, S. 10-13.

Ders. 2005: Domesticating Military Interventions and the Creation of a UN Standing Force, in: Coady, T./O'Keefe, M. (eds.), Righteous Violence, Carlton, Vict., pp. 137-159.

Ders. 2007: Hisbollah oder die Strafe Gottes, in: Pattillo-Hess, J. D./Smole, M. R. (Hg.), Islam. Gespräche über Religion, Wien. S. 55-62.

Vigor, P. H. 1983: Soviet Blitzkrieg Theory, London and Basingstoke.

Vogt, W. J. 1989: Beyond the bean count: quality/quantity assessment of conventional forces, International Defense Review, Vol. 22, March, pp. 279-284.

Voigt, K. D. 1988: Konventionelle Stabilisierung und strukturelle Nichtangriffsfähigkeit: Ein systematischer Vergleich verschiedener Modelle, Aus Politik und Zeitgeschichte, B 18 (29. April).

Wallach, J. L. 1967: Das Dogma der Vernichtungsschlacht. Die Lehren von Clausewitz und Schlieffen und ihre Wirkungen in zwei Weltkriegen, Frankfurt am Main.

Weyers Flottentaschenbuch (Weyers) 2002/2004: hrsg. von Globke, W., Bonn.

Woyke, W. (Hg.) 2000: Handwörterbuch Internationale Politik, Bundeszentrale für politische Bildung, Bonn.

Zaloga, St. J. 1989: The Tank Gap Data Flap, International Security, Vol. 13, No. 4, pp. 180-187.

Zezschwitz, G. P. von 1938/1971: Heigl's Taschenbuch der Tanks. Teil III: Der Panzerkampf, München (Originalausgabe/Faksimiledruck).

Anhang

Formalisiertes Kalkül: Interaktion von „Spinne(n) und Netz"

Hintergrund: Der folgende kleine Text ist in etwas anderer Form, und zwar im Rahmen einer längeren Abhandlung, zum ersten Mal am Ende der in den 1980er Jahren virulenten Debatte um militärische Alternativen veröffentlicht worden (Grin, J./Unterseher, L. 1990: 255-259), und dann gelegentlich wieder. Was er leistet? Eine Argumentation, die zuvor ‚nur' verbal geliefert worden war, zu formalisieren: um systematische Überlegungen – noch – klarer zu fassen und vor allem auch jenem Interessentenkreis näher zu bringen, der an mathematische Abstraktion gewöhnt ist. (Der niederländische Inspirator der Studie, John Grin, ist Physiker und Sozialwissenschaftler zugleich.)

Der Argumentation geht es darum, zu demonstrieren, dass in der Kooperation unterschiedlicher Strukturelemente, Spinne(n) und Netz, das Potential optimaler, flexibler Allokation defensiver Kräfte liegt und dass dadurch auch massive Angriffskonzentrationen neutralisiert werden können, ohne dass eine ‚Gegenkonzentration' auf entsprechender Ebene erforderlich wäre. Was bedeutet: Operative Herausforderungen lassen sich taktisch klein arbeiten. Oder: ‚Auf einen groben Klotz' gehört durchaus nicht immer ‚ein grober Keil'.

Synergetische Kooperation in der Defensive

Es geht darum, eine systematische Stützung der folgenden, für die Konzeption der Vertrauensbildenden Verteidigung der Studiengruppe Alternative Sicherheitspolitik (SAS) zentralen Aussage zu liefern (Grin/Unterseher 1990: 256):

„Das Netz bereitet den Erfolg der Spinnen-Kräfte – unter anderem – dadurch vor, dass es einen Angreifer zwingt, seine Truppen zu konzentrieren. Solchen Konzentrationen konfrontiert zu sein, impliziert grundsätzlich sowohl einen Vorteil als auch ein Risiko:

Der Vorteil liegt darin, dass solche massierten Kräfte sich gut lokalisieren lassen und wegen ihrer hohen Dichte ein reiches Angebot an Zielen darstellen. Das Risiko besteht ... darin, dass die Versammlung von Truppen gegen einen Punkt der Verteidigung die Gefahr unakzeptabel tiefen Eindringens mit sich bringt.

Im SAS-Konzept ist dieses Risiko beträchtlich reduziert, während der genannte Vorteil optimal genutzt wird. "

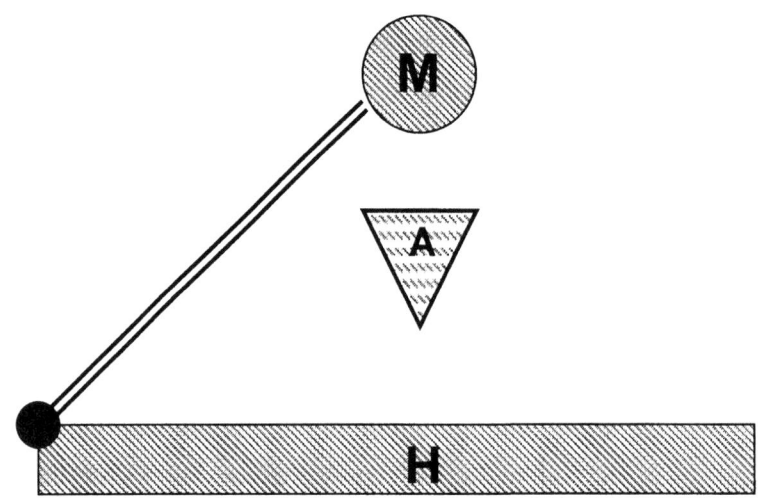

Quelle: R. E. Simpkin

Um die sich in diesem Kontext ergebenden Zusammenhänge angemessen herausarbeiten zu können, müssen wir uns zunächst eines bestimmten Aspektes der Lehre vom *Bewegungskrieg* vergewissern, wie sie von *Richard E. Simpkin* formuliert wurde (Simpkin 1985). Konkret: Es geht um das Verfahren, das sinnvollerweise zu wählen ist, um frei manövrierende, auf rasches Vordringen bedachte Truppen eines Aggressors stoppen und schlagen zu können.

In dem hier interessierenden Ausschnitt der Lehre, die sich vor allem auf Erfahrungen mit mechanisierter Kriegführung gründet, hat die möglichst reibungslose Kooperation von *relativ* statischen, haltefähigen Kräften *(H)* und von mobilen Elementen *(M)* eine Schlüsselbedeutung. Diese Kooperation der genannten, funktionell unterschiedlich operierenden Kontingente des Verteidigers setzt den Angreifer *(A)* einer *Hebelwirkung* aus. Dazu gehören, wie wir aus der Physik wissen, drei Elemente: eine massenwirksame Kraft, ein Arm und ein Angelpunkt.

Soll die Hebelwirkung erhöht, muss der Arm verlängert werden. Anders ausgedrückt: Die Masse (M) muss sich über den Schwerpunkt von A hinaus bewegen. Damit dies gelingen kann, muss die Kraft mit der Haltewirkung (H) folgendes leisten: Sie hat die Basis von M zu decken, dem Hebel einen festen Angelpunkt zu geben und die eindringenden Kräfte (A) für eine hinreichende Zeit zu fesseln. Obwohl die Kraft mit der Haltewirkung (H) während der Ausführung des Hebelmanövers relativ statisch zu verharren hat, bedarf sie dennoch – potentieller – Mobilität: weil sie nämlich im Allgemeinen immer erst in die richtige Position gebracht werden muss, in der sie ihre Blockierungsfunktion wahrnehmen kann.

Aus diesem taktischen Ansatz ergeben sich prinzipiell einige Anforderungen an H und M, die sich als relative Geschwindigkeiten der Kräfte H, M und A ausdrücken lassen (im Folgenden bezeichnet als V_H, V_M und V_A).

Aus dem Funktionsmodell ist, *erstens*, abzuleiten, dass H den Kontakt mit dem Angreifer (A) nicht verlieren darf: $V_H \geq V_A$. *Zweitens*, um die Hebelwirkung angemessen erhöhen zu können, sollte das mobile Element sich wenigstens doppelt so schnell bewegen können wie die Kraft H: $V_M > 2V_H$. Und, *drittens*, ist anzunehmen, dass der Hebelarm bricht, wenn er überdehnt wird. Um dies nach Möglichkeit auszuschließen, darf also die Geschwindigkeit von M aber auch nicht zu hoch sein: $V_M < 10V_H$ ist eine gute Faustregel. So ergeben sich an die relativen Geschwindigkeiten die folgenden Anforderungen:

$V_H \geq V_A$

und $2V_H < V_M < 10V_H$.

Logisch ist mit diesen beiden Beziehungen noch eine weitere impliziert – nämlich: $V_M > 2V_A$. Hierin drückt sich das offenkundige Erfordernis aus, dass die mobile Kraft hinreichend schnell sein muss, um über den Schwerpunkt der angreifenden Kraft (A) hinaus gelangen zu können.

All diese Anforderungen können im SAS-Konzept relativ leicht erfüllt werden. Im Falle einer defensiven Operation, die es nur mit einer relativ begrenzten Truppenkonzentration auf der Seite des Angreifers zu tun hat (um ein Beispiel zu nennen: nicht größer als 2 bis 3 Regimenter alter sowjetischer Art), vermag das Netz die Rolle von H alleine zu spielen, also eindringende Kräfte – zumindest für begrenzte Zeit – zu stoppen. Zudem reicht auch seine Deckungskapazität für eigene Spinnen-Elemente (M) aus, da diese wegen des begrenzten Umfanges der angreifenden Kräfte – und aus Gründen, die noch zu erläutern sind – recht klein sein dürfen.

Der raumgebundene Charakter der Netzkräfte macht es zwar unmöglich, der ersten Beziehung ($V_H \geq V_A$) zu entsprechen. Weil das Netz aber erhebliche Tiefe besitzt, kann es die Grundanforderung an H, nämlich dass der Kontakt mit dem Angreifer nicht verloren geht, dennoch erfüllen. Es finden sich im Netz nämlich immer wieder Kräfte, die eine H-Funktion ausüben können, ohne sich über den örtlichen Rahmen hinaus bewegen zu müssen. Analog gilt, dass der Beziehung $V_M < 10V_H$ wegen der prinzipiellen Raumbindung der Netzstruktur nicht entsprochen werden kann, dass sie aber auch gar nicht erfüllt werden muss: Die Tiefe des Systems nämlich verhindert, dass der Hebelarm bricht. Immer wieder werden auf flexible Weise neue Angelpunkte für Hebelaktionen geboten.

Auch die Anforderungen an die relative Geschwindigkeit der mobilen Komponente werden durch das Netz vermindert – und zwar aus zwei Gründen. *Erstens* ergibt sich aus dem quasi-statischen Charakter des Systems, dass die Beziehung $V_M > 2V_H$ trivial wird. Und, *zweitens*, dadurch, dass die Verzögerungsleistung des Netzes die Geschwindigkeit der angreifenden Truppen erheblich verringert, wird es leichter, die abgeleitete Beziehung $V_M > 2V_A$ zu erfüllen. Anders ausgedrückt: Durch die virtuelle Allgegenwart der Netzstruktur können die mobilen Kräfte ihre Hebelwirkung beträchtlich erhöhen. Dabei vermögen sie den Eindringling mit relativ geringerer Beweglichkeit auszumanövrieren, als es „normalerweise" (nämlich: ohne Zusammenarbeit von Spinne und Netz) notwendig wäre.

Der zweite Fall, der hier zu diskutieren ist, bezieht sich auf die Notwendigkeit, auch das Eindringen größerer Truppenmassen defensiv bewältigen zu können. Dies bedeutet, dass die Netzstruktur durch spezielle Spinnen-Elemente zu verstärken ist, damit eine ausreichende Haltewirkung erzielt werden kann. So besteht dann also die Kraft H aus zwei Komponenten: H' (Netzelementen) und H" (Spinnenelementen). Und selbstverständlich muss auch die mobile Kraft (M) größer sein als im ersten Szenario.

Im Wesentlichen kommt es darauf an, die zusätzlichen Kräfte mit Haltewirkung (H") und die verstärkten mobilen Elemente (M) zur rechten Zeit an den richtigen Punkt zu dirigieren. Die bezogen auf unser Interaktionsmodell entwickelten Relationen sind also auch für $V_{H"}$ einzulösen. Wegen der Deckungsfunktion des Netzes kann die erste Beziehung ($V_{H"} \geq V_A$) leicht erfüllt werden, und die beiden Beziehungen, deren Gegenstand die relativen Geschwindigkeiten von M und H" sind ($2V_{H"} < V_M < 10V_{H"}$), gelten als trivialerweise erfüllt, da M und H" aus Spinnen-Elementen bestehen. Damit lässt sich also erkennen, dass auch defensive

Manöver zur Bewältigung von Herausforderungen durch größere Kräftekonzentrationen in erheblichem Maße erleichtert werden.

So ergibt sich ein Verteidigungsdispositiv, das seine Leistungsfähigkeit hoher Reagibilität verdankt. Diese wurzelt allerdings weniger in ‚absoluter' Geschwindigkeit als in einer Grundstruktur, die für die koordinierte, optimale Allokation von Kräften maßgeschneidert ist. Reagibilität – als die Fähigkeit, für die Erfüllung ihrer Aufgabe angemessen starke Kräfte zur rechten Zeit an den richtigen Ort bringen zu können – minimiert, um es einfach auszudrücken, die ‚Verschwendung' beweglichen militärischen Potentials.

Dies bedeutet, dass die entsprechenden Kräfte nach Gesamtumfang und auch Formationsgröße kleiner ausfallen dürfen als im Falle der Nicht-Existenz des skizzierten Allokationskonzeptes. Sind nun die beweglichen Truppen überdurchschnittlich schnell (wie dies im SAS-Modell wegen der durch Netzunterstützung stark geminderten logistischen Bürde der Spinnenkräfte der Fall ist), obwohl doch ihre Reagibilität weniger davon, als vielmehr von der Koordinationsleistung des Systems abhängt, müsste die – potentielle – Leistungsfähigkeit dieser Eingreifverbände weiter steigen. Dies verspricht, die mobile Komponente nach Gesamtumfang und Verbandsgröße um ein Übriges reduzieren zu können.

Was wir sehen, erinnert an die altchinesische Konzeption einer raumdeckenden „orthodoxen" Streitmacht *(cheng)*, die mit einem relativ kleinen Elite-Element, dem „unorthodoxen" *ch'i*, auf das engste interagiert. Liddell Hart, der britische Militärtheoretiker, hat das, worum es prinzipiell geht, in die folgende Formulierung gegossen (Liddell Hart 1974: 328):

„Eine Armee sollte immer so im Raum verteilt sein, dass ihre Teile einander helfen und so kombiniert werden können, dass sich die maximal *mögliche* Konzentration von Kräften an einem Punkt erreichen lässt, während das *notwendige* Minimum an Kräften anderswo eingesetzt wird, um den Erfolg der Konzentrationsbemühungen vorzubereiten. *Alles* zu konzentrieren, ist ein unrealistisches Ideal und schon in der Annäherung gefährlich. Im Übrigen zeigt die Praxis: Das notwendige Minimum mag durchaus einen erheblich größeren Anteil des Ganzen bilden als das mögliche Maximum." (Übersetzung a. d. Englischen: L. U.)

Literatur

Grin, J./Unterseher, L. 1990: ... den Bedrohungszirkel unterbrechen: Spinnennetz. Ein
    militärtheoretischer Beitrag zur Um- und Abrüstung, in: Vogt, W. R. (Hg.), Mut
    zum Frieden, Darmstadt, S. 243-262.

Liddell Hart, B. H. 1974: Strategy, New York, New York.

Simpkin, R. E. 1985: Race to the Swift. Thoughts on Twenty-First Century Warfare,
    London, Chapter 6.

If you have any concerns about our products,
you can contact us on
ProductSafety@springernature.com

In case Publisher is established outside the EU,
the EU authorized representative is:
Springer Nature Customer Service Center GmbH
Europaplatz 3, 69115 Heidelberg, Germany

Printed by Libri Plureos GmbH
in Hamburg, Germany